国語の未来は「本づくり」

子どもの主体性と社会性を大切にする授業とは？

ピーター・ジョンストン＋キャシー・シャンポー＋アンドレア・ハートウィグ
サラ・ヘルマー＋メリー・コマール＋タラ・クルーガー＋ローリー・マカーシー
マーク・クリスチャンソン＋吉田新一郎訳

新評論

訳者まえがき

読者のみなさんは、小学校でどのような国語の授業を受けましたか？

一九八〇年代、私は日米の公立小学校において数年ずつ学びましたが、どちらの学校でも、読むことと書くことは基本的に強制されてやるものでした。国語は得意科目だったので「好き」でしたが、点数をとること以外、とくに学校での「読み書き」に興味はありませんでした。指定された教科書や本を読み、テストを受け、指定された題や形式の作文を書いて、教師に成績をつけてもらうという流れで「読み書き」を覚えました。

現在、日本の国語教育はどうでしょうか？　今でもその形式が多いと思います。それでよいのでしょうか？　そして、今後はどうあるべきなのでしょうか？

このように聞かれたら、「ほかに方法があるの？」と思われる方もいるでしょう。教師主導の教え方しか経験したことがないと、ほかの方法をイメージするのは困難です。もちろん、私もそうでした。

私自身、教師になって何年もの間、自分が受けたような一方通行の教え方を（生徒への愛情をもって工夫しつつも）再生することしかできず、生徒全員に対して、基本的に私が決めたことをやらせ、同じ基準で優劣の評価をつけるといった授業を続けてきました。ただよい成績が欲しくて合わせているだけの生徒、退屈そうにしている生徒、完全についていけない生徒がいるという現実に違和感をもちつつ。

「ワークショップの授業」との出合い

みなさんは「ワークショップ（the workshop model）」という教え方をご存じでしょうか？xiページの「訳者コラム」でその概要を説明していますが、日本では「作家の時間」や「読者家の時間」と呼ばれている学習者主体の教え方です。私は、共訳者である吉田新一郎さんにワークショップの授業を紹介してもらったことで教育観が大きく変わりました。

二〇〇九年、『イン・ザ・ミドル』の原書（当時は未邦訳でした）を全国各地の仲間とオンラインで読み進めるブッククラブに誘っていただいたのですが、その学びのなかで、目から鱗がポロポロと落ち続けました。最初は斬新すぎて理解できず、正直なところ、受け入れられない部分もありました。

「これ、無理でしょ！」という感じでした。しかし、生徒に自由な選択と主導権を与えて意欲を引き出すといった点に関する価値は明らかで、是非自分でもやってみたいと思い、稚拙ながら実践することにしました。

二〇一二年、私は国際基督教大学で教えていたのですが、「You: A Course of Personal Writing」という、英語教育プログラム内の選択科目をつくりました。十数人の勇気ある大学生たちが登録してくれ、みんなで試行錯誤しながらワークショップによる作家活動を中心にした学びを行いました。

帰国子女から英語が苦手といったさまざまな英語力の学生が教室に集い、助けあいながら自由に選んだ題材やジャンルの作品づくりに打ち込みました。一学期に三つ以上の作品をクラスのLMS（Learning Management System）、つまりクラスのブログである学習管理システム上に「出版」するという基本的な目標以外を自由にした結果、創造力豊かなフィクション、ノンフィクションの作品ができあがりました。教員経験一五年目にして、初めて学習者に主導権を与え、それによって学びの意欲と主体性が発生するという状況を体感したのです。

また、同じ年、小学校におけるワークショップの授業実践も見学することができました。研究目的の視察として調布市にある「アメリカン・スクール・イン・ジャパン（American School in Japan、ASIJ）」を訪れたときのことです。

この学校は、アメリカの教育法令に基づく全日制の男女共学校として、アーリーラーニングセンター（日本の幼稚園に相当・六本木ヒルズ校舎）から第一二学年まで（日本の小学校・中学校・高等学校に相当）のクラスを構えており、アメリカ人を主な対象として教育を行っているところです。世界トップレベルの大学への進学を誇る学校でもあるのですが、その小学校部門における国語の授業がほぼワークショップ形式で行われていたのです。やはりトップ校はやっているのだ、と驚きました。

小学校五年生の教室に入ってみると、子どもたちが書いて「出版」したフィクションやノンフィクションの作品が製本されて棚に並んでいました。「見ていい？」と彼らに尋ねると、みんなが意欲的に自分の本について説明してくれました。内容もさることながら、質の高い文章が各ページに書かれていました。教師に無理やり書かされた五年生の作文では、ほぼあり得ないだろうと感じました。

国語（Language Arts）の時間になると、二〇人ほどの五年生がソファーやカーペットに寝転がり、それぞれが夢中になってノートパソコンを使っての著作活動に励み、時に教師や仲間に対して、小さな声で書く内容について相談をしていました。「小学校の国語において、こんな教え方があるのか！」と、衝撃を受けた一日となりました。

その後、一〇年ほど現在の学校業務として英語圏のさまざまな「名門小学校」の授業を視察してきましたが、読み書きに関しては、ワークショップ形式の授業がその多くで行われていました。そのような事実が、本書を訳そうと思った理由の一つでもあります。

本書を訳そうと思った理由

現在、私は小学校において「世界市民」の養成を行っております。慶應義塾横浜初等部の開校時から、「English for Global Communication（GC英語科）」のカリキュラムデザインを、とても優秀な同僚たちとともに行っています。おそらく、近い将来にAIがやってくれるようになるであろう外国語としての「英語」よりも、さらに大切な地球市民としての意識、課題発見・解決力、異文化理解、そして人間関係づくりと対話力に重点を置いた授業方法を模索するという毎日が続いています。

専門は「英語教育」と「異文化交流」であり、日本の国語科は教えたことがありません。そのため、「国語の未来」を語る本を邦訳出版するのは一〇〇年早い、と全国の国語教師から怒られそうですが、日本と英語圏の「橋渡し」は教育者としての私の使命であり、本づくりを通して行われるワークショップ形式の読み書き教育の紹介ができることをとてもうれしく思っています。

あらかじめ、告白しておきましょう。私が勤める小学校の授業では、まだ「ワークショップ」を実践していません。小学校で行う初期の外国語学習は、音のインプットと声を使った対話が何よりも大切とされており、「自由に選んで読み書きをしてください」というやり方には難しい面があるという考えのもと、ワークショップ形式の読み書きの実践はまだ行っていません。

しかし、本書にあるようなワークショップの要素はいろいろと取り入れています。たとえば、本校の六年生たちはある程度英語が読めるので、自分のレベルと興味にあった本を自由に選んで、オンラインで「多読・多聴」しつつ読書記録をつけています。純粋なワークショップの「読書家の時間」とは違いますが、自由な選択による最適化と、自立した学習者の育成を目指すという部分では同じだと思っています。

「まだまだ教師主導でやりすぎているかも？　子どもたちの本来の力を、教師の都合や思い込みで制限してしまっているかも？」という疑問をもちながら、少しずつワークショップ的な要素の導入を検討しているというのが現状です。

そして、本書にあるような低学年における「作家の時間」の本づくりを、日本の小学生が英語でやるだけの可能性は十分にあると考えています。一人に一台のデバイスが配られ、教師に頼らずとも、小学生自身が表現したい英語の語彙や文法を調べて学べるという環境がほぼ整いつつあります。それさえ整えば、英語での自由な「本づくり」は十分可能になるのです。

このようなことを考えているとき、吉田さんから本書『Engaging Literate Minds』に関する魅力的なブッククラブへのお誘いがあり、その流れで邦訳することにしたのです。いうまでもなく、本書はアメリカにおける小学校の国語の教え方を紹介しているものですが、日本における「国語科の未来」や「英語科の未来」において大いに刺激となる内容が書かれています。読み書きをどのように教えると子どもたちが夢中になって学ぶのか？　その答えを求めているすべての教育者のために、本書を訳したい、と私は思ったのです。

本書の魅力となる三つを紹介しておきましょう。

①子どもたちの作品が素晴らしい！

最大の魅力は、著者たちが教える低学年（五歳から八歳）の子どもたちがつくった物語や詩などの作品と、その作品づくりのプロセスがとても分かりやすく紹介されていることです。つくりたいと思った本が自由につくれる子どもたちの素晴らしい創造力と思考、そして成長過程を知ることができます。

掲載されている作品は、エリートが集まる私立校に通う子どものものではなく、アメリカにいる、ごく一般的な公立小学校に通う子どもたちのものです。また、本をつくる過程での話し合い、発見、振り返りなどもかなり具体的に紹介されていますので、読み書きを教えている教育者にはとても参考になります。

②主体性を引き出す方法が具体的

本書の著者たちは、子どもの主体性を徹底的に重んじる教育を追求し、それを実践しています。

今、日本でアクティブ・ラーニングを掲げる多くの教室では、教師が用意してきた活動を行い、最終的に教師が設定した「学びの着地点」に、子どもたちが時間内に到着することを目的として導いています。

教師が教壇に立って板書するといった知識偏重のチョーク・アンド・トークよりはアクティブですが、その「アクティブ」な活動において子どもの「主体性」はどのぐらいあるのでしょうか？　そんな疑問も、本書を読めば解消されます。

本書で紹介されているワークショップの授業では、五歳の子どもが「作家」として、自分が選んだ題材の本をつくっています。自分でテーマを決め、ほかの子どもや教師と相談しながら、自分のなかからあふれ出るアイディアを絵と文字で作品にして出版しているのです。

「やらされる読み書き」ではなく、子どもが「主体的な読み書きをする」ことによって生じる教育効果の高さを本書は論じ、方法論を提示しています。また、「主体性（agency）」の定義に関するコラムも四六ページにあります。是非、この言葉は、探究すると同時に実践してください。

③社会性を育む方法が具体的

私たちは一体どのような社会をつくりたいのか、そして、そのためにはどのような市民を学校で育てるべきなのかという本質的な問いについても本書は追求しています。

教室は人間社会における小宇宙です。助けあうこと、ほかの人を大切にすること、認めあう健全な人間関係を、読み書きの授業を通してどのように築けるのかという視点が各章に含まれています。また、自由で民主的な社会のあるべき姿を、学校を通してどのように具現化できるのかについても語っています。とくに最終章（「人はどうあるべきか？」について子どもと考える）はインパクトのあるものとなっています。理想的な教育とはどのようなものであるべきなのか、これについて多いに考えさせられました。

最後になりますが、本書の邦訳をサポートしてくださったみなさまに感謝致します。多くのプロジェクトで忙しいなか、このような貴重な機会を与えてくださり、最後まで私を励まし、未熟な日本語を何度も直してくださった吉田新一郎さんと株式会社新評論の武市一幸さんに心から感謝します。

また、下訳の状態だったにもかかわらず、各章に対しててていねいなコメントをしてくださり、分かりやすい表現を提案してくださった翻訳協力者の都丸陽一さん、中井悠加さん、播磨正浩さん、杉山由津樹さんにも深く御礼申し上げます。みなさまの「ここ好きです！　これすごいです！　大切なことが書かれています！」という励ましのコメントがなければ、最後まで訳すことはできなかったでしょう。

約一年間、訳を完成するために多くの時間を使いましたが、常に応援してくれた妻と子どもたち、そして職場の同僚たちにも大きな「THANK YOU!」を送りたいです。そして、私の故郷である長野県佐久市浅科を拠点にして長年にわたって宣教活動と英語教育を行い、私にすべての人を大切にすることを教えてくれた父ワーレンと母アイリーンにこの本を捧げます。

マーク・クリスチャンソン

お断り

本書の原書は三〇〇ページを優に超える大部なものとなっております。全訳をすると四五〇ページもの本となりますので、原著者の了解のもと、日本においてもっとも参考になると考えられる章のみの抄訳とさせていただきました。その旨、ご了承のほどお願いします。

訳者コラム

ワークショップの教え方とは——本書を読む前に

本書で紹介されている国語の授業は「ワークショップ」です。従来の教え方とかなり違いますので、本文に入る前に「定義」と「概要」について説明致します。

ワークショップの授業とは？

学習者一人ひとりが自分で選んだ学びを助けあいながら進める教え方・学び方のことで、英語では「The Workshop Model（ワークショップの授業）」と呼ばれています。「ワークショップ」とは「工房」のことです。職人や芸術家が同じところに集まって、それぞれが作品をつくっていくというイメージです。

さまざまな教科において可能となる教え方ですが、書くことに関しては「Writers' Workshop（ライターズ・ワークショップ）」や「Writing Workshop（ライティング・ワークショップ）」と表現されています。この用語で検索すると、アメリカ国内の実践を中心にして多くの情報が掲載されています。

教室が工房となり、国語の時間において子どもたちは「作家」となって、それぞれ自分の作品

表　ワークショップの流れ

ミニ・レッスン（5～10分）	・全員が集まって、作品づくりに役立つ技を学びます。 ・その日の作品づくりの目標設定なども行います。
作家の時間（30分）（ひたすら書く時間）	・子どもたちが自分の作品に取り組みます。 ・お互いに相談したり、助けあったりすることも大切です。 ・教師は、個人か小グループを対象に対話的な指導をします（この対話を「カンファランス」と言います）。
作家の椅子、共有の時間（5～10分）	・再び集まり、子どもが自分の作品や作品づくりのプロセスを発表し、ほかの「作家」たちから助言をもらいます。

をつくっていきます。本書では、「Writers' Workshop」を「作家の時間」と訳すことにしました。もちろん、自選の本を読むことで「読み手」として成長していく「読書家の時間（Readers' Workshop）」もあります。

どのような授業をするのか？

第4章で授業の流れに関する説明が書かれていますが、簡単に紹介すると上の表のようになります。

教師が中心となる時間は、最初の五～一〇分ほどです。そのあとは、子ども自身が選んだ内容やジャンルの作品を助けあいながら書き進め、お互いに共有し、製本などをして「出版」し、振り返りや目標設定をしてから次の作品づくりに進みます。

英語圏では主流なのか？

英語圏の学校も従来は教師中心の授業でしたが、学習者の個性と主体性を尊重し、自立を促し、意欲を最大限に引き出すことを目指して一九八〇年代にワークショップの授業が提案され、先駆者によって実践されてきました。もちろん、伝統的な教え方を好む教育者から抵抗を受けましたが、徐々に広まっていきました。

各国の導入率に関する統計数値を見つけることは困難ですが、現在、アメリカ、カナダ、オーストラリア、ニュージーランドではかなり普及していますし、ワークショップの部分的な導入を行っている学校を含めると間違いなく主流になりはじめています。とくにニューヨーク市では、コロンビア大学ティーチャーズ・カレッジのプロジェクトによって市内にある多くの公立校に導入されており、子どもの学習意欲だけでなく、読み書きに関する基礎力の伸びによい成果が出ていると報告されています（QRコードを参照）。

また、二〇二一年一月に発表された研究によると、コロンビア大学が提案しているワークショップのカリキュラム「Teachers' College Reading Writing Project, TCRWP」を数年間導入した学校と未導入の学校に通う子どもたちの「読み書きの力」を比較したところ、導入校に通っている子どもの力のほうが高かったと報告されています。（https://drive.google.com/file/d/15VMhfJNP0pOI-LWXVG1CbHfWCBC-d65U/view）

教育効果の比較は非常に複雑な面があり、テストで測れない力のほうが多いため、差が出たからといってワークショップの授業がよいとは一概にいえませんが、本格的に研究されていることは事実です。教育において大切なのは、一人ひとりの子どもにとってよい学びの環境が提供できているか、ということです。みなさまの教育環境において、ワークショップの授業がよい効果を出す可能性があるのかどうか、本書に書かれている実践を読みながらぜひ検証してみてください。

日本でも可能なのか？　導入すべきなのか？

読者のみなさまからすれば、これが最大の質問になるでしょう。まず、日本国内のさまざまなワークショップの授業実践が、すでに『読書家の時間』と『増補版　作家の時間』（ともに、プロジェクト・ワークショップ編、新評論、二〇一四年、二〇一八年）という本で紹介されていますので、実践が可能であることは間違いありません。本書で説明されているアメリカの実践だけではなく、日本国内の実践報告も読まれて探究してください。

もくじ

国語の未来は「本づくり」

――子どもの主体性と社会性を大切にする授業

献辞

To all the teachers and their students searching for ways to value thinking together to build a more engaging, just, and humane world.

より魅力的で、公平で、人に優しい世界をつくるために、どのようにして人間は協力し、ともに考えていくべきか。

この問いに対する答えを探し求めている、すべての教師と子どもに、この本を捧げる。

Peter Johnston, Kathy Champeau,
Andrea Hartwig, Sarah Helmer, Merry Komar,
Tara Krueger, Laurie McCarthy
ENGAGING LITERATE MINDS
Developing Children's Social, Emotional, and Intellectual Lives, K-3

第1章

私たちの理想

子どもが発展的なことに挑戦するチャンスを先延ばしにしてしまうのは、要注意。

[参考文献35] マリー・クレイ（Marie Clay, 1926～2007・グローバルな教育リテラシーの分野で知られるニュージーランドの研究者でした）

本書が生まれたきっかけとなったのは、私たちが「もっとよい教師になりたい」と考え、数人で助けあいをはじめたことです。そのとき、それぞれの教師経験は一年、三年、六年、八年、一三年、二〇年とさまざまでしたが、全員が助けあえるコミュニティーを探していました。

その当時、そして今もですが、学校のカリキュラムを独占している知識・技能重視の教育とは違う、それ以上の何かがきっとあると感じていました。また、子どもたちの対人関係と感情面での成長が、知的な成長と同じように重要だとも思っていました。ともに教育について学び、考え、私たちの理解が進化するにつれ、どのような教育が理想であり、可能なのかというビジョンも進化していきました。

では、理想の教育とはどのような教育でしょうか？　理想的な教育とは、子どもが次のような学びをすることだと私たちは考えています。

・意義のあることに夢中になって取り組む（やらされていない）。
・質問し、探究していく。
・仮説や理論を立てる。
・根拠や証拠を求める。
・自分の意見をもって建設的に議論する。
・助けあい、必要に応じて助けを求める。
・協働して作業をする。
・異なる視点をもつことは自然と捉え、それを受け入れる。
・能力差で仕分けられた階級制度（ヒエラルキー）に押さえ込まれていない。

このような理想的な教育は、カリキュラムが子どもにとっての利益と興味を十分に考慮しているときにしか実現しません。私たちは、子どもの対人関係と感情面の能力を育てていかなければならないと強く意識するようになり、教室の中で次のことを求めるようになりました。

・よい人間関係

- よい社会的行動
- 助けあい
- 共感と思いやり
- 感情の自制
- 感情や人間関係にまつわる問題についての対話
- 感謝の心
- 社会的地位の序列が存在しないこと
- 幸福感（これも重要です！）

以上のようなことが、教育において判断したり、選択するときの目安になっています。教室で理想的な教育を実現し、子どもたちとその理想の素晴らしさを共有し、子どもたち自身がその理想に対してどのように貢献しているのかについて子どもたちに伝えます。

もちろん、私たちの教室はまだ発展途上であり、理想に達していない部分もあります。とくに年度初めは理想的とはいえない場合が多く、問題と、その問題がもたらす感情について子どもたちと率直に話し合い、解決策をともに考えています。そうすると子どもたちは、自己を認識し、自らの価値、自信、仲間意識、生きる喜び、そして幸福感を見つけていきます。私たちは、理想を実現するために日々努力をしているのです。

教室は、子どもが人間として育つ場所でなければなりません。私たちが掲げる理想がもたらす喜び、そしてともにこの理想を追い、私たちを支えてくれる仲間たちが私たちの原動力となっています。まず、私たちが教師として経験した喜ばしいエピソード、そして本書の目的について紹介していきます。

大きな目標へ

春先、メリー・コマール先生の二・三年生の多学年教室[1]では、本づくりとともにその下調べに生徒たちが取り組んでいました。三年生のエライザは一人で作業をしていましたが、突然、誰に言うわけでもなく、「みんなで一緒に作業するのは大好き！」と元気な声で宣言しました。そして、再び単独作業に戻りました。

いったい、どういうことでしょうか？　単独作業を行っていた彼女が、みんなと一緒に作業をしていると感じたのはなぜでしょうか？

彼女の近くにいるスティーブの様子を見てみましょう。彼は自分の本づくりに夢中になっていましたが、その横には、有名な児童文学作家のシンシア・ライラント[2]の本が開かれていました。

彼が、ライラントの本の重要性について意欲的に語りました。

「僕は、物語のなかでどんな言葉を使って描写をすればいいのかについて学んでいるんだけど、ライラントはとても描写が上手なんだ」

また、スティーブがつくっている本の素晴らしいイラストについて質問すると、教室の反対側にいるクラスメイトを指さして、熱く説明してくれました。

「ティエンがイラストの描き方を教えてくれたんだ。それまで僕は、『棒人間』しか描けなかったんだよ！」

この短い会話のなかで、彼は同年齢のクラスメイトや、教室にいない大人の作家をメンター（次ページの**訳者コラム**参照）として認識していることが分かります。ちなみに、授業においてコマール先生は、ライラントの描写表現については教えていませんでした。

（1）ワークショップの授業実践している学校の多くは、二つ以上の学年が同じ教室で学ぶ多学年学級（multiage classroom）のシステムを導入しています。教師だけが教えるよりも、生徒同士が教えあったほうが、より多くの学びが得られると考えているからです。本書でも、度々「一・二年生」や「二・三年生」クラスという表現が出てきます。

（2）（Cynthia Rylant）『メイおばちゃんの庭』で一九九二年度ボストングローブ・ホーンブック賞と一九九三年度ニューベリー賞を受賞しています。『いのち』（田中一明訳、偕成社、二〇二〇年）などが翻訳されています。

訳者コラム

メンターとメンター・テキスト

メンター（mentor）とは、学びをサポートしてくれる人のことです。職場では先輩や上司が新人に対して仕事を教えたり、相談に乗ったりすることを「メンターシップ」と呼びます。芸術や工芸の世界では、師匠や師範がメンターとなります。本づくりにおいては、参考にしたい素晴らしい技を使って本をつくっている作家やイラストレーターが「メンター」になりますが、それはクラスメイトでもなれます。

また、師匠として参考にしたい作家がつくった本を「メンター・テキスト（mentor text）」と呼びます。教師がある本づくりの手法や文学的な特徴を生徒に教えたいとき、その手法を上手に使っている本をメンター・テキストとして紹介します。「Mentor text」で検索すると、英語圏において読み書きの教育で使われているさまざまなリストが出てきます。

本書では、「師匠」や「参考にしたい本」などと訳すことはせず、「メンター」と「メンター・テキスト」という表現を使います（ブログ「WW／RW便り」の左上にこれら二つのキーワードを入力して検索すると、相当量の情報が得られます）。

その後、授業の最後に行われる「共有の時間」で、とても静かな（長い間引きこもりがちだった）三年生のアイヤナが「作家の椅子」に座り、飼っていた犬の死について著した本の内容を発表しました。彼女の本は、同じく飼い犬の死を経験しているクラスメイトに捧げられていました。

アイヤナがさまざまな質問に答えるなか、コマール先生がクラスに質問しました。

「このような作品について以前に話し合いましたね。どんな作品と呼んでいたか、覚えていますか？」

「カタルティック（精神浄化作用のある）」と、一人の子どもが答えました。

これらの出来事は、この教室だけでなく、本書に登場するほかの作家たちの教室でごく普通に起こっています。子どもたちには思いやりがあり、自分自身、クラスメイト、そして本を通して登場するメンターの作家たちと知的な対話を行っています。子どもたちはお互いに刺激しあい、支えあい、ともに笑って、楽しみながら、教育行政が定めている学力基準を超えるだけの学力を身につけていきます。

本書では、このようなエピソードがどうして重要なのか、そしてこのような教育を実現するためにはどうすればよいのかに関する具体的な方法を説明していきます。

また本書では、カリキュラムに定められた学力以外に、子どもが学ぶべき大切な点についても説明していきます。つまり、自分についての知識、他人に対する認識、そして充実した人生を送るために必要とされるツールをどのようにして学び、身につけていくかということです。これらは、学力だけでなく幸福にもつながるものです。［参考文献168、178］

たとえば、コマール先生の教室で行われたカタルティックな本についての学びは、もちろんカリキュラムには入っていませんが、子どもたちにとっては多様なジャンルを知るきっかけとなりますし、精神浄化作用のあるカタルティックなライティングは、（強制されていなければ）困難を乗り越え、精神面での健康を保つ人生の道具となります。［参考文献27、77］

カリキュラムに含まれていないからといって、教育する機会があるのにしないというのは不自然なことです。つまり本書は、子どもが日常生活のなかで考えたり感じたりしていることがカリキュラムに浸透すべきだ、と主張するものでもあります。イリノイ大学の読み書きの教授であるアン・ハアス・ダイソン（Anne Haas Dyson）が言っているように、「子どもの社会的エネルギーと知的エネルギーが正式にカリキュラムに浸透すべき(3)」なのです。［参考文献68］

読み書きを大切にした学びのコミュニティー

クルーガー先生が教える一・二年生の教室、授業前の朝のことです。出欠、給食、遠足の書類、連絡帳、放課後の予定、早退して歯医者へ行く子どもなど、さまざまな確認作業で忙しいなか、クルーガー先生は立ち止まって教室を見わたしました。慣れていない人が見たらカオス状態に見えるでしょうね、と思いつつ、彼女は朝のおやつを食べるために並んでいる子ども、教室内の図書コーナーで本を探す子ども、そしておしゃべりしながら朝の作業をする子どもをさっと確認しました。

その横から、ジェイコブがジェレミーに「『Pee Wee Scouts』(4)シリーズ［参考文献224］の第五巻を読み終わったから貸すよ、読んでから話し合おう」と言っている声が聞こえてきます。その隣では、サムが新しい『Henry and Mudge』(5)［参考文献262］を見つけて、クラスで一番の「ヘンリー

&マッジ」オタクであるジェレミーのところに持っていこうとしています。また、エマがリリーに、「アラスカではは、どうして冬は二四時間暗くて、夏は二四時間明るいのかについて休み時間に一緒に調べよう」と誘っている声も聞こえてきます。そんな様子を見て、クルーガー先生は微笑んでいます。

休み時間に調べものや作品の制作を続けたいという子どものリクエストは、決して稀なことではありません。クルーガー先生のクラスにいるオーパルとトリニティは、ベトナムからアメリカへ移民する家族についての話である『The Lotus Seed（ハスの種）』〔参考文献228〕について話し合った記録を印刷して読み直し、新しい結論を導きだすために使えそうな部分をカラーマーカーで印をしたいと言ってきました。カラーマーカーと付箋、そして情熱をもって、彼女たちは数回の休み時間を使って分析しました。

（３）翻訳協力者から、「カリキュラムに浸透するという表現がよいですね！　カリキュラムは固定されたものではなく、むしろ生きているものであり、いくらでも形を変えることができる、と気づかせてくれるようです」というコメントをいただきました。教室にいる子どもたちの興味にあわせてカリキュラムが変化していくのは、とても大切なことだといえます。

（４）ボーイ・スカウト、ガール・スカウトのようなクラブの子どもたちがさまざまなトラブルを解決したり、人助けをしたりするお話のシリーズです。

（５）小さな男の子ヘンリーと大きな愛犬マッジが冒険をするという、とても読みやすい絵本シリーズです。

また、一年生のノーラは、グループ活動において新しく知った事柄について教えてくれた二年生の男の子に感謝の手紙を書くために、「休み時間に外へ遊びに行かず、教室に残ってもいい？」と、許可をもらいに来ました。

このクラスは、強い絆で結ばれた学びのコミュニティー、つまり共同体を構成しています。そして、子どもたちは学びに夢中です。子ども同士の人間関係が良好であり、一人ひとりが主導権をもって有意義な人生を生きていると実感しており、読み書きに取り組むコミュニティーの有能な一員であるという自覚があります。また、子どもたちは、ほかの子どもが取り組んでいるプロジェクトも認識しており、手伝えるときは進んで手伝っています。

本書では、なぜこのようなコミュニティーをつくることが重要なのか、そしてどのようにつくればよいのかについて説明していきます。

前述したように、子どもの熱意、人間関係、主体性、自信、そして仲間意識は、その後の学力と幸福につながります。ノーラが示したような感謝の心も、幸福感につながります〔参考文献184、58、194〕。ともに知を構成し（**訳者コラム**参照）、学びをつくり出すことに貢献しているという実感によって、教室の中で積極的に人とかかわり、何かをともにつくりたいという気持ちが形成されていきます〔参考文献29〕。このようなコミュニティーでは、自分が知らないことを人に尋ねるというのは自然な行為であり、「賢いこと」とされています。このような助けあいの精神は、従

訳者コラム

知の構成

本書の原文では、「construction of knowledge」、「knowledge building」、「creating knowledge together」という表現が所々で使われていますが、邦訳書では「知の構成」とか「ともに知を構成する」と訳しています。

「知の構成」とは学習者が自分の力で考え、教師やほかの学習者と話し合いながらともに新しい知識をつくりだすことです。伝統的な教育において「知」は、教師から子どもへと一方的に伝達されるものと捉えられる傾向がありました。そして、子どもには、知を受け取るという受動的な役割が授けられてきました。

しかし、本来、子どもがよく学ぶためには、自らが体験的に観察し、仮説を立て、ほかの子どもや教師とその事象について話すことで言語化しながら新しい知識を発見し、自分のなかで既知となっていることにつなげてそれを「構成（construct）」していくという主体性のある学びが効果的といえます。その重要性を強調した教育哲学が、ロシアのレブ・ヴィゴツキー（1896〜1934）などの思想家に代表される「社会的構成主義（social constructivism）」で、本書の著者たちはその思想に基づいた教え方を目指しています。

（*）翻訳協力者から、ここで語られている「ともに知識や学びをつくり出すことに貢献している実感」について次のようなコメントをもらいました。

「この実感はとても大切ですね！　これがなければ、いつまでたっても授業は他人事のままですし、そうすると子どもたちにとって学びはなぜか強いられている無駄な作業でしかなく、なんで勉強しないといけないのかという不満をもってしまう……という悪い連鎖が続きます。それは、大人になってからの民主的な生き方・考え方にも強く影響していくと思います」

　このことは、著者の一人であるジョンストン教授が著した『言葉を選ぶ、授業が変わる！』や『オープニングマインド』から継続している主張です。日本で受け入れられるようになるまでに、あと何十年かかるでしょうか？

来の教室において学力面で苦しい思いをしている子どもにとっては大きな助けとなります。［参考文献166］

このような教室で学ぶ子どもは、公式の学力テスト（国や自治体が要求するもの）においても、校内の学力評価においてもよい成績を残します。また、次の学年で彼らを教える教師たちからは、彼らが精神的に成長しており、社会性（人間関係形成能力）も、協力する力も、物事を多角的に考える力も高いといった評価を受けています。さらに、このような教室で学んだ子どもたちは、クラスメイトに問題解決の方法を教えられますし、理解を深めるための対話をどのように進めればよいのかについてクラスメイトに教えている、とも報告されています。(6)［参考文献180］

対話を基調とした教え方

私たちの教室は対話を大切にしています。さまざまな視点が大切にされる環境をつくると、そのなかで人間はより熱意をもって学び、新しい知識を獲得し、仲間との関係がよくなるという考え方をベースにして形成されていきます。ある本についての話し合いのあと、ハートウィッグ先生が教える一年生のヘレンは、「思考ノート」(7)に以下の内容を書きました（**図1－1参照**）。

「私は、クラスのみんなと非常に深い話し合い（big conversations）をして、考えが大きく変わりました。（中略）私たちは、本の絵と言葉を根拠にして、知りたくてたまらない、燃えるような疑問（burning questions）についてみんなで考え、たくさん話し合い、お互いの意見を聞きました。ほかの人の視点を聞いて、私の考えは変わりました」

ヘレンがこのように自分の学びを認識していること、そして、その学びの源がクラスメイトの視点にあったという事実は、子ども同士の学びあい(8)の関係、子どもの自己認識、そして子どもの知の構成方法が大切であることを示しています。

本書において私たち著者は、対話的な教育の力を示します。子どもたちは、本を読み、本の内容について会話をす

（6）つまり、「二一世紀スキル4C」（これで検索してみてください）を満たしている、といえるわけです。
（7）二二二ページを参照してください。
（8）一三ページの**訳者コラム**を参照してください。

図1－1　ヘレンが書いた思考ノート

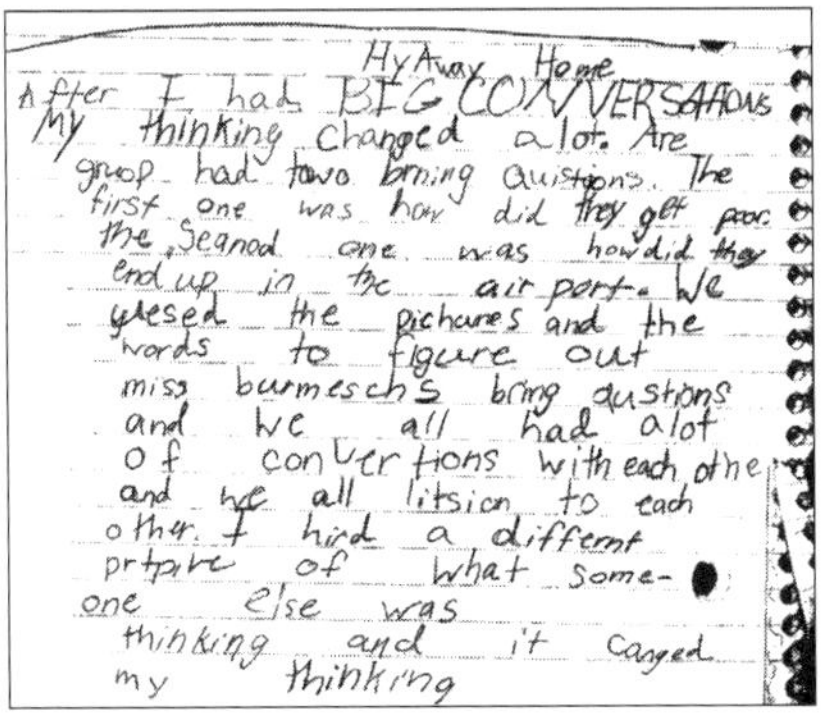

るなかで、クラスメイトや本の登場人物を自己変革のきっかけや模範として見るようになります。コマール先生のクラスにいる自閉症のある二年生が、祖父母に対して次のように語っています。

「うん、間違いなく、これらの本が僕らを変えた」

探究心、自発性、主体性

子どもが生涯を通して学習する人になる、という目標が、多くの学校において掲げられていることでしょう。しかし、子どもは、好奇心と探究心をもって学ぶだけでなく、探究することの重要性も認識する必要があります。その一例を挙げましょう。

コマール先生の二・三年生の教室で、ある子どもがペギー・パリッシュ（Peggy Parish, 1927～1988）が著した『*Amelia Bedelia*（アメリア ベデリア）』[9]［参考文献254］の出版年が一九六三年だということに気づきました。そして、クラスメイトが、作者はまだ生きているのかどうかと質問し、作者のサイトで調べたところ誕生年が分かり、出版年には生きていたことが分かりました。

コマール先生は、「パリッシュが何歳なのか計算してみたら」とみんなに提案しました。また、一番最近出版された本はどれかという議論にもなり、二人の子どもが「それを調べる」と言いだしました。

このように、問いや答えを探究することは、いうまでもなく学びや研究をするために重要なのですが、学ぶためだけではなく、市民として民主主義に参加するためにも重要です。学校で問うこと、そして探究することの重要性を教えなければ民主主義の維持はできません。本書では、子どもがどのように問い、調べ、そして調べたことに基づいてどのように行動していくのかについても紹介していきます。(10)

自制と自己変革

自制心は、学校や社会で有意義に活動するために不可欠なものです［参考文献63］。それだけに、子どもの自制心を育てる責任を私たちは強く意識しています。ハートウィグ先生が教える一年生の「帰りの会」で、マディーが以下のような提案をしました。

「ハートウィグ先生、みんなでエミーをほめませんか？　彼女は音楽の授業のとき、ゲームで負

(9)　お手伝いさんとして働いている主人公のアメリア・ベデリアは、さまざまな勘違いや失敗を繰り広げるのですが、その様子が面白おかしく描かれています（未邦訳）。

(10)　翻訳協力者のコメントです。「日本の教育界・社会に大きく欠落した部分だと思っています。大学生になっても、正解を与えられるのをただ待つだけという学生がとても多いことに驚きます」

けて怒りそうになりましたが、怒ることもなく、叫ぶこともなく、逃げ出すこともなく、静かに座っていました。でしょ、エミー?」

エミーは頷きました。彼女は自らの感情をコントロールしただけでなく、以前、クラスでそのことについて話し合っていました。批判的にならず、みんなで建設的に話し合ったので、感情や行動のコントロールに苦労しているのが自分だけではないことをエミーは知っていました。そして、彼女は、次第にコントロールができるようになったのです。

クラスメイトは彼女の自己変革を手伝っただけでなく、その過程において自らの自己変革の可能性についても意識が高まりました。変革に気づくというのは、変革が可能であると認識することでもあります。また、「自らの変革に主導権をもてる」という認識は、「自分の能力の低さは変えられない」という、間違った無力的な固定マインドセットを覆すことにもつながります。[参考文献66]

エミーのケースのように、クラス内の対話はとても効果的な「セルフ・ナラティブ(自己物語)」を形成する機会を子どもたちに提供するきっかけになり、教室は、すべての子どもが対人関係と感情コントロールの面において成長する場となります。本書で私たちは、自制と自己物語における主体性の発達についても探究していきます。

より良い世界を目指す

学校は、子どもの知力や社会性だけを育てる場所ではありません。子どもの道徳心を培い、より強い絆と良好な人間関係で結ばれたコミュニティーのつくり方を教えるための場所です。

ある日、マカーシー先生が教える一・二年生のクラスにいるマーティンが、先生に「解決したい問題がある」と相談するために来ました。彼は、一つ下の学年にあたるキンダー[11]の子どもたちが、ランチタイムにほかの学年と一緒に座ることができず、離れた席に座るように指定されている理由が分かりませんでした。

彼はこれについて考え、クラスメイトのアナに相談しました。アナは、ちょうどそのころトラについての本を書いていて、トラが直面している危機、そしてトラを保護するために進んで活動する重要性をマーティンに説明していました。マーティンがアクションを起こしたのは、きっと彼女の影響があったからでしょう。

---

(11)「キンダー」とは、アメリカのKindergarten（K）という学年のことで、五・六歳の子どもが通っています。日本では、保育園や幼稚園の年長にあたる年齢ですが、アメリカのキンダーは小学校と同じ建物に教室がある場合が多く、読み書きや計算の基本を教えはじめる学年となっています。

マーティンは、キンダーの子たちがランチタイムに別のエリアに座らなければならないという決まりを問題視していました。キンダーの子どもにとっても、上の学年の子どもにとってもメリットがない制度だと考えていたのです。彼のクラスにいる一年生にとっては、翌年、キンダーの子どもたちはクラスメイトになるわけですし、一人でも知っている人がいると、キンダーの子どもたちも新しいクラスに馴染みやすいと考えていました。

「キンダーの子どもも、みんなと一緒に座ってランチを食べるようになれば新しい友達ができる」と、マーティンは教師たちに主張しました。また、学校と家を往復するバスや校庭で出会うことはあっても、「まだあまり仲良くなっていない」とも言っていました。

マーティンは、その原因についても考えました。教頭先生やキンダーの教師たちの観点から問題を考え、キンダーの子どもが固まって一か所に座らないと、教師やほかの大人が給食時にジュースの容器を開けてあげたり、熱い料理を運んだり、お弁当を開けたり、冬は長靴やコートを身につけるときの手伝いができないからだと想像しました。しかし彼は、今はもう春で、キンダーの子どもはすでにいろいろなことができると指摘しました。彼には弟や妹がおらず、キンダーの友達もいませんでしたが、現状を改善するために、誰かが何かをするべきだと感じていたのです。

そして、教頭先生に宛てて、ランチルームにおける席の変更を求める手紙を書いたのです。

教頭先生から返事が届きました。マーティンの意見に理解を示し、キンダーの教師たちとも話し合い、変更を認めるという結論が書かれていました。その日は、マーティンにとって素晴らしい日となりました。そして、望んでいたことが実現し、キンダーの子どもが上の学年の子どもと遊ぶ様子を見て、マーティンは満面の笑みを浮かべました。

マカーシー先生も満面の笑顔でした。自分の目指している教育の姿がそこにあったからです。問題について考え、調べ、さまざまな観点から検討し、変革を起こすために行動する子どもを育てるという教育がこの事例で証明されたのです。

読み書きの能力を高めると同時に、人生で直面する複雑な問題を理解し、社会的に、そして道徳的に考え、思いやりと社会変革の意識をもって行動してほしいものです。本書では、このような理想について真剣に考えていきます。私たちの教室では、リテラシーの力をつけると同時に、道徳心の発達も大切にしているからです。［参考文献156、204］

教師の成長

本書では、教育や子どもの発達だけでなく、教師の成長についても語っていきます。私たち著者は、教師を辞めようかと悩んでいた時期にお互いが助けあうようになり、今はより良い教育を提供するために支えあっています。

たとえば、二〇年以上の教師歴があるコマール先生は、あまりにもフラストレーションがたまってしまい、「もう辞めたい」と、別の学校で国語の教師をしていたシャンポー先生に漏らしました。それを聞いたシャンポー先生は、「同僚の教室を視察に来るように」と言ってコマール先生を誘いました。

コマール先生は、シャンポー先生の学校の授業を参観し、子ども同士の会話を聞いたとき、「私がしたい教育はこれだ！」と唸りました。すでに五月に入っており、学年が終わろうとしている時期のため、「新学期がはじまる秋まで教え方を変えるのは待つように」とシャンポー先生は助言しましたが、コマール先生は待ちませんでした。そして、シャンポー先生のサポートを得て、早速コマール先生は教え方を変え、六月の学年末まで、学ぶ意欲にあふれた楽しい教室を子どもたちと対話しながらつくったのです。

実際、教え方を変えるのは難しくありませんが、そのためには同僚とともに変更に関する計画をしたり、問題解決について相談する必要があります。また、具体的な実践例とそれを裏づける理論がはっきりしていることも大切です。本書を書いたのはそのためです。

おそらく、もっとも難しいのは、教え方、学び方、リテラシー、そして子どもについての古い考え方や習慣を捨てることです[12]。私たちが教師として成長するプロセスは、子どもが学ぶプロセスと基本的には同じなのです。自分の頭で、または仲間とともに、問題を見つけて解決方法を探します。さらに、自分で研究したり、ほかの人の研究成果を読んだりもします。考え方を共有し、新しいことに挑戦し、その新しい実践を検証するためのデータを集めて分析するのです。

私たち著者は、一般的な公立の小学校で教えています。高い貧困率をもつ都市部の学校ではありませんが、いろいろと問題はあります。たとえば、コマール先生の学校に通う子どもの六割は、給食費の補助か免除を受けています。私たちの教室では、子どもの家庭環境や地域社会の問題が学校における人間関係にも影響を及ぼしてきます。そのような環境でも、私たちの教室において子どもは、学力的な問題についても、社会的な問題についても、自らが考えて解決する方法を学び、親切に、思いやりをもって、民主的に行動することを学んでいます。

ほかの教師と同様、私たちは教育を管理する機関や上司からカリキュラムや共通テストなどの要求や制限を受けています。その結果、やりたい教育ができないという現実に直面することもあります。お互いに助けあえないかぎり、私たちはやっていけません。おそらく教師を辞めていたでしょう。問題があっても、助けあうことさえできれば、教師は「教える喜び」を増やせるという事実を伝えたいのです。(13)

---

(12)　英語ではこれを「アンラーン（unlearn）」と言います。まさに、一度学んでしまったものを捨て去ることです。日本の教育のなかにも、アメリカの教育のなかにも、これをしないといけないことが充満しています。

人と社会を変える

図1－2にあるベッツィー・ストリーター（Betsy Streeter）のマンガは、教育現場をとてもうまくたとえており、思わず笑ってしまいます。教室の中でも、私生活でも、さまざまなことが同時に起きていて、教師は本来の目的を見失いやすいものです。しかし、効果的な教育を提供するためには、小さなことのなかにも全体的な目的意識と方向性が反映されていなければなりません。大きな目的を見失うと、一つ一つの判断において的を外してしまう可能性が高くなるからです。

私たち著者は、人、そして社会を変えるために教師になりました。教師になったばかりのころは、そ

図1－2　ベッツィー・ストリーターが描くマンガ

①ネコ　ワイパーをつかまえたい!!

②イヌ　ああああ！　道路をよく見て運転して!!

③キャプション　雨の日に猫に運転をさせてはいけない理由

れが何を意味するのか完全に理解していませんでしたし、どのように社会を変えるべきかについて、はっきり分かっていませんでした。しかし今は、当時よりも明確に物事が見えています。

将来、子どもが民主的な社会のなかで、ほかの人に依存せずに充実した人生を送り、より良い社会の構築に貢献できるよう、準備させてあげることが私たちの使命です(14)。

(13)　翻訳協力者のコメントです。「日本の学校も、こういうことが多すぎるために、考えることをやめてしまう教師が多くなっていくのだと思います。具体的には、教科書を指導書のとおりになぞる授業です」

(14)　翻訳協力者のコメントです。「ここ、とても好きです。日本の教師は、自分自身の使命は何かと聞かれたら、どのように答えるのでしょうか。ここに書いてあるような民主的な社会の一員になる準備といった、未来志向の発想がどのぐらいの教師にあるかな、と思いました」

図１－３

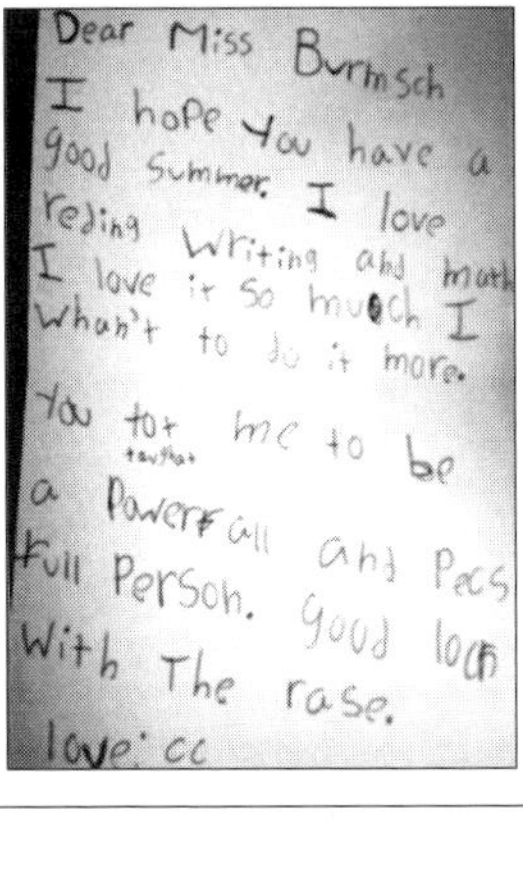
Dear Miss Burmsch
I hope you have a
good summer. I love
reding writing and math
I love it so much I
whan't to do it more.
You tot me to be
a Powerfull and Pecs
full Person. Good loch
With The rase.
love: cc

ブルメッシュ先生へ

よい夏をお過ごしください。私は読むこと、書くこと、そして算数がとても好きです。すっごく好きです。もっとやりたいです。

あなたは私に力強い、平和な人になるように教えてくれました。

（走る）レース頑張ってください。

愛をこめて　ＣＣより

子どもにとって、どのような知的、社会的、感情的、道徳的発達が必要なのか、そしてそれをどのように教師がサポートしていくのか、私たちは以前よりも深く理解しています。その結果、保護者は私たちのクラスにいる子どもにはよい変化が起きると認識しています。私たちのクラスの子どもは家で家族とよく対話をするので、家庭生活は平和であるという報告を受けています。

ハートウィグ先生（旧姓ブルメッシュ）が教えている一年生が**図1－3**に示した手紙を書いています。このような子どもが育っているのです。

私たちの子どもや孫も含めて、あらゆる子どもが理想的な教育を受け、民主的で平和な社会に生きられることを願って本書を著しました。

第2章 最初から本づくり

子どもが本づくりをするとき、字の代わりに絵を描いているとか、字が書けないから絵を描いているといった認識はありません。子どもは意味を伝えるために絵を描いていて、そこに言葉を添えています。絵本の制作とは、本来そういうものだからです。〔参考文献159〕 ケイティ・ウッド・レイ（Katie Wood Ray・元小中学校教師で、現在はウェスタン・カロライナ大学教育学部准教授。「作家の時間」についての著者多数）

子どもはモノづくりがとても好きです。そして、モノづくりには多くのよさがあります。道具の使い方に関する能力が育つだけでなく、主体性、自己肯定感、自信、そして前向きさも強まります〔参考文献31、125、183〕。私たちのリテラシー教育も同じように進めています。教員研修セミナーの講師として活躍しているケイティ・ウッド・レイ、リサ・クリーブランド、そしてマット・グローバー(1)が示してくれたように、子どもに本をつくらせるのです。〔参考文献159、161、162〕

プロセスは至って簡単です。子どもが入学すると、初日から絵本を読み聞かせ、一人で、またはクラスメイトと一緒に本を探したり読んだりする時間をたっぷりと与えます。次に、本づくりの材料を与え、「つくりたい人はつくってもいいよ」と言います。また、本の読み聞かせをするときは、子どもがつくった本でも、大人がつくった本でも、作品の作者をしっかりと紹介します。そして、大人の作家を紹介するときは、子どもたちが興味をもてるように紹介します。

作者のファーストネームも、誰のために捧げる本なのかも紹介し、著者紹介を読んだり、ウェブサイトにある動画や写真を見せる場合もあります。作家やイラストレーターがどのように文や絵をデザインしたのかについて観察し、そのような選択に至った意図を推測します。そして、子どもに対して、「よく観察すれば気づけるよ」と言って誘いかけます。(2)

子どもが観察して気づいたことには、できるかぎり専門用語を付け、その機能の推測を促したり、教えたりします。「あ、これですか？　よく気づきましたね。いい質問です。これは『目次』といって、本の中身を読者に伝えることを目的として書かれているものです」というような感じです。

教師が本の読み聞かせをしながら、作家と同じように本をつくることが想像できるように子どもを導きます。そして、もし自分が作家だったらどんな本をつくって、どのような「技」(3)を使うのかについても想像するようにと言って誘います。

たとえば、次のようなことを言います。

「みんなも、作家のニコラ・デイビス[4]と同じようにこの技が使えますね。エメット、あなたがつくる犬の本で使えるかもしれませんね」

また、誰かが何か「技」を使ってみたとき、教師はそれを称賛し、専門用語を紹介し、クラスのみんながよく知っている作家も同じ技を使っていると伝えます。

（1）（Lisa Cleaveland）ノースカロライナ州で小学校低学年の読み書きを長年教えています。二〇〇二年に「NTCE・Donald Gravesライティング教育優秀賞」を受賞しました。（Matt Glover）三〇年以上、教師、校長、コンサルタントとして教育に携わっています。読み書きを中心に著書も多数あります。

（2）原書の英語でinvite（children to）という動詞が多く使われおり、そのままの意味を表現して「誘う」と訳しています。「みなさん〜してください」ではなく、「〜してみますか？　したい人はいますか？」という意味です。子どもに選択肢を与え、主体性を育てる教育を実現するために必要な用語です。

（3）原書では、作者が本づくりに使うさまざまな文や絵の技術や工夫について「move」という単語を使っています。名詞の「moves」とは、スポーツ、チェス、政治などで使う意図のある戦略的な動きを表現する単語です。「craft」や「strategy」という表現も同じように使います。本書では、基本的に「技」と訳していきます。たとえば、子どもが絵本づくりで使える簡単な技は「吹き出しを使う」や「一部の文字を大きく書いて強調する」となります。三〇ページの**図2-1**でも、複数の「技」がリストアップされています

（4）（Nicola Davies）ケンブリッジ大学で動物学を専攻し、世界中でさまざまな動物を研究しました。英国放送協会（BBC）で野生生物や自然をテーマにした番組の制作に携わったほか、多くの児童書を出版しています。『やくそく』（さくまゆみこ訳、BL出版、二〇一四年）などが翻訳されています。

図２－１　作家の技の探究記録

作家として読む 私たちは、ほかの作者やイラストレーターが使う「技」に気づくことができます。		
気づいた人	作者の技	どうして使う？
カイリー（Kylie）	向きを変える２ページの絵	背が高いものや大きなものを見せる
グレース（Grace）	歌を入れる	お話の内容を覚えやすくするため
ガビー（Gabby）	面白いこと	読者が笑うように
エリオット（Elliot）	曲がった文字	絵に合わせるため
ベン（Ben）	図	いろいろな部分を教えるため
テイラー（Taylor）	ラベル	部位の名前を教えるため
チャーリー（Charlie）	開き絵	長いものや大きいものを見せる
ダニエル（Daniel）	動きの線	何かが動いているように見せる

「モー・ウィレムズが[5]『はとにうんてんさせないで』（中川ひろたか訳、ソニーマガジンズ、二〇〇五年）のなかで使った技と同じですね」というようにです。

ちょっとした作家の「技」の真似を称賛することはとても大切です。ほんのわずかであっても、本物の作家と同じような書き方ができている場合は必ず褒めるようにします。紙の上に線を少し書いただけでも、本づくりのはじまりなのです。[6]

作家の「技」を使っている子どもを褒めることは、クラスメイトを含めて、大人の作家やイラストレーターと同じであると認識するために有用です。ヘルマー先生は、模造紙（**図2－1参照**）

---

(5)（Mo Willems）ルイジアナ州生まれの絵本作家です。マンガを描きながら世界中を旅し、帰国後、テレビ番組『セサミ・ストリート』の放送作家、アニメーターとして活動を開始しました。現在、絵本作家として精力的に活動中です。「ぞうさんぶたさんシリーズ絵本」（落合恵子訳、クレヨンハウス）などが翻訳されています。

(6)　翻訳協力者のコメントです。「大学院生のころ、小学校二年生が国語の授業でつくった絵本に一つ一つコメントをしたことがありました。そのなかで、冒頭で『木の生えた野原↓木↓木の穴↓穴の中の登場人物』という順番で書いていた子どもがいたので、ああすごいなと思って、『これはズームアップという書き方で、プロの作家さんもよく使う方法です』というコメントを、何気なくひと言添えました。そうすると、あとから担任教員を通じて、その子どもがとても喜んで、『将来は作家になりたい』と言って、いろんな文章を書くようになったと保護者の方がおっしゃっていたと聞きました。私は、ここでの説明のように、特定の作家を出せたわけではありませんが、それだけでもそんなにも効果があるのだと驚いたのを覚えています。こんなふうに作家や作品を例に出しながら褒めてもらえることには、絶大な効果があるんだろうと感じます」

に少しずつ追加する形で、キンダーの子どもが使った作家の「技」の探究記録を教室の壁に掲示しています。子どもが作品のなかで使うとき、そして作家の活動について考えるときの参考にするためです。

作家やイラストレーターが何を考え、意図的にどのような判断や選択をしているのかについて想像するのはとても効果的です。つまり、彼らがどういう人なのかを理解し、そのアイデンティティーを受け継ぐことで自分も作家としての自覚をもつようになるからです。

なぜ、子どもが作家やイラストレーターとしての自覚をもつことが大切なのでしょうか？　心理学者のハヨ・アダム（Hajo Adam）とアダム・ガリンスキー（Adam Galinsky）は、アイデンティティーと集中力について興味深い研究を発表しています［参考文献87］。その研究報告には、次のように書かれています。

色彩を表現する文字（たとえば「赤」）を違う色で印字し、被験者が気を散らさずに読めるかどうかを実験しました。そして、その実験の一環として、白衣を一部の被験者に着せて、医者の服装をしながら同じ作業を行うようにしました。その結果、白衣を着ると、着ていない被験者に比べて作業する効率が高まったのです。白衣を着た被験者は集中力が増し、実行機能が強化されました。

私たち著者はこのような実験を行っていませんが、これまでの経験から、子どもを作家やイラストレーターとして扱い、彼らの活動について話をすると、子どもたちは彼らが行っていることに気づくようになり、なぜそれを行っているのか、そしてどのようにやっているのかについて興味をもちはじめます。子どもが作家としての自覚をもつと、周りからの刺激によって気が散ることが減り、長い時間集中するようになります。

時々ですが、すぐに本をつくり出さないという子どももいます。その場合は、教師が隣に座って、彼ら自身や家族などについて対話をしますが、そうすると結構面白い題材が出てきます。また、友達や本などからアイディアが得られるといったことを知らない場合もありますので、近くにいる子どもに「どうやって題材を選んだの」と尋ねるなど、相談するようにとすすめるときもあります。

書きはじめる方法が分からないというのは、ごく普通のことです。また、それを解決するのも普通であるという雰囲気をつくります。次ページの**図2－2**は、一・二年生が話し合いながら教師が書きだした「ライターズ・ブロック」[7]の解決方法に関するアンカーチャート[8]の例です。

本読みや本づくりの経験がない子どもがいる場合は、なるべく早く、たくさん経験できるよう

（7）「ライターズ・ブロック（writer's block）」とは、筆が止まってしまう状態です。

図２－２　ライターズ・ブロックのアンカーチャート

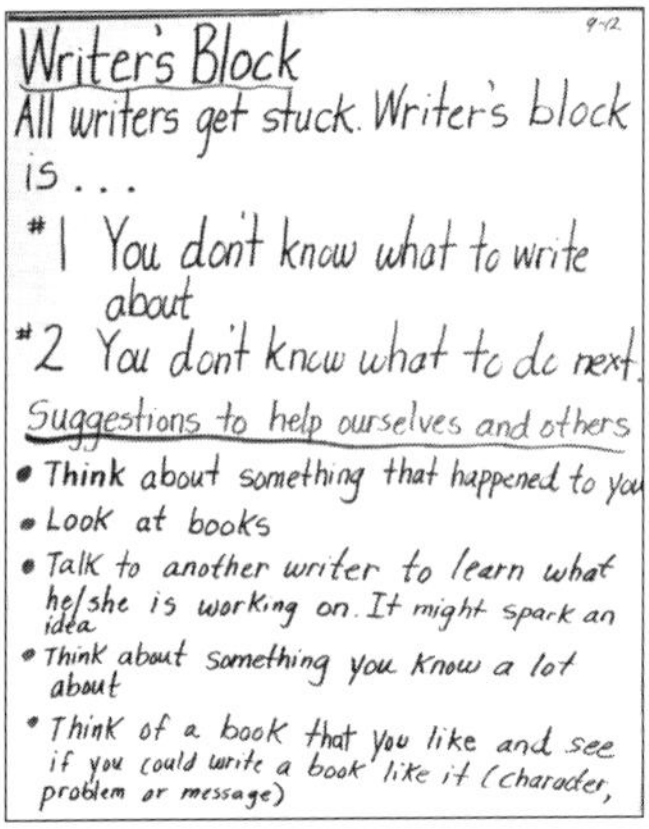

ライターズ・ブロック

ライターズ・ブロックは誰でも経験します！

ライターズ・ブロックとは

（１）何を書いてよいのか分からない。

（２）次に何をしていいのか分からない。

自分とほかの人を助けるための助言

- 自分の人生の出来事を考える。
- 本を見る。
- 教室の中にいるほかの作家と会話し、その人の作品について聞く。アイディアに火がつくかも。
- 自分がよく知っていることから題材を探す。
- 好きな本を思い出し、同じような本を書けるか考える（人物、問題、教訓）。

（＊）翻訳協力者のコメントです。「ライターズ・ブロックは何かを書く人の誰もが経験することで、これまで日本でも常に悩ましい課題として捉えられてきました。けれど、その方向性は、ライターズ・ブロックを極力存在させないための指導方法の開発に重きが置かれてきたように思います。私自身もそうでした。もし、極力存在させないように指導することに重点を置いていたら、間違いなく子どももできないことに焦りそうだし、教師も失敗したと判断するのかもしれません。かなりハッとさせられました。でも、ここにあるように、誰でも経験するのが普通、を前提として、どうやって活路を見いだそうかというように気持ちを転換して、このアンカーチャートを参考に試してみるという方向に変われば、失敗を恐れることなく次に進める大きな手助けになると思いました」

にします。簡単な本づくりをするためには、それほど本読みの経験は必要としませんし、子どもがいつでもスタートできるよう、本づくりのお誘いは常にオープンにしておきます。

本づくりのよさとは？

通常の指導法に比べて本づくりは、より多くの子どもに成功するチャンスを提供します。子どもが知っている本には絵が描かれています。そのため、文字に関する知識を得る前でも、子どもは本づくりにおけるコミュニティーの立派な一員として参加できます。

つくりかけの本に、一時的に手をつけないときもあるでしょうが、本づくりは長い時間にわたって集中力を維持するという効果のある長期的なプロジェクトです。子どもが作家としてのアイデンティティーを得ると、学校外でも自分の本のことを考えたり、計画するようになります。たとえば、子どもが本について発表したあと、私たちは次のように伝えています。

（8）（anchor chart）授業で話し合いをしながら作成していくポスターのことです。「Anchor」は船の錨のことですが、名前の由来は全員で考えた有用な情報を壁に掲示し、学びが逃げないようにつなぎ止める錨と同じような機能を果たすからだと思われます。https://www.scholastic.com/teachers/blog-posts/rhonda-stewart/anchor-charts-effective-teacherstudent-tool/

「今週末、家にいるときに、変更や追加のアイディアが浮かぶかもしれませんね。そうしたら、月曜日につくりかけの本を出して作業すればいいでしょう。作家は、机に座っているとき以外でも本について考えていますから」

本をつくりだすと、作業を続けたいと思うようになります。国語の時間が来ると、子どもはゼロからはじめるのではなく、自分がつくっている本の作業に戻るという選択肢が与えられます。

子ども自身が選んだ題材の本をつくるとき、自分にとって意義のあることを成し遂げようとします。そのため、自分で考え、積極的に活動するわけです。意志のあるところに道はあり、意志がないと道は見えてきません。そして、目的がないと解決の方法は生まれません（逃げる方法を考える以外は）。

本づくりの活動をすると、子どもたちは自発的に設定した目的があるため、本を読むときでも目的意識をもっていますし、「文字」という森の中で迷うことはありません。また、情報を伝えるための本を書くときも、物語を書くときも下調べが必要となるので、それによって読む量が増えます。

とはいえ、最初のころはこれについては分かっていません。たとえば、ヘルマー先生が教えるキンダークラスのパリスは、雲についての本を書きたがっていました。本づくりの時間の終わりに行う「共有の時間」のとき、彼女がクラスメイトに相談した内容は、どんなことを書いたらよいか分からないというものでした。ヘルマー先生が雲についての知識量を尋ねると、彼女は「あまり知らない」と答えました。クラスメイトのケンドリックが下調べを提案し、彼女のために、棚で見かけた雲についての本を早速取りに行きました。

そして、ヘルマー先生は、さまざまな情報の入手方法を子どもたちとともに考えました。それには、本、インターネット、知識がある人との会話などが含まれます。パリスは、休み時間や自由時間にほかの人と話して、情報を集めるという計画を立てました。

キンダークラスでの、ヘルマー先生の本づくり

授業の初日、ヘルマー先生は子どもに本をつくる時間を与えています。まずは二〇分ほどの時間を与え、翌日には意欲をもって作業にかかるようにしています。ほとんどの子どもが本づくりをすぐにはじめますが、「やり方が分からない」と言って心配げな子どももいます。その場合、ヘルマー先生は「何が必要?」と質問します。通常、紙と筆記用具があればよいので、それらを与えて本づくりをサポートします。

不安感を抱えている子どもは自信のある子どもの様子を見習って、すぐに全員が自分の興味とデザインを反映した本づくりに取りかかります。とはいえ、子どもによっては自分のアイディア

が本づくりに値しないと思ってしまい、自信がもてないといった場合もあります。重要な題材があると気づかせるために教師がそんな子どもと話し合い（ワークショップの授業では、これを「カンファランス」と言います。五一ページの注参照）、どのような生活をしていて、どのようなものに夢中で、何に興味をもっているのかなどを尋ねます。

その会話のなかで、「それを本にするといいですよ。ジェーン・ヨレン[9]が『月夜のみみずく』をつくったように」や「いいお話ですね。デビッド・シャノン[10]が絵と少しの言葉で絵本をつくったように、あなたもやってみたらどうですか？」と伝えます。

子どもはさまざまな絵本を読んできているので、ヘルマー先生のクラスのほとんどの子どもは、初日から集中して本づくりの作業ができます。まだ本づくりができない子どもを助けるために、ヘルマー先生は小さな作家のグループをつくって、一人で集中して作業できる子どもとそうでない子どもを一緒にして、経験のある子どもが経験の少ない子どもを教えるようにしています。

本づくりの作業は、文字を書く力、そして文字と音の関係についての理解を大いに高めます。子どもが書くとき、彼らは文字の特徴に集中します。作家として自分の名前を書きたいという意欲が大きな動機となり、文字の重要性に気づいていきます。音と文字の関係に気づくようになると、子どもはゆっくりと単語を発音するようになり、その音を確認しながらどの文字を使おうかと考えるようになります。教師も、朝の会などでホワイトボードに文字を書くときには、その特徴に気づくようなモデルを示します。たとえば、次のようにです。

「これからナンシーの名前を書きます。最初の音は何ですか？　N-N-N-Nancy。みんなで言ってみましょう。N-N-N-Nancy。どの文字からはじめますか？　はいＮですね。そして名前なので、一文字目は大文字ですね。では、大文字のＮを書きますね」

この段階では、読む活動よりも、書く活動において音と文字の関連を説明するほうが子どもにとっては分かりやすいでしょう。音と文字に関連する具体的な例が示せるので、ゆっくり取り組めます。もちろん、読む活動と書く活動は、相乗効果を生みながら単語に関する知識の蓄積につながっていきます。

文字が完全に書けなくても、子どもは本づくりをする作家やイラストレーターとして活動できます。「自分は作家だ！」という自覚こそが「読み書き」の力をつけていく努力を支えます。

エリザベスがヘルマー先生の教室で、九月下旬（新学期早々）に書いた本（**図２－３参照**）をご覧ください。彼女は集中して本づくりに取り組み、彼女が書いたキャプションは絵にあってい

---

(9)　(Jane Hyatt Yolen Stemple) 児童文学作家、ファンタジー作家です。『月夜のみみずく』は、偕成社から工藤直子訳で邦訳されています（一九八九年）。

(10)　(David Shannon) デビッド・シャノンは『だめよ、デイビッド』（小川仁央訳、評論社、二〇〇一年）のデイビッド・シリーズなど、子どもたちが大好きな絵本作家の一人です。

ますし、本には表紙があって、自分の名前も書いています。『The Deep Blue Sea: A Book of Colors』（邦訳なし）［参考文献275］を通して、著者のオードリー・ウッド（Audrey Wood, 1905～1985）らをメンターとして使い、色に関する単語の書き方を知るために、教室の壁にあるポスターを参照しました。

彼女は二五分ほど集中してこの本をつくり、みんなに朗読したときにはとても誇らしげでした。その時点での彼女のブック・レベル（**訳者コラム**参照）は「B」で、文字と音を一致させる力をつけはじめつつ、『ネコのピート』シリーズや『くまさん くまさん なにみてるの？』などの複雑な本を選んで、グループ学習や個人学習の時間で読んでいました。

子どもたちには、「あなたは作家であり、あなたがつくる本はみんなに発表できる貴重なもの！」と理解してほしいです。子どもたちは、ただ書く練習をしているわけではありません。そのため、書く時間が終わると必ず「共有の時間」をもちます。みんなで集まり、自分が書いている本の一部を発表し、感想をもらい、行き詰まって

図２－３　エリザベスが書いた『色』についての本

訳者コラム

ブック・レベル（Book Levels）

一般的にアメリカでは、ファウンタスとピネル（Fountas & Pinnell）によって提案された、ＡからＺ＋までにレベル分けされた「ガイド読みレベル（Guided Reading Level）」が読むことの学習に使われています。ＡからＤは幼稚園、ＥからＪは１年生、ＫからＭが２年生、ＮからＰが３年生、ＱからＳが４年生、ＴからＶが５年生、ＷからＹが６年生、Ｚは７年生から12年生、Ｚ＋が成人という目安となっています。

教室や図書館では、ブック・レベルが、子どもの読解力にあったレベルの本なのかを教師や子ども自身が知る一つの指標になっています。サイトに行くと、ブック・レベルの検索ができたり、あるレベルに含まれる良書のリストを見ることができます。ただし、本書の著者たちが指摘しているように、子どもは興味のある内容のものであれば、一般的な読解力より上のレベルの本を理解したり、有意義に読めますので、教師は使い方に気をつける必要があります。「ガイド読みレベル」が初めて紹介されたのは1996年ですが、最新版については『The Fountas & Pinnell Literacy Continuum』を参照してください。また、ガイド読みについては『「学びの責任」は誰にあるのか』の第３章を参照してください。

いる点についてアイディアを交換し、作家やイラストレーターの「技」を使おうとしている姿勢をお互いにたたえます。

この共有の時間は作家活動の大きな原動力です。子どもたちは、自然と自分の努力に誇りをもつようになります。ヘルマー先生がエリザベスに発表の機会を与えたとき、先生はエリザベスの作家としての立場を強調して、「『色について』、エリザベス著」と読みあげました。そして、作家のウッドたちをメンターとして使っていることなど、ほかの作家とのつながりにクラスメイトが気づくように配慮していました。

四月（年度の八か月目）[11]になるとエリザベスは、レベルHの本を読み、情報を伝えるノンフィクションの作家・イラストレーターとして大きく成長していました。宇宙を題材にした彼女の本『宇宙（SPaes）』（**図2－4a**、不鮮明な画像お許しください）は、下調べとして教室内にあった本を使ってつくられたものです。

エリザベスのリクエストにより、教師は教室の棚に宇宙に関する本を増やしました。通常、エリザベスは本づくりを数日もしくは数週間かけて行っていますが、この本は一人で、教師の補助なしに四五分で完成させました。彼女は完全に集中して、書き進めたのです。

図2－4bでは、子どもが書いたままのスペルと、意図するスペル〈correct spelling〉を紹介します。スペルをマスターしていない単語も、一生懸命書き出そうとしている様子が文字から想像できます。

エリザベスの「作者について」（**図2－4d**）の内容からさまざまなことが分かります。彼女は、作家としての強いアイデンティティーをもっています。多様な題材を扱った、複数の作品を仕上げていることも明確です。彼女は「書く」ことを、調べる活動を伴う、楽しいコミュニケーションをするための社会的な活動だと捉えています。また、原書を「ただ写しても」いません。

彼女は書くことを通して人の心を動かしたいと考えており、[13]実際に「それができる」と信じています。[12]このような感覚が、彼女に社会的主体性の感覚をもたせています。

図２－４a　エリザベスがつくった本の表紙と目次

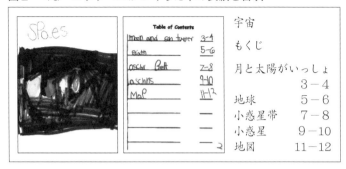

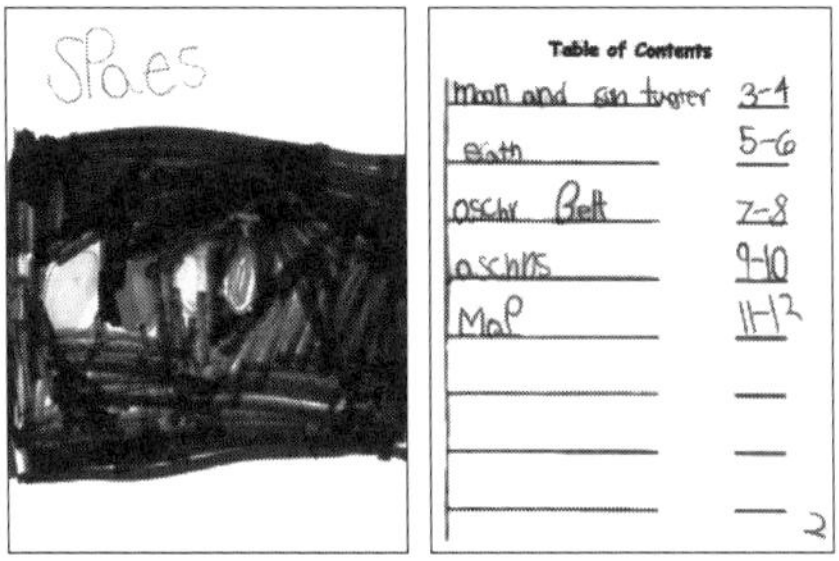

宇宙

もくじ

月と太陽がいっしょ	３－４
地球	５－６
小惑星帯	７－８
小惑星	９－10
地図	11－12

図２－４b　月と太陽がいっしょ

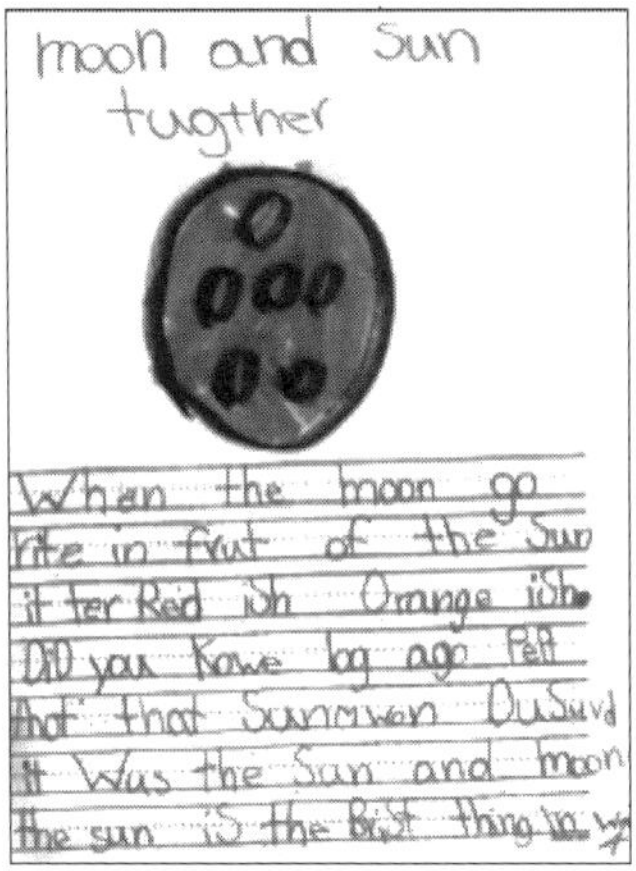

When the moon goes right in front of the sun it turns red-ish orang-ish. Did you know long ago people didn't know that? Someone discovered it was the sun and moon. The sun is the brightest thing in the world.

月が太陽の前に来ると赤く、オレンジっぽくなります。昔の人はそれを知らなかったって、知っていましたか？　誰かが、太陽と月を発見しました。太陽は、世界で一番明るいものです。

情報を伝える本のジャンルに関する特徴をよく理解しており、一つの題材に絞り、目次やページの見出しを入れ、作者についての紹介ページも入れています。各ページに見出しを入れることによって、どのように内容を構成するのかを判断しています。また、文の構造も多様であり、ジャンルに特化した「技」を使っているところも注目に値します（例・～を知っていましたか?）。

エリザベスの単語間スペースの使い方は一定していますが、句読点や大文字・小文字の使い方はまだ規則的なものではありません。

図2－4c　小惑星帯

The asteroid belt is very hard to get past. Astronauts have only been to the moon. There are 3 new places. Nobody really knows about them. Most people think it is a belt you wear but look at the picture.

小惑星帯を通過するのはとても難しいことです。宇宙飛行士は月までしか行ったことがありません。三つの新しい場所があります。それについては誰もよく分かっていません。ほとんどの人は、「astroid belt」を（ズボンに使う）ベルトのことだと思っていますが、絵を見てください。

(11)「情報を伝える本」とは、英語では「informational books」と言います。ノンフィクションの一つのジャンルであり、恐竜、虫、電車、ミイラなどの題材を扱っている情報満載の本は子どもが大好きなジャンルの一つで、本づくりをするにおいても楽しい種類の本です。

(12) 翻訳協力者のコメントです。「エリザベスの『作者について』の内容はとてもいいです！　書くことが自分だけで完結するのではなく、書いたものが人に届くこと、読者に影響を及ぼすこと、それを小学校一年生が知っていること。一年を通しての、作家としての彼女の成長、本当にすごいです！」

(13)「a sense of social agency」の和訳です。四六ページの**訳者コラム**を参照してください。

図2−4d　エリザベスの「作者について」ページ

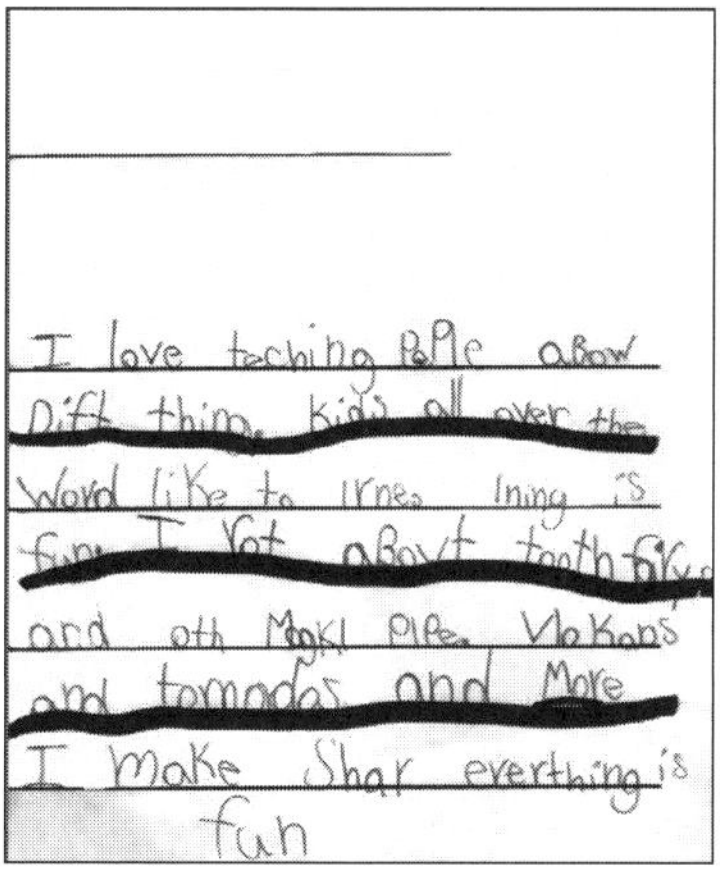

I love teaching people about different things. Kids all over the world like to learn. Learning is fun. I've written about tooth fairies, other magical people, volcanoes, tornadoes, and more. I make sure everything is fun.

私は、人にいろいろなことを教えるのが大好きです。世界中の子どもは学ぶことが好きです。学ぶことは楽しいです。私は歯の妖精などの魔法が使える人、火山、竜巻などについて書いたことがあります。すべてが楽しい内容になるように書くことを心がけています。

訳者コラム

社会的主体性（Social Agency）とは?

「social agency」という表現を「社会的主体性」と訳しています。まず、「agency（エイジェンシー）」とは何でしょう？　教育学で「行為主体性」とも訳されますが、OECD が2019に発行した「Student Agency」についてのレポート（Student_Agency_for_2030_concept_note.pdf (oecd.org)）では、「the capacity to set a goal, reflect and act responsibly to effect change」と定義されています。

邦訳すると、「何か変化を起こすために自分で目標を設定し、深く考え、責任をもって行動する能力」となります。つまり、「主体性がある」とは、自分で何をすべきか考え、それを実行するための力と自由があるということです。逆に「主体性がない」というのは、自分で考えられないか、考えはあっても行動する力や選択の自由がないということです。

では、「社会的主体性」はどうでしょうか？　本書で紹介されたエリザベスは、「社会的主体性の感覚（a sense of social agency）をもっている」と書かれています。これは、彼女が教室や学校という「社会」において、自ら作家としての活動によって人を幸せにするといったよい変化を起こせると信じているということです。

「主体的に学ぶ子どもを育てる」という目標を掲げるのは簡単ですが、選択の自由や意思の尊重がない教室では主体性の育成はおそらく不可能でしょう。「あなたは何をしたいのか？　次に何をするとよいと思うのか？」ということを考える機会と実行する自由を与え、エリザベスのように、書くことを通して「社会的主体性の感覚」を強く感じる経験を多くの学習者ができればと願っています。

私の教育活動のなかにおいて、育てることができていないと反省をさせられる一つがこの「社会的主体性」です。エイジェンシー（主体性）は、本書の著者の一人であるピーター・ジョンストンの『言葉を選ぶ、授業が変わる！』と『オープニングマインド』でもキーワードになっていますので、参考にしてください。

しかし、文字と音の関係についての感覚は発達しているといえます。子音二つのブレンド（fr, pl, lt）も含めて、多くの単語の音素[14]が表現できています。

たとえば、「asteroid」を「asdrowt」、「right」を「rite」、「magical」を「magkl」と、音に基づいてスペルを彼女は書いています。また、使用頻度が高い文字パターンである「er, ar, th, sh, ow」、単語尾の「y」、そして単語尾のマジックe「kowe, rite」も使っています。彼女は、三つの音節の単語にも果敢に挑戦しましたが、長い単語では語尾が未完成だったり、「n」を使った「ng, nt, nk」のパターンが難しかったようです[15]。

---

(14)（phoneme）言語学・音韻論において、音声学的には異なる音価ですが、ある個別言語のなかでは同じと見なされる音の集まりです。ロシアのボードゥアン・ド・クルトネ（一八四六～一九二九）がこの概念を提唱しました。

(15)「日本の子どもにおける作文力と比較するとどのぐらいの力に当たるのか、参考になる内容があるとよい」という提案をいただきましたので、英語がある程度分かる国語の教師に聞いてみました。しかし、その比較は、国語でも英語でも難しい部分があると感じます。まず、日本のほとんどの学校では、とくに基礎を学びはじめる段階では、国語も英語も間違った漢字や単語を使わせたくないという傾向があるのではないでしょうか。つまり、まだ教師が教えていない文字や単語や文法を「間違って」使うことは問題と捉えられており、このようなことが発生する可能性がある自由度の高い課題はあまり出さないのではないでしょうか？　間違えてもいいから、自分が書きたいことに挑戦して、そのなかで少しずつ習得するアプローチのなかで、エリザベスが書いた『宇宙』のような、本人にとって意義のある、書く喜びを感じる素晴らしい作品が生まれると思いますでは、彼女は『色について』を書いてから『宇宙』という作品まで、どのように成長していったのでしょうか?

本づくりを教える

『宇宙』という本は、情報を伝える本を読んだり書いたりする単元のあとに生まれました。単元といっても、その間、子どもは好きなジャンルで本を書く自由が保障されています。情報を伝える本の単元目標は次のようになります。

・情報を伝える本の目的は、読者に何か面白い題材について教えることである、と理解する。
・知識を蓄えるために、十分に(本、人、パソコンを情報源として)調べてから書く必要がある、と理解する。
・作者やイラストレーターは、読者の興味を引くために意図的にさまざまな技を使っている、と認識する。
・読者に分かりやすい見出しや文の使い方のパターンを認識する。
・書き直しや校正も含めて、数日かけて一つの作品に取り組む力をつける。
・読者を引きつけるような語彙、絵、そして作家の「声」の使い方を育てる。

・手書きの字の規則（単語間スペース、スペル、本の表・裏）の理解、そして、ていねいで読みやすい字が書けるようにする。もちろん、これはどの単元においても目標とされている。

ヘルマー先生は、作家が題材について調べる方法についてミニ・レッスン(16)を行いました。本を読み、コンピューターを使い、ほかの人と会話する、という方法をエリザベスは使いました。

情報を伝える本について学んでいたとき、子どもたちは本のページの上に見出しがあるケースが多いと気づいていました。ヘルマー先生は読み聞かせのとき、本のなかにどのような特徴的な要素があるのかについて気づくように促し、作者がどうしてそのような「技」を使っているのかについて考えてみるように、と誘いました。そして、見出しをつくることを教えたうえで、一つの見出しにつき一つのトピックを入れるという方法を教えました。

このようなアプローチは、子どもの本づくりだけでなく、情報を伝える本の理解にもよい影響を与えます。作者やイラストレーターが情報を伝える本のなかで使う「技」と、その意図についての話し合いのなかで、**図2－5**のアンカーチャートがつくられました。

(16)　ワークショップ授業の最初、五分から一〇分ほど教師が手短に行う説明やアンカーチャートをつくるためのやり取りのことを「ミニ・レッスン」と呼びます（xiiページの表を参照）。ワークショップの授業では、学習者が作業する時間が中心であり、教師が中心になって長々と説明するのは避けています。

キンダーにおけるリテラシーの診断と育成

一人ひとりに本づくりをさせる大きな利点の一つは、クラスの子どもが自立して一人で作業ができることです。そうすると教師は自由に教室内を動けるので、授業中に子どもとカンファランス(17)を行うことができます。そして、個人的なリテラシーの発展について記録がつけられます。

ヘルマー先生は、最初から子どもの作品を見て、**図2-6**のような一覧表を作成していきます。この一覧表を見れば、子どもの作品や能力にどのような傾向があるのかが確認できます。その情報に基づいて、ヘルマー先生は同じようなニーズのある子どもがともに活動する小グループをつくっています。

たとえば、彼女がつくった一つのグループは、「ど

図2－5　ノンフィクション・ライティング（情報を伝える本の書き方）

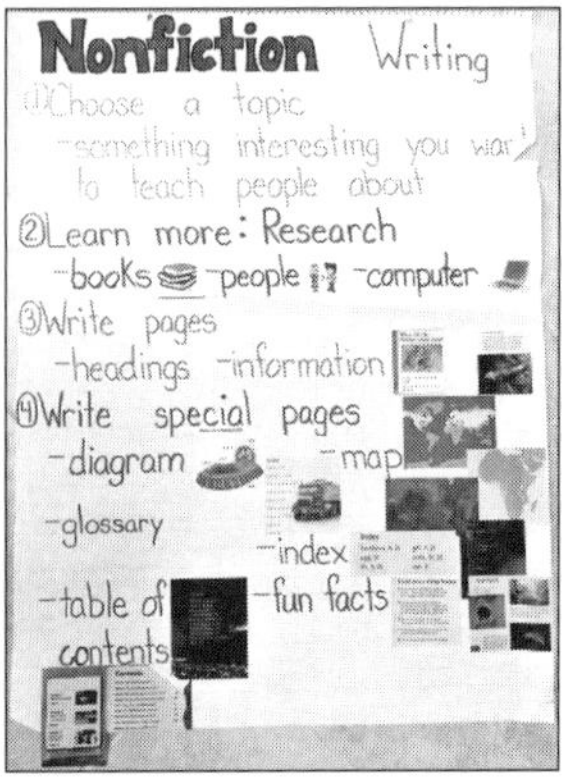

①トピックを選ぶ：何か人に教えてあげたい面白いこと。

②学習する：本、人、コンピューターで調べる。

③ページを書く：見出し、情報。

④特別なページを書く：図、地図、用語集、索引、目次、面白いデータ。

のような本をつくるかは決まっていて、どのような内容を書くのかについて話し合うためのグループ」でした。グループのメンバーは助けあって、教えあいながら学んでいました。まるで教師になったかのように。

(17)　教師と子どもの一対一の対話の時間のことを「カンファランス（conference）」と言います。子どもが本読みや本づくりに主体的に取り組んでいる最中に、教師が個別相談に乗ったり、子どもの進捗状況を把握したうえで、さらに上のレベルに高めるような問いかけやアドバイスをする短時間のセッションのことです。

図２－６　ライターズ・ワークショップ（作家の時間）　９月28日の記録

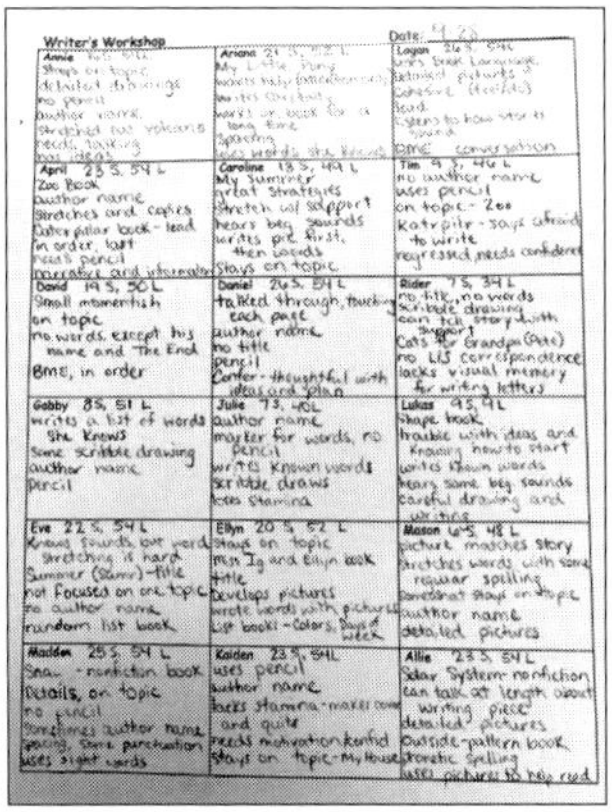

ルーカス（Lukas・右側、上から４人目）　フォニックス読み（＊２）ができる文字９、名前を知っている文字９。
形の本、アイディアが出てこない、はじめ方が分からない、知っている単語を書く、初めの音がいくつか聞こえている、絵も字も慎重。

アリー（Allie・右側、一番下）　フォニックス読みできる文字23、名前を知っている文字54。太陽系についてのノンフィクション、作品について詳細に語ることができる、絵も細かい、パターン的な本から卒業している、音を聞いてスペルが書ける、絵をヒントに読んでいる。

（＊１）参考に本づくりに比較的苦労している Lukas と、できている Allie の二人分だけを訳しました。
（＊２）文字から出る音、Ｅやｅは「エ」と読むなどです。

気づきましたか？ ヘルマー先生はどこから教えるかを判断するために、子どもに多くのテストを受けさせていません。本づくりはさまざまな能力をもった子どもが参加できる活動であり、入学してから数週間でヘルマー先生は、子どもの作品を分析して、次の段階のクラス指導、小グループ指導、そして個別指導で必要とされる情報を得ていました。(18)

次に、入学時にエリザベスとは違った種類のライティングをしていた子どもの作品を見てみましょう。

ベンが九月に書いた本（**図2-7**）を見てヘルマー先生は、ベンが物語の肝心な部分を伝えるための絵が描けていることを確認しました。登場人物の顔の表情（水族館に着いたときは嬉しい）もありました。家の車庫から出発し（**図2-7a**）、水族館まで歩き（**図2-7b**）、クジラを見て（**図2-7c**）、運転して帰る道路の様子など（**図2-7d**）、一日の流れも表現できているとヘルマー先生は確信しました。

よく見ると、物語の大切な部分が細かく描かれています。人物を大きさや髪の色で区別し、シャツにはポケットをつけ、場所の変化を示すために、背景に太陽と波を追加しています。また、クジラに乗ることをどのように想像したのかについても描いています。水族館に行ったときに、「クジラを見ながらそれを想像していた」と彼は説明しました。

図２－７a

図２－７b

図２－７c

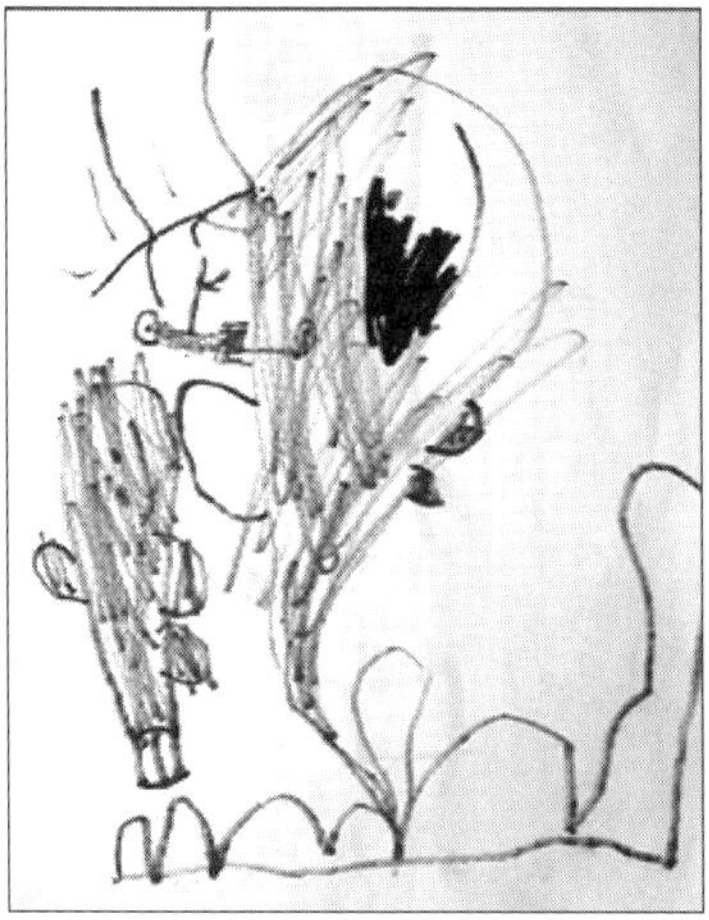

図２－７d

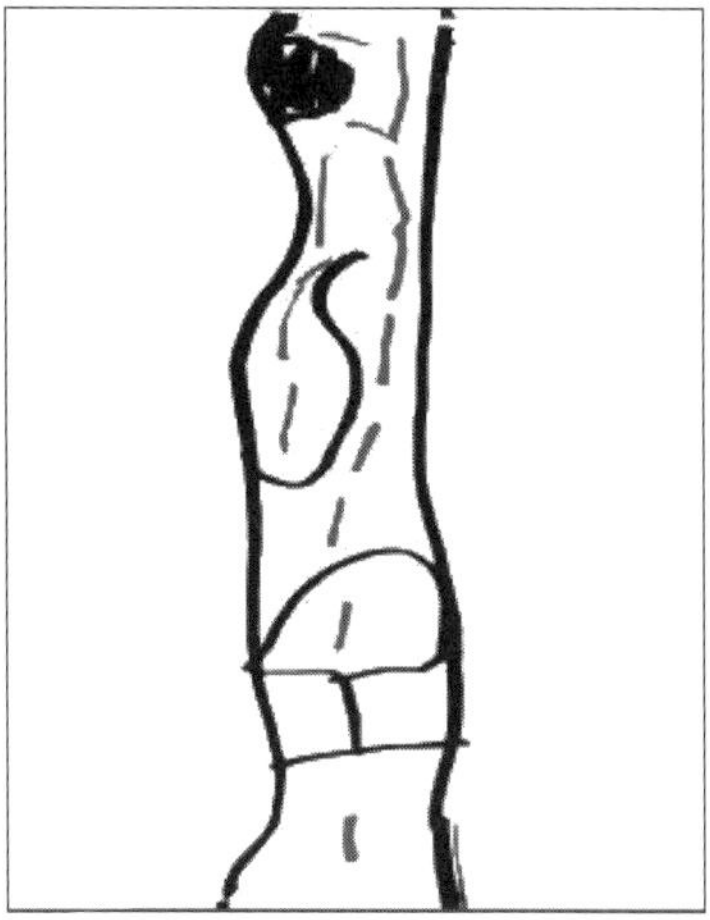

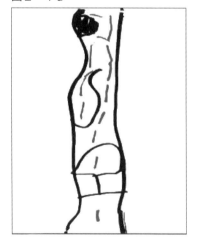

ヘルマー先生によると、ベンは絵に合わせて物語を語ったとき、「本っぽい」言い回しを使っていました。普段彼が使っている言葉遣いと違って、本のなかにあるような表現が使えていたというのです。また、ヘルマー先生は、入学時に実施した文字知識の診断でベンがアルファベットの大文字・小文字52文字の名前をすでに知っており、その内の22文字のフォニックス読みができることも把握していました。

その情報に基づき、ベンが作家として成長するための次のステップは、彼が自分の作品のアイディアについてほかの人と話し続け、フォニックスの知識を増やしつつ自分の絵にキャプションや文をつけていくこと、と彼女は評価しました。

もちろん、新年度のスタート時（九月）にもっと書ける子どももいます。そのようなケースを見ていきましょう。

アリーは、九月に『Outside（そと）』（**図2-8a〜図2-8e**）という本をつくりました。簡単な単語を使い、パターンを繰り返すタイプの本で、単語を延ばして発音したときに聞こえる文字の音を使っていることを示しています。すでに紹介した二人の子どもと同様、読んだことのある、同じようなパターンの本を真似してつくっています。

アリーは詳細なイラストを描いています。太陽を強調するために、「私が外を好きなのは、暖かいから」と書いたページで意図的に大きくしています。彼女には、単語を延ばして発声し、音を聞く力があり、「beautiful」や「flowers」という難しい単語の音を書きだそうとしています。また、上手なイラストは、ヘルマー先生のミニ・レッスンの要点を活用して描かれています。(19)アリーの絵は、彼女が伝えたいメッセージの重要な一部です。読み書きの発達に必要とされる

---

(18)「さらっと書いてありますが、これはすごいことだと思います。最近、診断・形成・総括の三つの評価のうち、本当に大切なのは学習の前にどこから教えはじめるべきか、どんな方法をとらせるとよいのかということを、それぞれの子どもに対して判断できる『診断的評価』じゃないかと思うことが増えましたが、そのために使えるのがテストだけではないことがよく分かります。こうした判断をするために、子どもたちのどんな様子を眺め、何を記録するとよいかの指標を日本の多くの教室はもちあわせていないと思います。それにしても、本づくりには、さまざまな能力の子どもが参加できるという可能性があふれていますね！　この発想に至らないのは、多くの場合、できあがった作品の質をなるべく揃えようとする先生が多いからではないでしょうか。作品の質が揃うことが大事なのではなく、それぞれの子どもがどこから初めて何を目標にするのかを、各自が決めて取り組むことが大事なのですよね」というコメントを翻訳協力者からいただきました。まったく、そのとおりです。一人ひとりをいかす教え方は、診断をしているからこそ機能するところがあります。もちろん、それを形成的評価において「指導と評価の一体化」の実現ができます。診断的評価や総括的評価をテストだけで行うと、単に教師の敷いたレールの上を滑っているだけになります。生徒たちは、教師にお付き合いをしただけなのです。下のQRコードを参照ください。

(19) ミニ・レッスンの内容に関して参考となるのは［文献159］です。

図2−8a・表紙

図2−8a・表紙
『Outside』By Allie

図2−8b
Outside is beautiful
（外は美しい）

図2−8c
I like outside because it has birds
（私が外を好きなのは、鳥がいるから）

図2−8d
I like outside because it has flowers
（私が外が好きなのは、花があるから）

図2−8e
I like outside because it is warm
（私が外を好きなのは、暖かいから）

図2−8b

図2−8c

図2−8d

図2−8e

次の学びのステップは、ベンやエリザベスとは違います。彼女には、パターン的な絵本[(20)]から、複数のページで物語が展開される本へどのように進むのかについて学ぶための準備ができています。対照的に、ベンはすでに物語の展開はできていますが、文字の知識がかぎられていました。このようなニーズの違いによってグループは形成されます。そして、子どもが作家やイラストレーターとして成長し、次のステップへ成長するために必要とされるニーズが変わると、教師は柔軟に指導内容やグループ構成を変更していくのです。

ワークショップの授業について

ワークショップを使った教え方は、一人ひとりの子どもの興味を大切にした一つの授業形態ですが、それと同時に、一つの「特殊な言葉の使い方」であると私たちは考えています。

ワークショップは、子どもが個人やグループで、メンター（教師、クラスメイト、そして本の形で存在する本物の作家やイラストレーターたち）の援助のもと、プロジェクト（本をつくる、

---

(20)　同じような文が繰り返し続く絵本のことです。エリック・カールの『くもさんおへんじどうしたの』（［参考文献222］邦訳あり）がパターンブック（pattern book）の一例です。ほかにも、*https://twowritingteachers.org/2017/01/26/39934/* にパターンブックの紹介があります。

調べ物をして書くなど）を進める時間です。ワークショップの時間は、最初と終わりにクラス全体で対話をします。初めの時間では、その日のワークショップに使える新しいことを学びます（ミニ・レッスン）。教師が何かを紹介する場合もありますし、教師のサポートのもと子どもが紹介することもあります。たとえば、子どもや大人が書いた文を見て、その日の学習目標となっている作家の「技」や読み書きの基本事項に照らしあわせて分析するといった場合が多いです。

そして、ワークショップの終わりの時間では、その日の学びを振り返り、解決が必要な問題やその日の作業によって出てきた成果を話し合います（共有ないし振り返りの時間）[21]。

これがワークショップの基本的な形ですが、ワークショップのもっとも大切な特徴は、読み書きの活動を「社会的主体性のため」と位置づけている言葉の使い方です。教師の言葉、そしてその延長で、子どもたちが教室で使う言葉には、常に主体性と意図を裏づけるようにします[22]。

言葉遣いの例を挙げると、次のようになります。

・「デボンは、ここで『！』という記号を入れて、私が読むときに強調するようにしましたね」または、「デボン、ここを読者にどのように読んでほしいの？　そうしたら、こういう記号『！』を入れるといいわね」

・「みなさんは、今日の作家活動のなかで何か面白い判断をしましたか？　また、どのように判断しましたか？」

・「作家ジャクリーン・ウッドソン[23]は、どうしてこのような方法を選んだのでしょうか？　どのように思いますか？」
・「この登場人物のイラストがあなただって、髪の毛で分かりましたよ。そして、こちらは大きいのでお父さんだと分かります」

つまり、ワークショップにおける私たちの会話では、「作家は、読者の心を動かすための選択をしている」という点を常に強調しています。子どもたちの作家活動についての会話は、彼らが能力のある作家であり、イラストレーターであることを前提としています。作家やイラストレータ

---

(21)　翻訳協力者から、「ワークショップ形式の授業を実践したことがあります。最初のクラス全体の時間は実施しやすいですが、終わりの共有と対話の時間の確保がとても難しいです！　時間管理の大変さがあります。四五分は短いので、二時間続きの授業をよく取っていました」というコメントが届きました。時間管理の難しさを子どもや同僚と共有し続けるところに大きな教育的価値があります。ともに乗り越える方法を考えていきましょう。

(22)　この点は、日本における多くの学校の教育実践からほぼ丸ごと抜け落ちている部分ではないでしょうか。主役が教科書になっていますので、教師はなかなか主体性が発揮できません。主体性を育てる教師の言葉遣いに興味のある方は、『言葉を選ぶ、授業が変わる！』と『オープニングマインド』を参照してください。

(23)　(Jacqueline Woodson) アメリカの黒人絵本作家・児童文学作家です。彼女の作品を使った事例については、二二四～二二六ページを参照してください。

ーは、どのような「技」や「表現」が読者の心をどのように動かすことになるかについて常に考えています。子どもたちは、作家としての選択や判断と作品をつなげることによって主体性を構築するのです。

本づくりの時間と本読みの時間は、読み書きの重点の置き方が違うだけで、基本的には同じです。両方とも同じプロセスの一部です。本づくりは創造的な活動ですが、それをするためには、本がどのようにつくられているのかについて知る必要があります。そのため、二回目か三回目に本を読むときには、「モー・ウィレムズは、トリクシーの『大変だ！』という顔の表情だけが描かれた一ページを入れましたね。それによって私たちは、トリクシーがどのように感じているのかについて本当に考えさせられたと思います」などとコメントします(24)。

つまり、子どもが本をつくれるように、作家が書いた本を創造的に分析できるようにするということです。分析は、読むときにも重要となります。本はただ読めばいいというもので(25)はなく、本を読みながら自分の感情と想像力を使って意味を構成していくのです。クリティカルに読むためには、作家やイラストレーターがどのような判断をしながら本を書いたのかを考え、本の内容を分析していく必要があります。

さらなる利点

クラスを本づくりのコミュニティーとして育てると、子どもが読み書きに夢中になり、自らが学びの主導権を握り、必要に応じてスペルなどの細かなことに気を遣いながら学ぶことが可能になります。また、一人ひとりが自分のプロジェクトに没頭するため、自立と主体性の感覚がもちやすくなります。

本づくりは、マルチ・モード（字だけでなく絵なども使う）な活動であり、子どもたちが、各自の興味に基づいた多様なテーマを扱うため、全員が自分の能力に自信がもてます。一人ひとりの興味・関心が尊重されているため、お互いが興味深い作家仲間となり、競争的な対人関係は生じません。

---

(24)　絵本の邦題は『トリクシーのくたくたうさぎ』（モー・ウィレムズ作、中川ひろたか訳、ヴィレッジブックス、二〇〇六年）です。

(25)　一般的に「批判的」と訳され、ネガティブなイメージをもつ人がいます。しかし、クリティカルの本来の意味は「何が大切なのか、そして大切でないのかを見極め、仕分ける」ことです。日本の教育のなかでは（社会でも）、「クリティカル」の意味が完全に理解されず、その大切さが見過ごされているように思います。

子どもたちは肯定的で、平等な状況のもとに支えあう関係を構築し、仲間意識が培われていきます。そして、このような人間関係は、よい行動様式とともに学力向上の大きな一因となります。［参考文献23］

さらに子どもは、何かをつくっているとき、興味を示してくれる人に対して自分が知っていることを意欲的に伝えようとします。子どもたちが自立心をもち、主体性を発揮し、仲間に支えられているという実感をもてば、学習意欲や学力面での向上、クラスメイトや教師との良好な人間関係の構築、そして人生に対して希望を抱くようになります。

もう一つの利点を紹介しましょう。たとえば、子どもが学校を一週間欠席してしまったとしても、本づくりの教え方だと進捗上において大きな問題が生じません。子どもが復帰すれば、教師やクラスメイトが必要に応じて、欠席中に受けたレッスン内容を補足するからです。［参考文献191］

また、本について子どもと話し合う際に作者の「意図」に注目すれば、子どもは読み書きの活動に対しても自発的に取り組み、能動的に行動します。一方、ワークショップの授業以外で行われている多くのリテラシー教育の現場においては、子ども自らが自発的に何かに取り組むといったことは残念ながらほとんどありません。

さらに、子どもが本をつくり、お互いに協力するなかでその本について会話をすると、教師として、彼らの読み書きの発達について多くの情報が得られます。本づくりを通して、子どもたちがどのようなことに興味をもっているのかについて教師が把握できますし、子ども同士が情報交換をすれば、さまざまな題材についての語彙がクラス中に広められます。

教師とクラスメイトに聞いてもらえる機会が増えるほど、子どもは本づくりに夢中になります。ただし、「真剣に聞いてあげることができれば」です。集中しないで聞いていると、子どもは話す意欲が薄れていきます〔参考文献182〕。つまり、興味があるふりをしているだけでは、上記のような利点は得られません。また、全員に同じものを読ませ、同じものを書かせたうえでお互いに話を聞くように強要しても、やはりこれらの利点は得られません(26)。

総括しますと、本づくりを使った教え方は、「全員に同じことを同時に学ばせる一方的な教育」にあるさまざまな問題が解決できるということです。本づくりを中心にした教え方は、一人ひとりの子どものニーズにあわせて、カリキュラムの内容を最適化できるようになっているからです。

---

(26)　翻訳協力者のコメントです。「これがまさに、今の日本の国語科で主流をなしている方法のように思います。もしかすると、それぞれが違うことを書いている、と主張される先生がいらっしゃるかもしれませんが、同じものを全員が読んでいる状況で、だいたい正解みたいなものがあって、それに近いものをみんなが書いている（少しずつの違いはあれど、書く内容・対象はまったく同じ）と思います。だからこそ、それをもとにお互いに話をしようとしても、書いてあることを読むだけであったり、言いっ放しでそれぞれの考えについて対話することが難しいのかなと、ここを読みながら思いました」

第3章

ある授業から見えるもの

「本に夢中」という現象は、読者が本を読むときに発生する、脳内の認知的なプロセスに起因する。また、誰かとその本について語りあうことも、夢中になるうえで大切な要因である。〔参考文献43〕ジム・カミンズ（Jim Cummins・トロント大学オンタリオ教育研究所の教授で、第二言語として英語を学ぶ学習者の言語発達・リテラシー発達の研究に取り組んでいます。）

「作家のように本を読む」とはどういうことでしょうか？　作家はどのように読むのでしょうか？〔参考文献43〕ケイティ・ウッド・レイ（Katie Wood Ray・二一七ページを参照してください。）

「さあ、作家のみなさん、集まりましょう」とコマール先生が声をかけ、二年生と三年生がカーペットの上に集合しました。新学期から約一か月が経過した一〇月のある日のことです。この授業で、クラスのみんなに学びを提供するメンター（師匠）は二年生のポールです。

ポールの作品『スウィーキー』が、ホワイトボード上にプロジェクターで映しだされています。彼の書いた本には、さまざまな作家の高度な「技」が使われており、何人かのクラスメイトが彼の本について語りあっていたこともあって、コマール先生は「作品をクラスで発表して」とお願いしました。作家としてのポールの「声」が作品の文章からよく聞こえること、そして、彼がほかの作家たちの多くの「技」を応用していたのでみんなを感動させていました。

それまでの数週間、ポールは授業の読む時間や書く時間に『ハトに夜ふかしさせないで』（未邦訳）［参考文献272］など、モー・ウィレムズ[1]の作品に夢中になっていました。ウィレムズの本が面白く、読者を強く引きつける力をもっているとポールは感じ、自分も同じように読む人の心を動かすにはどうしたらよいのかと考えつつ、調べていました。みんなに発表するとき、彼は次のように説明しました。

「僕は、ウィレムズの『ハト』のシリーズと同じような書きだしの技を使いました。『ハト』シリーズのはじめは、『ぞうさんぶたさん』シリーズの書きだしとは違っています」

書きだしの方法についてクラスで話し合ったことはありましたが、このような書きだしについてはまだ話し合っていません。

熱心に聞いていたルシアが、「どういう意味ですか？」と尋ねました。

「『ぞうさんぶたさん』シリーズの書きだしでは、登場人物が会話をしていて、ピギーの吹きだしは豚のようにピンクで、ジェラルドの吹きだしは象のようにグレーの書きだしです」と、ポールは答えました。

次にポールは『ハトに夜ふかしさせないで』を手に取って、「ウィレムズが『ハト』シリーズで使う書きだしは、何か問題を描写し、その問題について、主人公のハトが読者に直接助けを求めるというスタイルです」と紹介しました。ポールはタイトルが書かれているページを示して、「これがウィレムズの書きだしで」、次のページを指して「お話はここからはじまります」と説明しました。

コマール先生は、「まず、ポールが自分の作品を朗読して、そのあと、ポールが使った作家の技についてみんなで話し合うというのはどうですか?」と子どもたちに提案し、みんながそれに同意しました。このクラスの子どもたちは、作家の「技」に気づいたり、分析したりする経験が豊富なため、ポールが朗読をはじめるとすぐに多くの意見が出てきました。

ルシア　ポールは、読者に直接語るような書きだしにしました。

アイゼア　一人称で書いています。最初のページで、登場人物の名前を一人称で紹介しています。

（1）三一ページの注（5）を参照してください。

エラ　絵の入れ方が好きです。登場人物の名前と特徴が関連しているところがよいです。

コマール先生　もう少し詳しく教えてください。

エラ　登場人物のベリー（Belley）は、おなか（英語でベリー）がぽっちゃりしていて特徴的ですし、フライ（Friy）は料理しているコックで、フライパン返しを持っています。とても面白いです。

ゲイブ　場所の設定も書かれていて、書きだしで読者はその場所がすぐに分かります。

ポール　それがウェレムズの書き方です。

最初の場面について気づいたことの意見が二〇分ほど続きましたが、ある子どもが「お話の続きが聞きたいので、朗読を続けてほしいです」とお願いしました。

ワークショップの初めに行うミニ・レッスンの時間は、通常五分から一〇分ですが、今日は四〇分も続きました。子どもたちは明らかに興奮していて、ミニ・レッスンの終了後、自分の作品を書く時間が再開すると熱心に取り組みました。そして、その日の話し合いに出てきたアイディアは、数週間も子どもたちの作品や会話に影響を及ぼしました。(2)

話し合いのなかで出てきた意見をもう少し紹介しましょう。

トーマス　ページの終わりで、繰り返し「もう少し教えてあげましょう（I'll tell you more）」と入れているページが複数あります。
エラ　どうして、そういう書き方をしたのですか？
ゲイブ　（割り込んで）読者に「もっと知りたい！」って、思ってほしいんだよ。
セーラ　そう、どんどん読んでほしいのよ。
コマール先生　その効果はありましたか？
トーマス　はい、ありました。そして、（同じクラスの）エレインも同じように書いていたのを思い出しました。
ゲイブ　絵がとても面白いです。
ポール　それもウェレムズを見習いました。
トーマス　ポールの朗読が好きです。とても上手に読んでくれました。
ジョセフ　彼の本はとっても楽しいです。

（２）翻訳協力者のコメントです。「クラスメイトからのこうした反応は、お話をつくったポールにとってとても嬉しいでしょうね。クラスメイトが気づいた意見を出してくれることも、『続きが聞きたい！』と言ってくれることも。言いっ放し・伝えっぱなしの交流では起こりえない現象です。明らかに、子どもたちが没頭していたということを示していると感じました」

ゲイブ　ポールの本は、ウィレムズよりもよい本だと思います。どうしてかというと、絵や登場人物が言っている台詞がかなり面白いからです。
エレン　彼は、自分が主人公スウィーキーの立場に立っているように書いています。それから、このページを見てください。スウィーキーがクジラの口の中に吸い込まれるところに動きを示す線があって、後ろ向きに入っていくように感じます。
クレイ　そして、次のページを見てください。スウィーキーがお腹の中にいます。
コマール先生　ポールはそれぞれの場面を頭の中で想像して、絵の「技」を通して、登場人物がどのように動いたかを表現していますね。
エレイン　彼は、その視点で本の最後まで書いています。
ノーム　そう、クジラの口からお腹の中に入って、最後は噴気孔からドカンと飛びだす！
キャンディ　作家のトルーディ・ラドウィッグ(3)の作品にも似ています。最初に問題が起きるという面で。

話し合いはまだまだ続きました。この話し合いを通してクラスメイトは、ポールの作品についてさまざまなことを学びました。たとえば、次のようなことです。

・ポールは文や絵の作成をはじめる前に、話の内容を何日もかけて頭の中で想像していた。

・物語を思いついたきっかけは四歳のときに観た映画で、その映画のなかには誰にも買ってもらえない変わった色のおもちゃのキャラクターがいて、それを気の毒だと思った。
・物語のメッセージを「自分をそのまま受け入れてもらう幸せ」としたかったため、なかなかよいエンディングが書けなかった。
・さまざまなエンディングを書いてみたが、どれもメッセージにあわなかった。そして、自分が登場人物になったことを想像してみたらエンディングが書けた。
・モー・ウェレムズの作品を模範としてよく研究し、ウェレムズの登場人物のイラストが面白いと思ったので参考にした。

この授業の場面は、大切となる四つのことを示しています。

❶子どもは全員、作家のコミュニティーの一員として、自分の本づくりに夢中になっている。
❷子どもはアイディアを得るために、クラスメイトや大人の作家の作品を参考にしている。また、参考にしている本の構造だけを模倣するのではなく、作家の意図や考え方に関心をもち、その

（3）（Trudy Ludwig）二〇〇五年にデビューし、子ども社会の人間関係を描いた絵本を多数発表しています。『みんなから　みえない　ブライアン』（さくまゆみこ訳、くもん出版、二〇一五年）などが翻訳されています。

作家が使っているさまざまな技を自分の本のなかで応用している。

❸子どもは書くこと（難しくいえば、「何かを伝えるために文と絵を使ったマルチモーダルな意味の構成をすること」）に強い興味をもち、大人も気づかないような細かな作家の技に気づき、その技の裏にある作家の意図を推測している。

❹子どもは自分にとって意義のある、自分で選んだ題材の本づくりに自発的に取り組んでいる。そして、本づくりの過程で発生するさまざまな問題を自分で主体的に解決することを前提として、このクラスの話し合いが進められている。

つまり、この教室の子どもが熱意をもって目指しているものは、テストでよい点を取ることではなく、先生を喜ばせることでもなく、純粋な読み書きに関する学びと上達なのです。(4)

コマール先生の貢献も重要です。教師が授業の初めに、「さあ、作家のみなさん集まりましょう」と言いましたが、子どもを「作家」と呼ぶことで作家としての自覚を促しています。

また、「もう少し詳しく教えてください」（六八ページ）という声かけも重要です。先ほど紹介したポールの作品についての話し合いのなかで、エラが登場人物の特徴について発言した際、エラの言いたいことをコマール先生は補足しながら説明できたわけですが、あえてエラ自身に説明をさせていました。

さらに、ポールが使った作家の技の意図について子どもたちが推測しているとき、コマール先生は「その効果はありましたか?」(六九ページ)と尋ね、作者の使った技が読者の心を動かすという点を強調していました。

「ポールはそれぞれの場面を頭の中で想像して、絵の技を通して、登場人物がどのように動いたかを表現していますね」とコマール先生が言ったときも、ポールの作家としての計画性を強調しています。そして、その結果として、その後の授業において、数人の子どもが作家活動における計画性について話し合うようになっていました。

ポール作の『スウィーキー』

では、話し合いのきっかけとなった『スウィーキー』(図3-1)を読み、低学年の子どもがどのようにしてそのような作品を書き、前述したような、作品についての対話ができるようになるのかについて考えていきましょう。

(4) 翻訳協力者からのコメントです。「この一文、別窓などで強調したいくらい大切です。日本の教育のなかで、子どもたちは目指せているでしょうか? すべての教育関係者が、立ち止まって振り返るべき視点だと思います」

図3－1　Chapter 1 Sweekey（第1章　スウィーキー）

（＊）和訳の前に入っている物語の英文は、訳者が読者の参考のためにタイプしたもので、子どものスペルなどのミスもそのままにしています。スペルが分かりにくい箇所のみ〈　〉に訳者の推測する標準的なスペルを入れています。それでは16ページにわたる2年生ポールの大作をお楽しみください。

p.2

Hi. I'm Sweeky and I have other Bath toys that are friends. There's Friy, Belley and Mouser and me. We live in the bathroom.

こんにちは。僕はスウィーキー。ほかのお風呂のおもちゃと仲間です。フライとベリーとマウサーと僕がいます。僕らはお風呂に住んでいます。

p.3

There they are write <right> now Bellee, Friy and Mouser. This is our first day to be played with, I'll tell more.

ベリーとフライとマウサーが今そこにいます。今日は遊んでもらう最初の日です。もう少し教えてあげましょう。

p.4

I was shipt to the USA and it was raining. Then something bad hapind <happened>...

アメリカへの船に乗せられて、雨が降っていました。そして、悪いことが起こりました……。

p.5

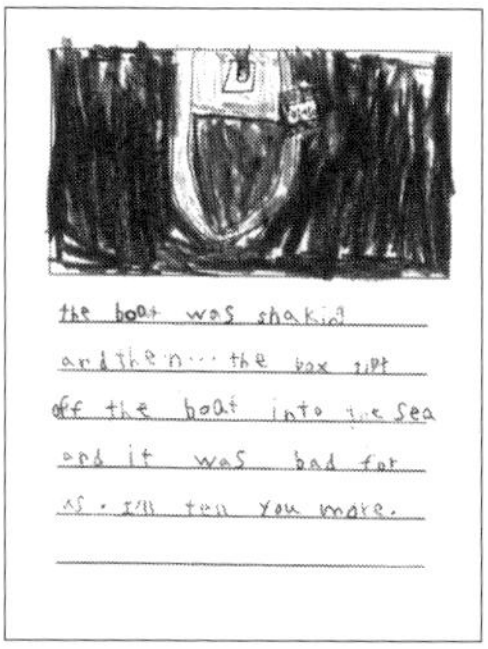

the boat was shaking and then...the box tipt off the boat into the sea and it was bad for us. I'll tell you more.

船が揺れていて、箱が船から海の中に落ちてしまい、悪い状況でした。もう少し教えてあげましょう。

p.6

Then the box opened I was first like alwase <always> because I was differint. I was blue thae <they> were yellow. There were sharks I was afraid. I'll tell you more.

そして、箱が開いて、僕がいつものように一番に出ました。僕はみんなと違うからです。僕は青で、ほかのゴムのアヒルたちは黄色。サメがいて僕は怖かったです。もう少し教えてあげましょう。

p.7

When I tride <tried> to go into the water the sharks were blocking my way.

水に入ろうとしたとき、サメが僕を通せんぼしました。

p.8

I said (Skram) thay said (OK) so I flotide uwa <floated away>.

僕は「あっちいけ！」と言い、彼らは「OK」と言ったので、僕はプカプカ浮いていきました。

p.9

then I saw a wale <whale> I don't wnow <know> what kinde of wale then...

そして、クジラを見つけました。どんなクジラか分かりません。そして……

p.10

The wale sukt <sucked> the water in and sukt me in to. but thats wen I found Bellee.

クジラが水を吸い込み、僕も吸い込まれました。でも、そのときに僕はベリーを見つけました。

p.11

Then I found Bellee. I sied <said>, "You to hu." he sied "Ya." then the wale rumbeld then boom!

そして、僕はベリーを見つけました。僕は「君もだね」と言い、彼は「うん」と言いました。そして、クジラからゴロゴロと音がしてドカーン！

p.12

we both shooted out of the blowhole we yeld <yelled> "weeeeee!"

僕らは（潮と一緒に）噴気孔から高々と噴き出されて、「イエーイ」と叫びました。

p.13

we fell back on to the water the wale swam uwa.

僕らは水の中に落ちて、クジラは泳いで行ってしまいました。

p.14

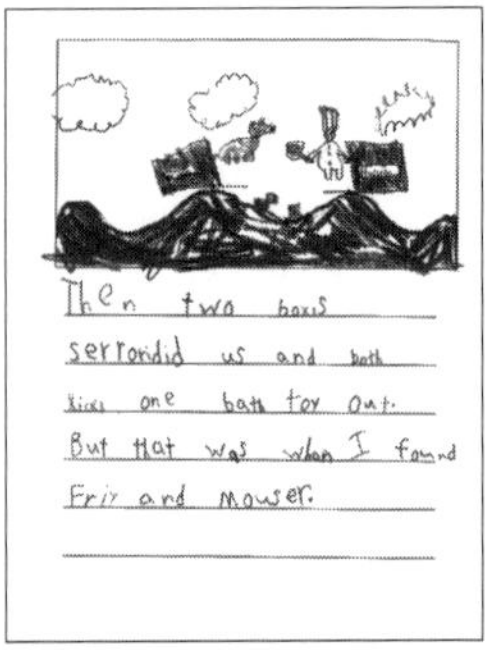

Then two boxis suerrondid <surrounded> us and both kickt one bath toy out. But that was when I found Friy and Mouser.

そして、二つの箱が僕らを囲み、両方の箱からお風呂のおもちゃが出てきました。そのときに、フライとマウサーを見つけたのです。

p.15

Then we came to an emty <empty> box. We climed in and floted off to a islend.

そして、空っぽの箱にたどり着きました。僕らは乗り込んで、島に向かって流れました。

p.16

We stopt at the islend and a boy found us and tulk <took> us inside.

僕らは島で止まり、男の子が僕らを見つけて中に連れていってくれました。

（＊）翻訳協力者からのコメントです。「すばらしい作品！　２年生の子どもがこんなに長い物語を、しかもたくさんの登場人物が出てきてサメやクジラに遭遇するちょっとした事件も経験しながら仲間と出会っていく、複雑な物語をつくれたことは驚きです。そして、それが全文しっかり絵とともに読めることもかなり貴重な資料ですね。読めて嬉しいです。正しい綴りを書くことよりも、この話を書きたくて仕方がないという様子が伝わってきます。子どもたちが自分のメンター・テキスト（参考にしたい作品）を見つけているところもとても興味深いです」

コマール先生の記録によると、ポールは『スウィーキー』を七週間ほどかけて書き、その後三か月は手を付けないままとなり、再開してから仕上げた、となっています。モー・ウィレムズの作品に詳しい人であればすぐに分かると思いますが、ポールはウィレムズの作品で使われている特徴を参考にしています。

それにしても、『スウィーキー』はとても大きな作品で、細かい創造的な要素がたくさん見られます。このような作品を教師が一回の授業でつくらせようとしたり、期限を設けて作成させようとしても、きっと完成することはないでしょう。

この授業では、どのような学びが起きているのか？

予定していたミニ・レッスンの内容と違う内容になったにもかかわらず、クラスの子どもが強い興味を示したので、コマール先生は多くの時間をポールの本に関する話し合いに使いました。では、それだけの授業時間をかけた「投資」によって得たものは何でしょうか？

本を発表した作家のポールとしては、教師以外の人に自分の作品を知ってもらい、楽しんでもらって、多くの反応がもらえたという喜びがありました。一方、コマール先生が得たものは、クラスの子どもが仲間の作品について活発に語りあう力がついてきていると確認できたことです。

教師がほとんどサポートしなくても話し合いは進みました。その確認ができたので、グループ活動のときなど、教師がいない場面でも「きっとそうしてくれる」という見通しがもてます。実際、子どもたちは、その後の「作家の時間（ひたすら書く時間）」において具体的で建設的なコメントや提案の交換ができましたし、作家の「技」について話し合い、新しい「技」をお互いに紹介していました。

クラスの子どもが得るものも多くあります。まず、このような話し合いは、「書くというのは読者の心を動かすことだ！」と子どもが強く意識する機会となります。その結果、本づくりをする過程で子どもたちは互いに教えあう「教師」のような役割を担っていきます。活発な話し合いの内容から見えてくる光景は、クラスメイトを競争相手として見るのではなく、助けあいながら個々に作品をつくる、学びのコミュニティーの一員だと認識している姿です。

作品についてのこのような対話はこの教室ではごく普通のことで、子どもは必要に応じて本づくりに関する専門用語を使っています。専門用語を使うという好機があると、教師がそのタイミングにあわせて紹介をし、その後は専門用語が子どもの会話のなかに組み込まれて普及していきます。これは、作家やイラストレーターの「技」においても同じなのです。

子どもは、これらの技に読者の心を動かす力があると知っていますし、作家やイラストレーターがある効果を生むために使っている「技」であると認識しています。作家の技とイラストレーターの技が、同等に語られているところにも注目してください。子どもは本づくりのマルチモーダルな性質を自然なことだと思っており、文字と絵の関連を意識しているのです。

次ページの**表３－１**と**表３－２**に紹介されているのは、この授業の話し合いのなかで出てきた本づくりの概念や技、そしてそれを示す例です。(5)

---

(5)　翻訳協力者からのコメントです。「この表、とても分かりやすいです！　子どもたちが作家と同じ行動をとっているということもよく分かりますし、教師が自分のクラスの子どもたちの姿を見て、それを作家の姿と重ね、それを子どもたちに『技』や『概念』として伝えるために参照できる表だと思いました」

表３－１　本づくりの基礎概念と、子どもがそれを理解し、語った発言の例

子どもが理解した本づくりの概念	その理解を示す話し合いの中の発言
子どもも大人も関係なく、すべての作家とイラストレーターから学ぶことができる。	大人のウィレムズやラドウィッグの作品も、子どものエレインやポールの作品も同等に語られ、クリティカルに分析されている。「僕は彼（ポール）の本がモーのよりもよいと思います。なぜなら……」
作家やイラストレーターは意図的に技を使う。	「僕は書きだしをウィレムズのように……」
作家は、本の構想を何日も練ってから文や絵をはじめる。	ポールは何日もかけて物語のイメージをつくった。
作家やイラストレーターは読者を引きつけ、感情を引き出す。	モー・ウィレムズはポールを引きつけ、笑わせた。ポールはクラスメイトに同じことをしようとした。
ほかの作家の作品が、自分の作品づくりの刺激になる。	ポールは、ウィレムズやクラスメイトのエレインが作品を通して彼を楽しませてくれたように、自分の作品で読者を楽しませたいと思っていた。
作家は、ほかの作家の書き方を調べて分析する。	「それはどういう意味？」、「どうしてそうしたの？」、「ポールは読者に直接語りかける書きだしにしていた」、「どうして（文を繰り返す技）を使ったの？」
作家やイラストレーターから学ぶことは当たり前のことであり、よいことである。	「それがモーの書き方です」、「それがエレインの書き方です」（どちらも尊敬の念を込めて言っている。）
作家は、思い出を題材にする。忘れられない映画など。	ポールは思い出の映画に刺激されて本をつくった。
作家は、別の作家のあらすじを参考にし、応用できる。	ポールは、映画のあらすじを参考にして物語をつくった。
作家は、自分が主人公の立場だったらどうするか、と考えることができ、それによってあらすじの問題を解決できる。	ポールは、自分がスウィーキーだったらどうするかを考えたときに物語のエンディングを思いついた。
作家は、自分で書き方や題材を選ぶからこそ、独自のスタイルがある。また、作品によって異なるスタイルを使える。	「僕は書きだしをモーのハト・シリーズのような感じで書こうとした。『ぞうさんぶたさん』シリーズとは違う方法で」
作家は、物語を通して道徳的なメッセージを伝えることができる。	ポールは「そのままの自分を受け入れてもらえること」をお話のメッセージとした。
作家やイラストレーターは、読者が場面を想像できるように描写することができる。	「ポールは場所を明確にした。書きだしで、僕らは登場人物がどこにいるのか分かった」
作家は、ある観点を選び、その観点を本のなかで維持することができる。	「彼は、その観点を最初から最後まで維持した」
作家は、専門用語を会話のなかで使う。	書きだし、登場人物、場面、観点、人物の対話、吹きだし、などの用語を子どもは話し合いで使った。

表３－２　作家やイラストレーターの技と、子どもの話し合いの中での参照例

技	話し合いの中の参照
登場人物の会話は、本を書きだす一つの手法であり、人物の紹介を兼ねる。	ポールは、ウィレムズが「ぶたさんぞうさんシリーズ」のなかで会話を使った書きだしを使ったことを紹介した。 「二人で話し合う書きだしなんだ」
問題を紹介する本の書きだしもある。	「(ポールは) 作家のトルーディ・ラドウィッグのような作品にもしている。最初に問題が起こるという面で」
登場人物が読者に直接語りかけるのも、書きだしの方法である。	「ポールは読者に直接語るように書きだしました」と、ハトが読者に直接助けを求めるように話しかけるとポールは説明した。
表紙ですでに物語を書きだすことができる。	タイトル・ページを指し、ポールは「これが書きだしで、お話はここからはじまります」と説明した。
作家は、一ページ目で登場人物を紹介できる。	「登場人物の名前を最初のページで、一人称で紹介しています」
作家は、繰り返しを使って文をまとめ、読者を引きつけることができる。	ページの終わりで、「もう少し教えてあげましょう」と繰り返しています。「エレインもそうしていました」
作家は、登場人物の観点から話を書くことができる。	「彼は一人称で書いています」
絵は文とさまざまな方法でつなげることができる。	「絵の付け方が好きです。人物の名前を入れています」
イラストレーターは、登場人物の名前と絵の特徴を関連づけることができる。	「Bellee のおなか (belly) がぽっちゃりですし、Friy は料理しているコックでフライパン返しを持っています」
本の面白さは、文や絵以外に、朗読の方法で出すこともできる。	「ポールの読み方が好きです。とても面白い声で読んでくれました」
イラストレーターは、線などで動きを示すことができる。	「スウィーキーが (クジラの口の中に) 吸い込まれるところ、動きの線をポールが書いていて後ろ向きに入っていくのが感じられます」
イラストレーターは、吹きだしの色で話している登場人物を示すことができる。	「ピギーの吹きだしはぶたのようにピンクで、ジェラルドの吹きだしはぞうのようにグレーです」
作家は、伝統的な方法を破ることができる。	ポールはタイトル・ページを指し、「これがウィレムズの書きだしで、もうお話は表紙からはじまっています」と説明している。
本のエンディングは、伝えようとしているメッセージと関連するとよい。	ポールはエンディングとメッセージをつなげようとしたが、難しかった。

作家やイラストレーターが使うさまざまな技を理解すると、子どもは本を読んだり、本をつくるときに高い美意識とともに鑑賞能力を発揮します。ゲイブが「ポールの本は、ウィレムズよりもよい本だと思います。どうしてかというと、絵も、登場人物が言っている台詞がかなり面白いからです」（七〇ページ）とコメントしていたのがその一例です。(6)

もちろん、子どもが話し合いのなかからどのような「技」を具体的に学んだのか、教師が一人ひとりの学びについて完全に分かるわけではありません。しかし、一人が理解した技が会話のなかでクラスに広まっているのは事実です。作品についての会話のなかで作家やイラストレーターの技について話し合っている様子を聞くと、私たち教師はノートにそれを記録し、その例を次の学習機会で子どもと共有します。

この意欲的な話し合いは、子どもが本づくりに関する知識を得るのに積極的であることを示しています。それぞれの子どもが自分のプロジェクトを自発的に進めているので、彼らは本に関する知識を「重要」と感じているのです。ゲイブが、「（ポールは）読者に『もっと知りたい！』って、思ってほしいんだよ」（六九ページ）と言ったとき、おそらく彼は、そのような「技」を自分の作品のなかでも使いたいという衝動に駆られていたのでしょう。

どうして「そうだ」と分かるのでしょうか？　もちろん、彼が意欲的にそういう発言をしたという事実が根拠となります。それと同時に、彼がその技のロジック、つまりその技が読者の心をどのように動かすのかについて理解を示している点も根拠の一つとなります。

コマール先生は、テストなどを使って子どもが本づくりや話し合いを通して新しい「知識」を得たかどうかについては評価していません。そうしなくても、子どもが本づくりを行ったり、クラスメイトと本づくりについて語りあったりするなかで、さまざまな知識がクラス内に循環していくことを知っているからです。そのような循環例をいくつか挙げておきます。

・ポールは、エレインがつくった本を参考にして作品のエンディングを書きました。そのエレインは、『紙ぶくろの王女さま』〔参考文献249〕という絵本で、プリンセスが嬉しそうに夕日に向かってスキップしている様子を参考にして、自分と弟がそのようにしているエンディングを書いています。

・ある子どもは、ポールが一人称で「こんにちは。私は～」という書きだしで使った技を、自分がつくる本の書きだしに応用しました。

・ある子どもは、登場人物の名前と特徴を（例・Bellee はお腹が大きいなど）関連させる技を応用しました。

（６）翻訳協力者からのコメントです。「これ！　とくにこの『美意識』、国語教育の文脈でほぼ出合うことのない言葉ですが、これこそが子どもたちの『こだわり』を生み、その『こだわり』がさまざまな技の理解や使用、さらに新しいことの探究・追求につながるのではないかと思います」

・ポールのように、ストーリーをイメージしてから書きはじめる子どもが増えました。

子どもはさまざまな作品から「技」を吸収し、自らの書く力を発達させていきます。これは「スパイラル・カリキュラム」のようでもありますし、本づくりの「イマージョン・カリキュラム」(7)でもあります。子どもは読み書きの「技」を少しずつ習得し、一人で書く作品や共同で書く作品において新しい力を発揮していきます。教師は子どもと協力し、子どもの考えを組み込みながらカリキュラムを構築し、子どもにとって意義のある指導内容を個人的に提供していく必要があります。

コマール先生は、子どもたちの話し合いの要点を抽出してポスターに書き残しています（九七ページの**図3−3**がその例です）。このようなポスターは子どもが学んだ内容を可視化しますし、子どもは壁に貼られているポスターを見て、そのときの話し合いを思い出します。ポールの作品についての話し合いのときに作成したポスターに「ポール」の名前が入ると、ポールはクラスの作家コミュニティーの一員として位置づけられ、ほかの作家のメンターになったという記録が残ることになります。

本づくりを通して、実に多くの学びが起きています。子どもたちは、ポールのように一人の作家としてクラスの前で作品を発表すると、作家としての自覚をより強くもつようになります。発表した作家は背筋をピンと伸ばし、以前よりも高い意識をもって、教室の中で作家として行動するようになります。

また、同じクラスの子どもだけでなく、数年後に先輩がクラスに戻ってきて作品を発表するといった機会もあります。上級生が低学年の教室の「作家の椅子」に座って自分が書いた作品を紹介し、本づくりのプロセスについて語ると、低学年の子どもたちが喜ぶだけでなく、発表したその上級生も大きな成長を遂げます。

二年後、ポールはコマール先生の教室へ戻り、招待された作家として『スウィーキー』を書いた当時のプロセスを後輩たちに説明しました。彼は、その経験を「有名人になった気分だった」と表現しました。最初は怖かったようですが、後輩から質問を受けると作家の活動について自然と説明ができたそうです。ポールは、自分のインスピレーションとなった作家がモー・ウィレムズや一年先輩のエレインであったこと、そして自分が世界に物語を届ける作家でありたいと思っていて、作家としての自覚を強くもっていることを後輩に伝えました。(8)

一年先輩のエレインの影響について、ポールは次のように語っています。

---

(7)　スパイラル・カリキュラムとは、螺旋階段を上がるようにある学習テーマを次の学年などに再度扱い、理解を深めて発展させていく方法です。イマージョン・カリキュラムとは、一定期間一つのテーマに深く入り込んで（教科横断的に）学ぶ方法です。

「彼女の『スクイークス』（二一四〜二一七ページ参照）という作品がとてもよくて、僕の刺激になりました。僕も彼女に負けないぐらい、よい本を書きたいと思いました。彼女はスケールの大きな冒険を書いていて、僕もメッセージのある大きな冒険物語を書きたいと思ったのです」

　また、モー・ウィレムズの影響については次のように振り返りました。

「モーは楽しい本を書きます。僕もそうしたかったのです」

「後輩へのアドバイスは何？」と聞かれるとポールは、「絵は、描けば描くほど上手になります。でも、すぐには上手になりません。僕はスウィーキーを何度も描いて、少しずつスウィーキーを変化させて上手に表現できるようになりました」

　そして、物語を書くプロセスについては、「まず、頭の中で物語を想像しました。無理に出そうとしても出ませんでした。気持ちが落ち着いているとアイディアがよく出ます。文が出てこなくて、フラストレーションがたまることもありました」と説明しました。

　さらに、クラスメイトからどのようなサポートを受けたのかについて問われると、ポールは複数の例を出して話してくれました。

「ゲイブは僕に、『あきらめないで頑張れ』と言ってくれました。作家活動のなかでイライラして怒ることもあるけど、イライラしてもよいことはないので落ち着いたほうがいいよ、と教えてくれました。また、『登場人物の絵を何度も練習すると上手になるよ』と助言してくれました。

一方、ケイティからもらった助言は、『二つの違うエンディングを書いてみて、好きなほうを選ぶといい』というものでした。また、さまざまな作家の文体を使ってみるとよい、ということについても分かりました」

ポールのこのような経験談は、この教室の子どもがテーブルで作業しながら、作家同士で普段から行っている会話をよく反映しています。念のために言いますが、ポールがクラスメイトの助言について語ったこの内容は、偶然の出来事ではありません。

私たちは、子どもに対して「お互いに学びあうことを大切に」と指導しています。そうすると、子どもはより積極的になり、仲間意識が強くなって、一人ひとりが自分の能力に自信をもつようになります。また、子どもがさまざまな作品の特徴に「気づく人」になるように導き、その気づ

（8）翻訳協力者からのコメントです。「こうやって自分の創作プロセスを言葉にしていくことはとても大切ですね。しかも、少し大きくなって客観的に見られるようになったとき、下の学年の子どもたちに向けて話ができるという状況もよいと思います。自分の作品や自分自身の学びに自分自身で意味づけ・価値づけもでき、さらに誇りでもてそうです。二年経っても説明ができるほど、ポールの心の中で強い印象をもっていた、という事実も見逃すことができません。記憶に残っているということは、それだけ考えて、夢中になっていたことを示していると思えます」

きを授業の話し合いに組み込めば、より多くの学びが生まれます。

ポールの作品についての話し合いで子どもたちは、コマール先生が予定していなかった学びを自発的に行い、技やプロセスの工夫を教えあっていました。その結果、コマール先生も多くのことを学んでいます。

ポールの本づくりを通してコマール先生は、子どもが書く作業に夢中になっているかどうかを見極める方法は鉛筆が動いているかどうかだけではない、ということを学びました。ある子どもには物語の可能性を思い描くための時間が必要であり、そのような状態のときには手が動いていないのであまり集中しているように見えないときもある、という事実をコマール先生は発見したのです。[9]

また、ポールの発表とその後の話し合いを通して、コマール先生は物語のエンディングについての指導が足りないことに気づきました。エンディングについては、ノーマン・ブリッドウェル作の『クリフォード　おおきな　おおきな　あかい　いぬ』[10]〔参考文献217〕のように簡単な質問で終わったり、イブ・バンティングとスーザン・メッダウの『No Nap』[11]〔参考文献221〕のように、対話とサプライズで終わったりする方法を授業で紹介していました。

しかし、ポールはエンディングに苦労して、物語のなかで伝えたいメッセージにあったエンディングを見つけることができませんでした。ポールは、「そのままの自分が受け入れられることの素晴らしさ」を伝えようとしていましたが、どのようなエンディングを書いても本当に伝えたいメッセージにはあわない、と悩んでいたのです。

彼の悩みを聞いたコマール先生は、ほかの子どもも自分の作品のテーマやメッセージとの整合性をよく考えずにエンディングを選んでいるという事実に気づきました。何種類かのエンディングの方法を教えてはいましたが、エンディングが本の全体的な構成においてどのような貢献をしているのかという考え方に関しては十分に強調していなかったのです。

次の機会でコマール先生がその点を子どもたちに強調したところ、子どもの会話や作品にその考え方が反映されるようになりました。たとえば、ソフィアは、『モリー・ルー・メロンよ、胸を張って生きなさい(12)』(パティー・ロベル作、デビッド・キャットロー絵)［参考文献239］で使われたエンディングを研究しました。

---

(9) 翻訳協力者のコメントです。「ここ、とてもいいですね。この先生の姿がとてもすてきです」
(10) 椎名かおる訳で、あすなろ書房（二〇二一年）から邦訳が出ています。
(11) お父さんがどんなに頑張っても昼寝しないという女の子のお話です。邦訳はされていません。
(12) 邦訳は出版されていません。とても背の小さな女の子が、おばあちゃんから自分を信じることを教えてもらい、学校のいじめっ子に立ち向かうという物語です。エンディングは、おばあちゃんへの手紙となっています。

評価について

学期末になるとコマール先生は、それぞれの子どもに自分が書いた作品のなかから一番好きな作品を選んでもらい、それを使って学びの振り返りをしてもらいます。**図3－2**は、ポールが『スウィーキー』について書いた振り返りです。

子どもが振り返りのなかで書く内容も興味深いですが、それ以上に重要なのは、振り返りのなかで行われる思考のプロセスです。一番好きな作

図3－2　ポールの振り返り

Name:　　　　Date:

Self Reflection

Reflect on your favorite piece.

Title:

Sweekey

• Why is it your favorite?

It's my favorite becuase I got it from a show I like and I'm making a book that's like the show.

• What did you learn about yourself as a writer?

I lurnd that I can be creative by witing like other writeres.

自分の一番好きな作品について振り返ってください

タイトル『スウィーキー』

- **どうして、それが一番好きですか？**

  自分が好きな映画からアイディアを得て、自分が好きな映画のように本をつくっているからです。

- **作家としての自分、について何を学びましたか？**

  自分がほかの作家のように書いて、クリエイティブになれる、と学びました。

品を選ぶために子どもは、自分が書いたすべての作品を自己分析し、クリティカル[13]に振り返り、自分が成長した面、そしてさらに改善したい面を考えます。

未完成の作品や新しく学んだ「技」によって、新しい可能性を感じる作品を選ぶ場合もあります。子どもは一人の「作家」として考え、その過程を通して作家としての自覚が強まり、作家としての「自分物語（self-narrative）」が強化されていくのです。

では、コマール先生は「評価」をどのように行うのでしょうか？

評価の大半は、子どもが書いた作品の分析、そして彼らとの対話によって行われています。この章で紹介したクラスの話し合いからも、コマール先生は子どもにどのような気づきがあり、理解しているのかが分かります。話し合いのなかで扱う内容は、主に作家やイラストレーターのさまざまな判断や作家活動についてであり、文法の間違いや誤字脱字などといった細かなことではありません。

もちろん、コマール先生は毎日二〇分ほどの時間を使って、単語のスペルや理解についての学習を行っています。直接的な指導も十分に行い、そのときには一部子どもに主導権を与えています。子どもが文字と音の関連を理解していることは重要ですから、単語の構造やパターンの応用

（13）　六一ページの注（25）を参照してください。

方法も指導しています。しかし、すべてを直接教えようとはしていません。なぜなら、子どもの脳はパターンを発見して一般化し、応用するためにデザインされているからです。

そのプロセスの効率を上げるためにコマール先生は、どの子どもが何を理解していて、何を理解していないのかを知る必要があります。子どもの作品こそが最高の情報源なのです。たとえば、ポールの『スウィーキー』という本づくりから、彼女は次のような情報が得られます。

まず、ポールは自分で多くの校正をしており、スペルの正確性に気を遣っていることが分かります。本の前半に正しいスペルが多いことから、見直しをしっかりしていたのが前半であったと判断できます。彼の書いたスペルが、教室内にある単語のポスターを参考にしたものなのか、クラスメイトからの援助によるものなのかは分かりませんが、彼が多くの単語を音から文字にしてスペリングしていることが分かります。(14)

ポールの作品のなかで使われている単語は、ポールの単語知識についての貴重な情報源だといえます。たとえば、文字が抜けずに単語になっているので、彼が文字と音の関係を基本的に理解していることが分かります。また、単語によっては「said」と「sied」のように、スペルが正しい場合とそうでないときが混在していますが、おそらく彼は、二つを見比べれば正しいほうを選ぶでしょう。

また彼は、「ferst」の「er」のようにスペルのパターンを応用していますのでその知識があると確認できますが、使用方法を間違えています。とはいえ、多くのスペル間違いは「islend」や「kickd」のように一文字だけのミスで、正しいスペルに非常に近いです。さらに、多くのスペル間違いは「hapind」など過去形「ed」に関連しているので、その点について指導をすればよいと分析できます。コマール先生は、このようなことを評価の一覧表に記録し、同じような指導を必要としている子どもがほかにいるのかどうかについても確認しています。

ポールは、句読点もほぼ正確に使えています。ある程度は理解しているようですが、まだ細かなルールは知らないので、この点も彼に向けたよい個別指導の内容となります。ポールができていること、まだできていないことの情報は、コマール先生とポールの間で行われる今後のカンファランス(15)での指導ポイントとなり、彼がさらに実力と自信をつけるきっかけとなります。

---

(14)「二年生の子どもが、自分が書いたものを見直して校正することができるのも、すごいことだと思います。なかなか見直して書き直すというところまで、子どもたちは意識がいかないという印象があります。意識を向けるような指導をしてこなかった、という理由もあるのかもしれませんが」というコメントが翻訳協力者から届きました。読者意識が欠落しているところに理由がありそうです。多くの学校では、教師しか読まない課題がほとんどなので、子どもとしては書き直す理由はあまり感じないのでしょう。しかし、読者に読んでほしい内容を作家として創作し、「出版」するという授業では、子どもは本気で校正をするのではないでしょうか？

(15)　五一ページの注（17）を参照してください。

何がこれを可能にしたのか？

ポールが『スウィーキー』のなかで使った絵や文の「技」はどこから来ているのでしょうか？　コマール先生も、前の学年の教師も、彼にそれらを教えていません。しかし、コマール先生は、新学期の最初の六週間に、子どもが作家やイラストレーターの技とその効果に「気づくように」と促しました。気づくためのお手本を見せ、さまざまな作品を読むなかで気づいた技を、積極的に自分の作品のなかで応用することをすすめました。また、クラスメイトを含むさまざまな作家が本づくりのなかで使う絵や文づくりのプロセスを考え、「ひたすら書く時間」や「ひたすら読む時間」に、そのプロセスについて積極的にクラスで話し合うようにしました。

ポールの作品について話し合っていたころ、コマール先生のクラスは物語の構造についても話し合っていました。そして、先生は、ポスター（**図3－3**）に子どもの気づきを記録しました。

図3－3には、大人の作家二人、そして子どもの作家二人の書きだしに使われている「技」が紹介されています。大人も子どもの作品も分析の対象となるようにコマール先生は意識しています。その結果、ポールは先輩である三年生のエレインの作品に惚れ込み、刺激されました。ポールと同じくエレインは自分の作品を学年の初めに発表し、クラスメイトは彼女が使った技から多

くのことを学びました。子どもが作家としてお互いの技を学び、応用し、学びが循環するということです[16]。

ポールがミニ・レッスンで「教えた」ように、コマール先生は「クラスの全員が教師である」と考えています。もちろん、コマール先生もコミュニティーの一人として教えるときがあります。また、あるときは子どものチームに授業を任せ、彼女はサポートに回っています。コマール先生は本づくりのなかで交わされた会

図3－3　作家の書きだしの技――さまざまな書きだし方を使う

作家	作品	書きだしの技
ラドウィッグ	『みんなから見えないブライアン』	・質問をし、不安な気持ちを伝え、問題を紹介した。
エレイン	『スクイーキー』	・主人公を描写し、その主人公の希望と夢を紹介した。
ブリッドウェル	『クリフォード』	・一人称で登場人物を紹介した。
エラ	『わたしのともだち』	・主人公を一人称で紹介し読者を物語に招き入れた。

話を分析し、ジャンル、構成、句読点、スペルなど、クラスのニーズともいえる課題や問題を選んで、誰が誰に、何をどのような形で教えるとよいのかについて判断するのです。

新しい学びのきっかけは、[17]話し合いのなかの質問から発生することがあります。たとえば、コマール先生のクラスで説得文を書きはじめたころ、トーマスが先生とのカンファランスのなかである質問をしました。彼は、自分が書きたいと思っている説得文を、物語のように書くべきか、情報を伝える文のように書くべきかについて相談したわけです。そこでコマール先生が、「説得文のなかにはどのような特徴があるのかについて調べてみるように」と提案したところ、説得文には物語のような要素も情報文の要素もあることを彼は発見しました。

教師の役割は、作家やイラストレーターの「技」について、子どもが気軽に会話するのが当然という環境をつくり、その会話を刺激し、クラス全体での話し合いの時間を提供して、対話を深める機会を設けることです。子どもたちは、教室にいるほかの「作家」による本づくり、そして本づくりのためのさまざまな選択や判断にとても興味がありますので、そのような会話は教室の中で自然に発生します。たとえば、ある子どもがエレインに対して、「どうして物語のエンディングを文字ではなく、外に走っていく登場人物たちの絵にしたの？」と質問したところ、エレインは次のように答えました。

「『紙ぶくろの王女さま』〔参考文献249〕のエンディングと同じ効果があるようにして、幸せな終わりを読者に感じてほしかったから」

ここまで読まれた読者のみなさんは、ポールの作品についての話し合いのなかで、コマール先生が直接子どもに教える場面が少ないことに気づいているでしょう。でも、コマール先生があまり教えていない、ということではありません。間違いなく教えています。コマール先生は、学年の開始から六週間、このように話し合いをするクラス文化を育て、子どもを刺激し、支え、話し合いのなかでさまざまな学びを提供してきたのです。

多学年クラスなので、半分の子どもはすでに一年と六週間、このクラス文化に浸っています。これが多学年クラスの大きな利点です。もし、このクラスが単学年で構成されていれば、最初の六週間は、本格的な学習ができるようになるための準備期間となってしまいます。そうなると、話し合いの基本、学習の心得、生活のルーティンなどを教えるだけに費やされてしまいます。それとは対照的に、多学年教室では半数の子どもがすでに基本を習得していますので、新しく入った子どもにそれを教えることができます。そして、本格的な学習と知的な対話がすぐにはじめられるのです。

---

(16)　翻訳協力者のコメントです。「ここはとても好きです。多くの先生の参考になるところだと思います」
(17)　学校や地域社会をよくするための提案を校長や市長に出すなど、理由や根拠をつけて書く文を「persuasive writing（説得文）」と言い、英語圏のリテラシー教育において大切な一部となっています。

ワークショップ

第4章で詳しく説明しますが、「読書家の時間」と「作家の時間」を円滑に運営するためには、一年をかけて計画的に探究のコミュニティーを構築していく必要があります。ここでは、「作家の時間」の基本的な流れを簡単に紹介します。

❶子どもにさまざまな本を読んでもらい、本とは「作家が意図的にさまざまな判断をしながらつくったもの」と認識させ、その観点からともに分析をする。
❷本の文や絵について、さまざまな特徴に気づくように子どもを誘い、その特徴の裏にある意図について推測するように促す。
❸気づいたことについてお互いに共有し、話し合う。
❹子どもが自分の作品のなかで同じような技を使うようにすすめる。
❺子どもがつくった作品を発表する時間を与える。

私たちの教室に授業参観に来る人は、子どもが主体的に動いていていて、エネルギーにあふれている様子を感じるでしょう。

ワークショップの方式で教えはじめたばかりのころ、私たち著者はまだ教師主導の教え方をしていました。すべてのミニ・レッスンを綿密に計画し、何か「技」を紹介したら、子どもは作品のなかでその技を使うだろうと期待しながら導いていました。たとえ、作品のなかでその技を使うことが不自然であっても！

現在、私たちは、子ども中心のアプローチを使っており、そのアプローチには多くの利点があります。もっとも重要な点は、子どもが学びの主導権を握っていることです。教師が気づきを促すとき以外にも、子どもは教室内外でさまざまな本づくりの技に気づき、そして取り組みます。彼らは自発的に教室内外で知を構成していき、その主体性が特別な意識を生みだします。ルイスとファボス(18)が書いたように、「知とは何か、そして誰が知をつくり、誰が受け取るのか、という知の構成の形は、私たちのアイデンティティーそのものです。そして、逆に私たちのアイデンティティーも社会の知を構成する形に影響するのです」。［参考文献110］

ところで、「作家の時間」のなかで子どもたちはさまざまな本をつくります。

一〇月にマカーシー先生のクラスから出版された本は、『ワシ』と『タカ』のほかジョーク集

---

(18) Cynthia Lewis はカリフォルニア大学の教授、Bettina Fabos はノーザンアイオワ大学の教授です。

本が二冊、そして『パッカーズ対カウボーイス』[19]、『愛対憎しみ』、『ハンバーガー・マン』、『鳥は爬虫類か？　比較の本』などがありました。

ある本は、見開きのページに剣があり、その次のページがピザ、その次がエメラルド、となっていました。タイトルは何だったと思いますか？　『完全にランダムな本（The Absolutely Random Book）』というタイトルで、発表時に全員が大爆笑しました。この本の作者（男の子）は、「本は一つのテーマについて書くべきだ」という常識を意図的に破って笑いを誘っていました。また、一年生の入学時には書くことを完全に拒んでいました。しかし、二週間後には、自分が取り組んでいる作品づくりが終わるまで、休み時間になっても遊びに行かなくなりました。

彼の本にある遊び心とユーモアのセンスには大きな意義があります。作品を通して作家が意味を構成する際、常識や決まり事を柔軟に曲げて使うというのはとても重要です。それこそが探究心なのです。そして、そのような遊び心は人間にとって不可欠なのです[20]。

本づくりのなかで、学びはどのように進むのでしょうか？

子どもたちは、本づくりの技やコツをさまざまな作品のなかから自発的に発見し、クラス内の「作家コミュニティー」のなかでほかの子どもと共有し、教えあいます。

子どもが「教えあう」回数は、教師が直接教える回数を大きく上回ります。したがって私たちは、教師としてすべてを教えようとしたり、すべての子どもに同じ技を使うようにと強制していません。そのようなことをすれば子どもの主体性を奪い、ゆがんだ不自然な作品となってしまうでしょうし、教えるペースがとても遅くなってしまいます。また、コミュニティーのなかで共有されるアイディアがかぎられてしまいますし、子どもが本づくりのなかで個人的に発見し、意欲的にほかの子どもと共有できるという独自の知識が減ってしまいます。

さらに、全員が同じことを学び、同じものをつくるという前提で授業を計画すると、習得のペースが遅い子どもにペースをあわせることになります。その結果、もっと速く進める子どものペースを遅らせてしまいます。そうすると、子ども同士の学びあいの人間関係までが完全に変わってしまいます[21]。

コマール先生は、定期的に四〜六週間ほどの学習単元を設定していますが、その単元は柔軟で

(19) 両方ともアメリカン・フットボールのプロチームです。

(20) 翻訳協力者のコメントです。「遊び心、いいですね。子どもたちが書くことに夢中になるのが分かります！」

(21) 翻訳協力者から、学びあいの人間関係の変化について、「どのように変わってしまうのだろうか？」という質問を受けました。従来の一斉授業の教室で同じ内容を全員が同じペースで学ぶ場合、子どもたちの関係性はある意味競合的となります。つまり、同じことをやらされ、誰が上手で、誰が下手かという結果がテストなどに出るということです。対照的に、個々に本づくりをしている場合は、それぞれのペースで興味あることに取り組むため、助けあいながら学びあうといった関係性が構築される可能性が高くなります。

あり、扱う内容が一つにかぎられるということはありません。たとえば、情報を伝える文章について学びつつ、句読点の使い方を学ぶかもしれません。

学んだ内容のポスターを作成して、アンカーチャート（三四ページの**図2－2**を参照）として残せば、以前学んだ内容を子どもが必要に応じて復習することもできます。全員が同じジャンルの作品を書いているわけではありませんので、そのジャンルを開始するときには、子どもがポスターを使って復習します。

教師が単元を設けて一つのジャンルに焦点をあて、それを全員で学ぶと、子どもたちにはそのジャンルの作品を試してみようという情熱が湧き起こってきます。しかし、ある子どもが別のジャンルに夢中になっているときに、そのジャンルをやめて教師が指導したいジャンルへ強制的に移行するというのは間違っています。もちろん、多様な力を伸ばせるよう、一年の間にフィクション、ノンフィクションを含む数種類のジャンルを試してみることを子どもたちにすすめますが、それが理由で書くことへの情熱が鎮火してしまっては意味がありません。

また、子どもは非常に早い段階で、ジャンルというものは「固定された枠」でないと気づきます。たとえば、説得文というノンフィクションのジャンルに物語的な要素を入れる場合もあります。私たちの目的は、子どもにどのようなツールがあり、そのツールがどのような機能をもっているのかを認識してもらうことです。

ほとんどの州の教育規程では、子どもが三種類の文を書くことに言及しています。その三つとは、「情報を伝える文（informational）」、「物語（narrative）」、「説得文（persuasive）」です。私たちの教室の子どもたちは、この三種類の文がしっかり書けます。

どうして本づくりは重要なのか？

本づくりの効果について、具体的な研究結果を発表している本はありません。しかし、「子ども主導」の対話的なリテラシー教育の効果は研究によって裏づけられていますし、私たちがこのアプローチを実行している理由も研究に基づいています。

とくに説得力が高いのは学習意欲の理論です。子どもが自発的に読む本を選び、書く題材やジャンルが選べるとき、意欲が高まり、集中して作業する確率が高くなります［参考文献85］。それに加えて、自分の行動をコントロールし、問題を自主的に解決し、より大きな挑戦に挑もうとする傾向が強まります[22]。［参考文献86、151、153］

---

(22)「納得です。子どもたちが夢中になれる瞬間をどれだけつくれるかが大切だと思うからです」というコメントを翻訳協力者からいただきました。子どもが選択し、主体的に学ぶことを扱った文献としては、『教育のプロがすすめる選択する学び』、『教科書をハックする』、『あなたの授業が子どもと世界を変える』などがあります。

また、本づくりをしている子どもは、本の内容や作品づくりのプロセスについて、お互いに質問をしたりして強い興味をもち、ほかの子どもの説明にも積極的に耳を傾けます。耳を傾ける理由は、お互いに何を書いているのかについて純粋に興味があるからです。また、お互いに質問をすると、さらに本を書く意欲が高まり、知識の拡散が可能となり、教室においてポジティブで平等な人間関係が構築されます。〔参考文献182〕

子ども同士の協力は「共同的な集中力」を生み、それがさらに強い仲間意識につながります〔参考文献201〕。また、クラス内の人間関係がポジティブで、平等な状態になっていると、行動障がいがある子どもはとくに学習への集中力が高まります。〔参考文献23〕

同じ研究の文脈でいうと、クラスメイトへの感謝の言葉（「ありがとう。それ気づいてなかったよ」など）には二つのよさがあります。感謝された子どもは自己肯定感が高まりますし、感謝を表明した子どもには、周りから信頼され、ポジティブな人間として思われ、つらいことがあっても乗り越えるだけの力がつくなど、感情面と幸福感の面でよい効果があります〔参考文献111〕。言い換えれば、ちょっとした教え方の変化が、大きな学習と発達における結果をもたらすということです。

第4章

授業の流れと大切なこと

授業には教師の的確な状況判断が必要であり、その判断には実践的な知識が必要である。つまり、「次に何をすべきか」を教師が判断するための知識である。［参考文献198］クレメンス・ウィーザー（Clemens Wieser・デンマークのオーフス大学教育学部の准教授です。）

一日の流れが決まっていると、子どもは安心して学校生活が楽しめます。しかし、学校生活では変更が日常茶飯事となっています。教師はカリキュラムのあらゆる面を管理しつつ、特別な時間割変更に対応したり、専門科目や補助の教師にあわせた時間調整などを行っています。

時間の管理というのは大変なものです。理想的な学びの瞬間やブレイクスルー（課題を打ち破る革新的な解決策）にあと少しで到達しそうなのに、チャイムが鳴ってしまったり、授業を順調に進めているときに教室内で突然問題が発生することもあります。教師は柔軟に対応しつつ、なるべく安定した環境のなかで子どもに主体性をもたせなければなりません。

何か予期せぬ変更が起きたとき、私たち著者は子どもに変更の理由を説明し、子どもと一緒にその変更による「良い影響」と「悪い影響」を考え、その変化にどのように対応するかをともに判断しています。いうまでもなく、教室において子どもが主体性と責任感をもてるようにするためです。そうすることで、子どもが自らの意思決定に自信をもち、民主主義的なコミュニティーの一員として育っていきます。また、判断した結果を振り返り、将来、同じような判断が必要になったときにどうすればよいのかについても子どもと一緒に考える必要があります。

しかし、場合によっては、教師はその場において単独で判断しなければならないときもあります。教師が判断を適切に行うためには、学びとはどういうものなのか、そして教室とはどういう環境なのかについて理解しておく必要があります。

たとえば、あるグループへの指導に思ったよりも時間がかかったために、予定よりも本づくりの時間が延びたとします。その時間を取り戻すためには、書く授業の最後に行う「共有の時間」を省略するのが当然だと思うかもしれません。共有の時間は書く時間ではないので、比較的優先順位が低いと感じる人もいるでしょう。

しかし、共有の時間は本づくりの大きな原動力となるものです。作品を発表することで、子どもは自分が本物の作家であると自覚します。子どもたちは、それぞれの発表を聞いてから、まるで有名作家の作品について批評をするかのような感じで話し合いをします。その時間を省いたり、短縮したりしなければならない場合は、子どもたちにその理由を説明したうえで、翌日により長い時間を確保するようにしましょう。

子どもたちは残念に思うでしょうが、共有の時間がまるでタペストリーの「縦糸」のように大切であることを確認するきっかけになります。縦糸がないと、タペストリーは編めません。

大切にしていること

まず、授業で大切にしていること（優先事項）を四つ紹介します。

①主体的な読み書き

第一の優先事項は、子どもたちがさまざまな作品に触れ、本を読む大切さを理解し、自発的かつ主体的に本を読むようになることです。そのために、面白い本をたくさん用意し、子どもに好きな本を選ぶ自由を与え、どのようにして本を選べばいいのかについて教えます。

子どもたちは、自分の興味にあわせて本が選べるとき、主体的に、意欲的に、そして能動的に行動します。子どもが興味をもって学んでいるとき、彼らは自立した活動を行い、必要なときだけ助けを求めます。そうすると、教師が自由に動ける時間が増え、個人や少人数のグループに対して、必要とされるピンポイントの指導ができます。

また、同じく重要なことですが、「自分で選んだ学びをしている子ども同士」は「させられた学びをしている子ども同士」よりも興味深い、面白い存在となります。その結果、子ども同士の交流は、お互いに高めあう、前向きなものになる可能性が高くなります。[1]

②自己挑戦・自己解決と助けあい

第二の優先事項は、子どもがサポートを受けつつ、少しずつ難易度の高い本に挑戦していくことです。そのためには、二人が助けあいながら読んでいく「ペア読書」が有効となります。ペアを組み、子ども同士が助けあう方法を教えます。また、難しい文章や単語に遭遇するのはごく自然なことであると認識してもらいます。そして、ペアで協力して問題を解決しながら、主体的に行動するように促します。

子どもがどのようなプロセスを経て、どのような問題を解決していくのかについて教師は注目します。その成長と変化が大切なのです。私たちは、そのためにワークショップという手法を採用しています。ワークショップという学びの手法は、前述したように、教室にいる全員がそれぞれのプロジェクトに取り組んでいることが前提となります。新しいことを発見したり、自分では解決できない問題に直面したときには、クラスメイトと問題を共有して助けあっています。このような環境では、新しい語彙や知識を得る機会は子どもが少しずつ難易度の高い本に挑戦しているときに訪れます。

③子どもに合わせた効率の高いプロセス

第三の優先事項は、私たちの指導をできるだけ効率の高いものにすることです。効率を高めるために私たちは、以下のような点を意識しています。

・子どもが自発的に助けを求めたり、お互いに助けあったりする方法を教える。
・子どもが読み書きを大切にするコミュニティーの一員として自覚をもつような言葉を使う。
・読み書きを相互作用のあるプロセスとして教える。

また、既成の指導プログラム(2)は使わず、子どもの気づきに基づいて授業を組み立てます。私たちは、子どもの発達についての知識、教育学の理論、州の基準(2)についての知識、そして私

(1)　翻訳協力者からのコメントです。「お互いに興味がもてる面白い存在というのがよいですね。何かをさせられた学びのなかには、その子ども自身の姿はないし、そこから見えてくるものもだいたい予想がつくものばかりになってしまいそうです」

(2)　日本流にいえば、教科書や指導書をベースにした教え方のことで、「州の基準」は学習指導要領です。

たちの観察や記録のなかで気づいたパターンを中心にして授業を組み立てています。子どもの観察を通して次の指導に関するアイディアが出てきますので、それをメモとして記録します。

たとえば、ポール（六六〜九九ページ、とくに七四〜七九ページ参照）が自作の本をクラスで発表し、満足のいくエンディングを思いつくのに苦労していたとクラスメイトに説明していたとき、コマール先生はメモを残しました。「満足のいくエンディングをどのように選ぶとよいかについて教えなければならない」という記録用のメモです。

私たち著者は「読書家の時間」と「作家の時間」を別に設定していますが、それらは切り離されたものではなく、各時間ともどちらかを強調しているだけです。子どもが読むなかで、文字や文章について気づいたことは本づくりに役立ちますし、本づくり自体が読む力を伸ばします。つまり、私たちは、読むことと書くことを別の教科としては教えず、自分たちの世界、他者、そして自分について学ぶという一体的な社会的活動と社会的主体性の一環として「読み書き」を捉えているわけです。

④対話的で対等な人間関係

第四の優先事項は、教室の中で知的な階級や上下関係が根づかないようにすることです。そのような階級意識があると「学び」の支障となります。

一例を挙げますと、私たちは、子どもを読解力の差によってレベル別といった「固定的」な読書グループに分けていません。グループはさまざまな方法でつくり、あるグループを対象にしてレッスンするときにはグループ外の子どもの参加も可能とし、すでに読解力をもっている子どもを頻繁に入れて、ほかの子どもに対する指導を手伝ってもらっています。また、階級意識が発生しないよう、さまざまなレベルにあわせてリテラシーを教え、すべての子どもが達成感を味わえるようにしています。

私たちの教室における「有能である」という言葉の定義は、作家のコミュニティーに積極的に参加し、アイディアや気づきをほかの作家たちと共有しながらともに本をつくっていくこと、となっています。

もちろん、子どもたちには文章を書く力や絵を描く力の相対的な差があることは認識していま す。しかし、その差についての情報は、特殊な状況においてのみ価値があることを教室のなかで明確にしています。たとえば、誰に助けてもらえばその問題を解決できるのかについて知りたい場合や、誰と一緒にこの本を読むとよいのかを考えるときです。

能力の差は、その人間の相対的な価値や地位の指標ではありませんし、コミュニティーに貢献する力を示すものでもありません。私たちのコミュニティーではすべてのメンバーが価値のある貢献ができると、子どもたちとともに確認しています。(3)

一例を挙げましょう。コマール先生の教室では、「読書家の時間」で登場人物についてより深く知る方法について話し合っていました。登場人物の台詞や行動から推測したり、ナレーターが語る人物の行動動機についての説明を読んだり、その人物がほかの登場人物について話している台詞などから分かる、といったことについて子どもたちが話し合っていました。

リッチーは、自分の一番好きなシリーズである『フラッフィーと恐竜たち』〔参考文献247〕という本を読んでいました。主人公のフラッフィーは生意気なモルモットです。リッチーは、フラッフィーの生意気さが、台詞だけでなく文の描写に出てくるフラッフィーの思いからも読み取れるということに気づきました。興奮してリッチーは、「先生、フラッフィーのこと、台詞だけじゃなくて、頭の中で考えていることからも分かったんだよ。そこを読むね」とコマール先生に言い、フラッフィーの生意気さが分かる箇所を数ページ読みました。

そして翌日、コマール先生は、みんなとその発見を共有するようにすすめ、リッチーの発表によってクラスの知識が広がりました。ほかの子どもたちが難易度⑷「R」前後の本を読んでいるなか、難易度レベルが「J」の「フラッフィー・シリーズ」について話したリッチーは、クラスの話し合いに意義のある貢献をしたのです。また、「フラッフィー・シリーズ」の本は、みんなが何かを学ぶために使える本として認識されました。

このような授業を進めていくと、読んでいる本の難易度は、子どもの能力の指標としての意義を失います。子どもたちの語彙力が違っていても発展的な深い思考が可能なのです。

従来の教育思想においては、子どもは「与えられたカリキュラムに沿って学ぶ」ものであって、「カリキュラムに対して何かを貢献する」という発想はありませんでした。しかし、私たちが提唱する新しいアプローチは対話的であり、双方向の教育です。教材の内容と教師の声に、子どもの声と子どもの好奇心が加わるのです。(5)

さまざまな声と好奇心の化学反応から意味が構成され、さまざまな観点がお互いに作用して、さらに意味ある対話がつくりだされます。この新しいカリキュラムにおいて「進度」とは、直線

(3)　翻訳協力者からのコメントです。「誰に助けてもらえばよいか？　ということを考えるのはとても重要な力であり、日本の教育のなかではまだ焦点が当てられていない側面だと思います。すべてのメンバーが価値のある貢献ができるということを全員が自覚し、共有し、お互いにサポートしあえるコミュニティーであることが大事ですね。また、これを実現するために、お互いに何が得意か、誰がどんなことをしているのか、ということを常に意識したり考えたりすることになるので、子どもたち同士がお互いによく知っている状態にもなりますね。それは、たくさんの反応を生むことにもつながりますし、とてもよい循環が生まれると感じます」

(4)　アメリカで使われる本の難易度であるブック・レベルについては四一ページの**訳者コラム**を参照してください。

(5)　後者に焦点を当てた本があります。『「おさるのジョージ」を教室で実現』と『私にも言いたいことがあります！』の二冊です。一人ひとりの子どもの声と好奇心を授業の中で大切にすることは多く学校において不十分であり、大事にしたいことです。

的な蓄積ではなく、活発で、非直線的な意味の構成の積み重ねとなります。私たちの教室に参観者が来ると、子どもたちの主体性、活発な会話、そして目的意識から発生する熱いエネルギーに驚きます。

このようなエネルギーを可能にしているのが、対話的で双方向性のあるカリキュラムです。子どもは、自分たちの学校生活をつくるために対話をしながら、主体的かつ活発に教室のコミュニティーに参加しているのです(6)。

対話的なカリキュラムをつくれば、教師が常にクラスの全体像を意識しつつ、すべての子どもの能力と興味を伸ばしていく状態になります。すでに固まっている既成のカリキュラムでコマール先生が指導内容を決めていたら、リッチーの気づきが授業に貢献することはなかったでしょう。彼は、読み書きを楽しむコミュニティーの一員として貢献しましたし、カリキュラムの目標に沿って対話を拡大する糸口をクラス全体に提供しました。リッチーの貢献によって、「登場人物のことをどのように知るか」という対話と探究が発展し、常に活発な進化が続くカリキュラムの一部となりました。

固定的で、柔軟性に欠けるカリキュラムに基づいた単元学習を進めるといったいどうなるでしょうか？　一部の子どもの達成感と自己肯定感を否定するだけでなく、すべての子どもの学びを制限してしまいます。もちろん、私たちは教師として子どもに教えたい多くの知識をもっていますし、その知識は必要に応じて伝えています。しかし、私たちは、子どもの気づきや問題解決の実例を組み込めば、教育内容を具体的なものにし、それぞれの子どもにとって意義のあるものにすることが可能なのです。そうなると、子どもは集中して意欲的に取り組むようになりますし、お互いに学びあうようになります。(7)

---

(6)　翻訳協力からのコメントです。「昔、ただ活発に手を挙げて発表する子どもが多いという状況がよい授業と捉えられていた時期がありましたが、それは教師と一部の子どもとの間にのみ存在した『一方向×一方向』の状態だと思います。ペアやグループになって交流することが推奨されはじめても、なかなかそれが意見の共有にならない状態というのは、子どもと子どもの間に存在する『一方向×一方向』の状態です。この本では、子ども同士の間に生まれる双方向な対話が見られます。それだけでも強調したい内容なのですが、さらに子どもたちとカリキュラムとの双方向な対話にも言及しています！　かなり進んだ考えを読んでいるような気分です」

(7)　「その素晴らしさは分かるけど、学習指導要領があるし……という気持ちです。これは、日本でワークショップ形式の授業をするうえで大きな議論だと思います。実践をしている小学校の捉え方、私も知りたいです」というコメントが翻訳協力者からありました。個人レベルでも、学年や学校レベルでも、本書の最初にも明らかにされていた「大切にしたいこと」を明確にすることが第一歩だと思います。そして、実際に取り組みはじめた教師たちの経験から学べると思います。『作家の時間』、『読書家の時間』、『イン・ザ・ミドル』、『社会科ワークショップ』『だれもが科学者になれる！』などを参考にしてください。直線的ではなくて、時には「一歩前進、二歩後退」のようなこともあるでしょうが、「何のために私は教えているのか」という意識が前進させてくれます。

教室運営の大切な枠組み

ゆったりスタート

私たちの教室の一日は、ゆったりスタートします。到着してから最初の一〇分間、子どもは職場に到着した社会人のように、昨日の出来事や今読んでいる本、そして書いている作品などについて話し合います。新学期がはじまって二週間ぐらいで、子どもは鞄を置く場所、ノートパソコンの借り方、昼食の注文方法などの基本的な朝の準備ができるようになります。そして、自由に本を読みはじめたり、書きはじめたり、ノートパソコンで調べたりします。

マカーシー先生が教えている一・二年生の教室の、ある朝の様子をのぞいてみましょう。

ある子どもは、自分が書いている作品を出して編集作業をはじめたかと思うと、ルーマニアについて調べはじめました。その理由を尋ねてみると、「ぼくの家族はルーマニア出身なので、その国のことをもっと知りたいからだよ。お父さんはルーマニア育ちで、僕も五歳までそこにいたんだ」と教えてくれました。

別の子どもはサメについて調べています。あるグループは、「Pebble Go」という小学生向けのサイトで動物について調べていましたし、別のグループは算数アプリを楽しんでいました。

ゆったりスタートすると、教師は子どもの自然な様子が観察できます。子どもたちは、ゆったりとした朝の時間に友達や教師と話したいことについて自由に話しますので、この時間に教師は子どもについてさらに知ることができるのです。通常の授業がはじまってしまうと、学ぶ内容に関連しない話題は出せません。それに、子どもたちがリラックスした状態で教室環境に慣れていく時間も必要です。

朝、子どもたちが教室での生活において必要とされるさまざまな係の仕事や役割を分担すると、必然的にお互いを助けあう時間となります。たとえば、ある子どもに、昼食を必要としている人の数え方やほかのルーティンを教えると、その子どもがほかの子どもにそれについて伝えるようになります。異学年教室では、学年が上の子どもと下の子どもをペアにすれば、先輩が後輩に教えるシステムが形成されるのです。

朝の会と帰りの会

私たちは一日の初めに「朝の会」、そして終わりに「帰りの会」を行っています。そこでは、子どもの対人関係と感情面に関する出来事など、コミュニティーにとって重要なことを話し合います。そのような話し合いを通してコミュニティーへの帰属意識を培い、連絡事項などを通して意識や気持ちを整え、ともに生活し、学んでいくといった主体的な役割を与えます。

朝の会では、昨日の学びと今日の学びの予定を結びつけ、一日の計画を確認し、重要な連絡事項を伝えます。また、子どもの自己管理の責任、そして教室のコミュニティーに貢献する責任を確認し、ともに考えます。とくに新しい学年の最初は、この二つの会が教室の気風（エートス）、価値観、規則、そしてルーティンを設定するために重要となります。

異学年の教室では、半数の子どもがすでに一年間在籍していますので、ルーティンの設定は比較的簡単です。上の学年の子どもが新しい子どもを、知的な、そして感情的にも健全なコミュニティーへと迎え入れて、必要なことを教えるという大きな役割を担います。もちろん、コミュニティーの気風が毎年同じとはかぎりません。新しい子どもが入ると、彼らの興味、経験、そして個人的な特色が加わるので、教室の文化が進化していきます。

午後に行われる帰りの会では、子どもは一日を振り返って出来事を整理します。よかった点を共有して喜び、うまくいかなかったことについては、今後どのようにしたらよいかについて考えます。

次の活動への移行

一つの授業や活動から次の活動への移行は、スムーズに素早く行われるのが理想ですが、移行中の時間も大切です。私たちは、新しい活動へスムーズに移行するための方法を子どもたちと話

表4－1　移行時に使用した音楽（カッコ内は歌手名）

"Lean on Me"（ビル・ウィザーズ）	"Man in the Mirror"（マイケル・ジャクソン）
"Try Everything"（シャキーラ）	"Thunder"（イマジン・ドラゴンズ）
"Don't Give Up"（ブルーノ・マーズ）	"Best Day of My Life"（KIDZ BOP Kids）
"Stand by Me"（プレイング・フォー・チェンジ）	"Fight Song"（レイチェル・プラッテン）
"Firework"（ケイティ・ペリー）	"Happy People"（リトル・ビッグ・タウン）
"Roar"（ケイティ・ペリー）	"Can't Stop the Feeling"（ジャスティン・ティンバーレイク）
"Believe"（ショーン・メンデス）	"Count on Me"（ブルーノ・マーズ）
"Happy"（ファレル・ウィリアムズ）	"Better Together"（ジャック・ジョンソン）
"Brave"（サラ・B）	
"Hall of Fame"（ザ・スクリプト［子ども向けバージョン］）	
"One Call Away"（チャーリー・プース）	

し合って考えています。移行をより楽しく、有益なものにするために音楽も使っています。私たちはデビー・ミラー(8)からアイディアを得て、独自のバージョンを開発しました［参考文献134］。**表4－1**に示したのが、これまでに使用した曲の例です。

これらの曲には感動的な歌詞があり、音楽を紹介する際、子どもに歌詞を知ってもらっています。楽しいメロディーを聴き、踊りながら子どもは次の活動へと移行します。思いやりのある歌詞の曲を

（8）（Debbie Miller）三〇年間、小学校の低学年を教え、読みの分野での先駆的な実践をし続けた教師の一人です。本も何冊か出していますが、邦訳はされていません。

聴くと、（少なくとも大人は）暴力的・攻撃的な思考を減らすという調査結果が出ています。［参考文献16］

本を囲んでともに考える

知的な刺激がある本、説明文、記事などを取り上げて一緒に考える活動を定期的に行っています。この話し合いは四〇分から一時間ほどかかり、毎日は行いませんが、文章を介して一つのコミュニティーとして対話ができるので非常に重要です。

このような会話のなかで、私たちはともに知を構成し、学びあい、読み書きとは意図的に行う社会的な活動であると確認します。子どものなかに社会的主体性を培い[9]、読み書きを通して人間はどのように知識を高め、社会に必要とされる変化をどのようにしてもたらすのかという理解力を育てます。

本選び（ブック・ショッピング）

子どもが単独やペアで本を読むためには、事前に本を選んで、箱や袋に入れる時間が必要です。マカーシー先生が教える一・二年生のクラスでは、毎朝五分から一〇分ぐらい本選びの時間があります[10]。

一方、コマール先生が教える二・三年生のクラスでは週に一回、一五分ほどとなっていますが、もっとたくさんの本を選ぶ必要がある場合は多くの時間を提供するようにしています。そして、ヘルマー先生のキンダークラスでは、「読書家の時間」の初めの五分間で本を選んでいます。毎日、自分が興味をもっている本を選べば、単独やペアでの読書の際に集中力が高まります。

もちろん、子どもは適切な本を選ぶ必要があります。教室にある本は、ジャンル別、著者別、注目の著者別（たとえば、アーノルド・ローベル）、トピック別、シリーズ別（『がまくん・かえるくんシリーズ』、『マジック・スクールバス・シリーズ』など）に整理されています。コマール先生のクラスには「考えさせられる本」というコレクションもあり、子どもは何度もそこから選んでいます。

ちなみに、一年生までは、ブック・レベル別[11]に整理された、教師が主に子どもの読書力のレベ

---

(9) 社会の担い手として育つ方法をもっと具体的に教える必要があると思います。この点を扱っている本に、『言葉を選ぶ、授業が変わる！』、『オープニングマインド』、『あなたの授業が子どもと世界を変える』、『だれもが科学者になれる！』、『歴史をする』、『プロジェクト学習とは』、『宿題をハックする』などがあります。

(10) 原書では「ブック・ショッピング」といった「買い物ごっこ」のような楽しい表現を使っていますが、実際の買い物だと誤解されないように、ここでは「本選び」と訳します。

(11) 四一ページの**訳者コラム**を参照してください。

ルを診断するために使うセクションもあります。本の整理方法は基本的に固定されていますが、新しい本の到着、子どもの興味、カリキュラムの強調内容によって変えるときもあります。

本選びをはじめる前に、ペアのチームワーク状況についての報告と、その日の計画に関する発表が必要となります。うまく協力できないペアもあるので、うまくいっているペアはどのように協力しているのか、問題をどのように解決しているのかなどについて共有します。

ペアの二人は、別々に本を読むか、一緒に読むかを最初に決めます。そして、一緒に読む時間には、隣同士で静かに読むか、交代で声に出して読むか、どの本から読むかなどを決めなくてはいけません。マカーシー先生は子どもに、「学んだことを共有する方法を考えてください。それから、あなたが何に興味をもっているのかも知りたいです」と伝えています。

彼女が子どもに期待しているのは、時間を大切にして学ぶこと、困難に直面したときに問題を解決すること、そしてペアのチームワークが成功したときの理由をみんなと共有することです。これらの能力は、グループで活動するために必要になります。また、マカーシー先生は子どもに、「自分の思考ノート(12)を見て、自分が何に取り組んできたのかを見てみて」と促しています。

さて、彼女の教室の子どもは、どのようなことに取り組んでいるのでしょうか？　その様子を少し見てみましょう。

・バートは調べものをしています。調べているのは、本のなかで面白いと思った内容です。

・オードラは、本のなかで習ったこと、そして難しい単語をメモとして記録しています。
・ミリーは、地図が本のなかでとても役に立ったという気づきがありました。
・マテオは、興味深いと感じた情報を書きだしています。
・ジェシカは、難しい単語の読解をしていました。難しい単語はあちらこちらに出没します。
・エラは、フィクション作品についてのハート・マップ(13)を作成しています。
・コリンは、本から学んだ新しい知識を記録しています。
・リンカーンは、本のなかで遭遇したハイレベルな単語を書いています。

このように、さまざまな学びが教室の中で起きていますが、夢中になれるよい本を子どもたちが選ばないと、このような学びは起きません。

次にマカーシー先生は、「一〇分間の本選びをしてから、次はブッククラブをしますよ」とみんなに伝えました。

---

(12)　二二二ページからの説明を参照してください。
(13)　(heart map) 自分が心から書きたいと思うことを発見するために、ハート型の枠の中にアイディアを書いていく題材発掘用のシートです。(Heart Maps : Helping Students Create and Craft Authentic Writing by Georgia Heard. [heinemann.com])

身の周りにある単語を発見して読む

キンダーのクラスで、ヘルマー先生は「身の周りにある単語」(14)の学習を五分から一〇分ほど行っています。

子どもたちは、家にあった包装用の箱や紙、雑誌など、さまざまな単語が記されたものを学校に持ってきます。先生はその一つをポスターに貼り、そこに子どもは自分の名前を書きます。次にほかの子どもが、その紙にどういう単語が書いてあるのかを、さまざまな方法を使って読もうとします。必要に応じて、教師は子どもが使っている解決方法を言語化して、子どもが認識できるようにしてから新しい知識や方法を伝えます。

作家の時間の流れ

ワークショップという学びの手法には、根本的に大切な二つの要素があります。それは、本づくりをする「作家の時間」も、自分で選んだ本を読む「読書家の時間」も同じです。

・子どもたちが、単独かグループで協力してプロジェクトに取り組むことです。そのプロジェクトの種類として、本づくり、社会活動、興味のあるテーマの探究、読みたい本の読書、などがあります。

・本についての話し合いを通して、社会的主体性、問題解決の力、そして知の構成力を育てることです。

ワークショップは、子どもと教師がともに探究し、質問し、発見し、お互いに学びあうといった教室環境です。一人ひとりが、「自分はどうしたらもっとすごい読書家、作家になれるのか？」という探究課題も含めた、さまざまな活動に取り組む研究者なのです。

「作家の時間」は、大きく分けて三つの構成部分から成り立っています。

①ミニ・レッスン――作家の時間の最初、一〇分から一五分は全員で集まります。まず、子どもがプロジェクトの作業に集中できるように気持ちを整え、短いレッスンを行います。たとえば、マカーシー先生はクラスメイトや大人の作品を分析しながら、書くための技やその技を使う目的、そしてその効果などを子どもとともに考えることが多いです。どうしてその技や表現方法が作家にとって役立つのかを必ず紹介し、子どもが理解できるように説明をしながら強調します。

②本づくり――次に、子どもが自分にとって意義のある本づくりのプロジェクトに取り組み、助けあいながら進めていきます。教師の役割は、子どもと個別に対話（カンファランス）をし、同

（14）原書では「environmental print」となっています。直訳すると「環境にある文字」となります。

じ種類の興味や課題をもつ子どものグループと話し合い（グループ・カンファランス）、そのなかで、新たな課題があるのか、子どもたちの関係において誰が誰をサポートできるのか、どのような準備をすればよりサポートができるのかなどを把握して、記録するように努めることです。

③共有の時間――ワークショップの終わりには、その日に体験したことを話し合います。どのような問題に遭遇してどのように解決したのか、どのような試みをしてどのような発見があったのか、また、うまくいったことがあればそれを称賛して、その理由を分析します。教師が授業中に気づいた子どもの発見、成功、苦労に関する興味深い事例を単独もしくはペアで発表してもらい、みんなでそれについて考える時間となります。

すべての子どもが、その日に書いた作品や内容を発表する場ではありません。それも大切ですが、興味をもってくれるクラスメイトに作品を読んであげるという時間は別に設けます。また、作品を掲示して、鑑賞してもらいます。

コマール先生は、子どもを全員図書館に連れていき、大人の作品とともに展示されている子どもの完成作品をみんなで回し読みするといった活動も行っています。さらに、別のクラスに聞いてもらったり、読んでもらったりすることもあります。一方、マカーシー先生は、作品を廊下に展示して、ほかの人が読めるようにしています。

読書家の時間の流れ

作家の時間と基本的には同じ構造ですが、追加の活動をいくつか紹介します。

- クラス全体で本や文章についての話し合い
- 本選び（ブック・ショッピング）
- カンファランス（個別の対話）
- 一人読み
- ペア読書
- さまざまなグループ読書の活動
- ブックトーク
- ブッククラブ

さまざまな種類の活動がありますが、何よりも大切なのは一人で読める時間をたっぷりと確保することです。マカーシー先生（一〜二年生）は、通常、一五分ほどペア読書をしてから一人読みへ移行しています。一方、コマール先生（二〜三年生）は一人読みでスタートし、それぞれのタイミングで本の内容について話し合いをはじめたり、ブッククラブに参加したりします。先生は、その時間にさまざまな小グループ対象のミニ・レッスンやカンファランスを行っています。

ミニ・レッスン——読書家の時間の最初、一〇分から一五分間は全員が集まって、自分のプロジェクトに集中できるよう気持ちを整え、短いレッスンをします。ミニ・レッスンの内容は、子どもの気づき、多くの子どもが抱えている最近の課題、そして州が定めるカリキュラムの学習目標などに基づいて決定します。

ペア読書——ペア読書の目的は、子どもがさまざまなクラスメイトとともに本を読んで、協力しながら問題解決の機会を与えることです。ペアの組み方は、読書力がある程度似ている子ども同士としていますが、まったく同じレベルではありません。また、情報を提供するためのノンフィクション（たとえば、恐竜、宇宙、デザートなど）の読書においては、読書力とは関係なく、より多様な組み合わせとしています。情報を入手するために読むわけですから、絵が多いこのような本は、同じテーマに興味をもっている子ども同士であれば楽しめます。

一人読み——一人で読む時間を必ずとります。突発的に起こった出来事などで授業のスケジュールが変更されても、絶対に妥協せず、私たちは必ずどこかでこの時間をとっています。

読む量は、子どもの理解力、語彙力、認知的発達のすべてに影響します［参考文献44、45、69］。キンダーから三年生にかけて、毎日四〇分から四五分は一人読みの時間として確保しています。その時間のなかで、子どもは読むことを楽しみつつ、より効率よく読めるようになっていきます。私たちは、子どもが夢中で読むことを楽しみ、意味を理解し、読むことや書くことのさまざまな

特徴に気づき、発見し、ほかの子どもにそれを教えるといった光景を目指しています。(15)

一人で読むことは「黙読」であるべき、とは考えていません。その理由は三つあります。まず、読みはじめたばかりの子どもが音を出さずに読むのは難しいからです。二つ目は、読んで発見したことを子ども同士で興奮しながら伝えあってほしいからです。そうすれば読む意欲が続きますし、さまざまな本に対して興味が広がっていきます。三つ目の理由は、必要に応じて子ども同士で助けあってほしいからです。

一人読みで大切なのは、読むという行為に夢中になることです。決して、集中力をつけることではありません。もちろん、自ずと集中力はついていきますが、夢中に読むことが疎かになって集中力のほうを重視してしまうと偽りの動機が発生してしまい、時計を見ながら読んだり、「読むフリ」をしてしまうこともあります。

一人読みの時間では、興味のある本、そして難易度的にちょうどいいか、少し難しいぐらいの本に夢中になってほしいです。そのためにも、本を選ぶ力をつけることが大切となります。

一人読みのとき、教師の役割は子どもの成長をサポートし、個人や小グループを対象にカンフ

---

(15)　翻訳協力者のコメントです。「キンダーから、毎日四〇分以上読むのはすごいことです。そして、一人読みの時間が大切という考えを日本の学校にも広げていきたいです。夢中で読みたいものを読む『リーディング・ゾーン』を早い段階で体験することが大切だと思います」

ァランスを行って問題解決を助け、個人とクラス全体の読む力を伸ばすこととなります。私たちは常に新しい「何か」を子どもたちに紹介し、どの箇所で、なぜ、どのように苦労しているのかを観察して、次の指導につなげています。

読むことについて共有する時間——作家の時間と同じく、読む時間の終わりに全員で集まる目的は、その日の経験を話し合うことです。遭遇した新しい問題に対して、どういう解決が可能かを子どもたちに尋ねます。また、新しい発見を共有し、混乱しているところを整理し、食い違っている情報についても話し合います。

時には、登場人物のある判断の理由について議論をし、その登場人物の判断から何を学んだのかなどについて話し合います。とくに重要なのは、成功した問題解決と発見に焦点をあてることです。成功の共有はコミュニティーとして一日のまとめとなりますし、一体感が得られます。

単語の学習

毎日、子どもは新しい単語を学びますので、その学びをサポートするために単語学習の時間を確保しています。キンダーと一年生では毎日一五分です。二・三年生では週に三回、単語学習とスペル練習（同じ語源の単語、類似単語、同音異義のスペルの整理など）を行っています。

また、日々の活動のなかで、子どもが何かのパターンに気づいたり、読めない単語に遭遇して解決したときのエピソードを参考にして、単語をどのように理解し、どうすれば正確にスペルが書けるようになるのかといった攻略法も考えています。

ブックトーク

ブックトークをするのは、あるシリーズやあるジャンルの本を読んで感動し、「みんなと共有したい！」と思った子どもです。その感動を伝え、ともに話し合えるようにクラスメイトの興味を刺激します。

子どもは、楽しかった本やシリーズの話をするのが大好きです。また、自分が発表して、ほかの子どもが興味をもってくれたときに感じる主体的な感覚も大好きです。事実、このようなことは頻繁に発生しています。

『ヘンリーとマッジ』〔参考文献262〕のシリーズについて話し合いをしたとき、サムは次のように言って自らの気持ちを表しました。

「僕は、カーソンとジャニーのブックトークを聞いただけで、このシリーズを読もうと思いました。これ『超すごい！』と思って、さっそく読んでみました」

読んだ本をすすめるブックトークは、最初はフォーマルな形でスタートしますが、次第に教室における会話として自然なものになります。ほかの子どもにオススメ本について話した結果、仲間が読んで、読む楽しみをともに振り返るといった流れが生活の一部となっていきます。

コマール先生は、ブックトークで出た名言を「名言集のポスター」に掲示して、学習の履歴として残しています。一方、マカーシー先生が教える一・二年生の教室では、ブックトークの代わりに全体での話し合いの時間を利用して、インフォーマルな形でオススメ本について話し合っています。(16)

ブッククラブ（読書力を育てるグループ）

ブッククラブは、本をお互いに読みあってともに考えるという小グループ活動です。活動期間は、数日のときもあれば数週間以上のときもあります。教師は、毎日二つか三つのグループに参加して、ともに会話をします。思考のレベルを高めるために教師が子どもに気づいてほしいことを紹介する場合もありますが、なるべく、子ども自身が文章の特徴やパターンに気づいてもらうようにしています。稀に教師の気づきとして提起するときもありますが、子どもが気づくように指導することが多いです。(17)

学年がスタートした当初、グループの構成は子どもの読む力によって決定されますが、その後は興味ある分野によって決まることが多いです。ブッククラブの目的を説明するときには、以下のような目的を伝えています。

・何を一緒に読むのかについてともに考えること。
・どのように助けあうかを学ぶこと。
・難しい箇所をともに理解すること。

子どもは多くの「難しいこと」を発見し、さまざまな質問をします。著者や登場人物の情報、「この本を（家族、恩師、など）○○へ捧げる」という献辞、出版・著作権の情報などが、本のなかに存在している難しい要素の例となります。教師は、使われている文字や文章の特徴にも気づくようにと指導しています。助けあいの例を紹介しましょう。

マカーシー先生のクラスで、あるブッククラブの子どもたちが、同じテーマで書かれた二冊の本に異なる情報が掲載されていることに気づきました。この差異について、どちらかの著者が間違った情報を入れてしまったのではないか、と推測しました。そして、話し合いのなかである二年生が「出版年を確認しよう」と提案しました。そして、調査の結果、二冊の出版年が違ってい

---

(16)　翻訳協力者から、「日本の学校で使われているブックトークは、あるテーマに沿った複数の本を大人が子どもたちに紹介するというイメージです。ここでは、子どもが好きな一冊をクラスのみんなに語っているのですね」というコメントをもらいました。子どもが紹介しあうほうが、インパクトが大きいからです。

(17)　気づくことに興味をもたれた方は、『言葉を選ぶ、授業が変わる！』（とくに第二章）を参照してください。

たことが分かりました。一冊は古く、もう一冊はそれよりも新しい本だったのです。この発見の結果、クラスの子どもたちは出版年を意識するようになり、この情報に関連する話し合いまで行うようになりました。

学年のスタート時、マカーシー先生のクラスでは、比較的簡単な本（ブック・レベルEまで[18]）を読んでいる子どもは同じ本を一緒に読みます。レベルGに到達するまでは、毎日カンファランスをし、単語を読む方法を練習したり、文の構造、絵の使い方、作者の使っている技などについて、子どもが理解できるようにサポートします。また、ブッククラブで大切なのは、「これってなぜなのだろう？　私の想像は……」などの表現を使って、本に書かれている出来事についてともに考えて探究することです。

ブッククラブの活動をスタートする前にマカーシー先生は、あるグループのメンバーを集めて、数分間、前日に行ったことを思い出すようにと伝えています。それが終わってから、その日の新しい活動を開始します。その活動例を紹介しましょう。

物語のあらすじを説明するときに使える「重要な箇所」を探したり、説明文がどのような構造になっているかを考えたり、読んだ情報について、メモに残す方法をグループで考えます。これらの活動を、単独で行うか、協同で行うかは子どもたち自身が選びます。よく協力できていれば、どちらも可能です。

子どもは、クラス全体の話し合いのなかで学んだことを応用し、小グループの話し合いをともに進めていきます。しかし、活動時間の半分ほどが過ぎたところでマカーシー先生は、「グループの活動から一人読みへと移行するように」と呼びかけます。その際、一人読みの重要性を毎回忘れずに説明しています。クラスメイトとの助けあいも重要ですが、一人で学んだ知識を応用して考えることを大切にしているからです。

一方、コマール先生が教える二・三年生のクラスでは、ブッククラブのことを「話し合いグループ」と呼んで、ブックトーク（オススメ本についての発表）からはじめています。ブックトークから小グループ（三〜五人）での「オススメ本」に関する会話への移行はとても自然な形となっています。

グループを構成するのは、すすめられた本をすでに読んでおり、その本について話し合って分析し、自分の理解や考えを高めたいと思っている子どもです。コマール先生が話し合いの時間を設定し、募集シートを準備し、それに一人ひとりが名前を書いていきます。この時間に向けて子どもたちは、付箋、メモ、時には地図、ベン図、タイムラインなどの思考ツールといった、役立つと思うものを使って本をより理解し、話し合いの準備をします。

---

(18)　ブック・レベルについては四一ページの**訳者コラム**を参照してください。

話し合いの時間になるとコマール先生は、子どもたちが助けあいながら話し合いを上手に進めているかどうかを確認します。そして、会話の内容を聞きながら、難しい内容についてどのようにサポートすればいいのかと考えながらメモをとります。時には、コマール先生がグループに参加して、話し合いを前へ進めるといったサポートも行っています。あるグループの子どもたちが助けあって考えられない場合は、子どもたち同士で問題の解決方法を考えられるようにサポートしています。

ブッククラブの時間、マカーシー先生はグループに参加してサポートをするほか、教室を歩き回って、個別に話しかけて何を学んでいるのかと尋ねたり、リアルタイム読書記録(19)を作成したり、思考ノート（二二二〜二二六ページを参照）の内容を確認したりします。グループとしての集まりだけでなく、個人を観察することでパターンを発見しているのです。

ある日、ノンフィクション（情報の本）を読んでいる一人の子どもが、文の構造で混乱していることに気づきました。たしかに文の構造は複雑で、本のなかにおいても変化していました。また、情報の本は楽しくて「面白い情報（fun facts）」が満載なので、子どもはそのような補助的な情報にばかり気をとられて、本文の要点がつかめないといった場合があります。

このようなときの解決策として、マカーシー先生は情報の本に関する三つのブッククラブを設定して、子どもの興味と彼女が用意した本に基づいてグループをつくりました。その様子を紹介しましょう。

クラスの子どもたちが動物と天気について強い興味を示していたため、マカーシー先生はその分野の本をたくさん集めました。また、歴史の分野にも興味をもってほしかったので、子どもが自発的に選ばない歴史関係の本も集めました。そして、子どもが本を閲覧して興味あるテーマを見つけるための時間をつくり、子どもの興味に基づいてグループをつくりました。

とはいえ、どの分野にも興味がなく、自分のプロジェクトを進めたいという子どもたちがいたので、マカーシー先生はその意向を尊重することにしました。

動物・天気・歴史のブッククラブに参加した子どもは、先生の希望により、全員が同じ本を読みました。同じ本を読むようにと先生が希望した理由は、多くの子どもがノンフィクションの一種である「情報を楽しむ」本を読むとき、「面白い情報」だけを見るなど、表面的にしか読んでいないことに気づいたからです。

同じ本を読んでもらうことで、協力しながら文の構造における特徴に気づき、作家がなぜそのような構造を使ったのかについて考え、ほかのメンバーとそれらについて共有してほしいと先生

(19)　子どもが音読する横で教師がつける記録です。一八一～一八四ページを参照してください。

は思っていました。先生の目標は、複雑な文章の構造に子どもが気づき、それについて会話をし、「面白い情報」と本文の中身の違いを認識し、その気づきによって読者（そして作家）として成長していく様子を見ることでした。[20]

次は、「歴史」のブッククラブの活動について詳しく見ていきましょう。

ミイラのブッククラブ

歴史のブッククラブを選んだ子どもたちは、ミイラについて調べたことが参加のきっかけでした。このグループの学力はあまり高くなく、四人のうち二人が特別支援を受けていました。彼らが選んだミイラの本は、難易度的には理解可能でしたが、難しい単語や歴史的背景を理解するためにはサポートが必要でした。

子どもたちは、ミイラのイラストを見て興奮していました。また、ミイラについてのアニメや映画を観ていた子どももいたので、「ミイラは生きた人間だ」といった誤解もありました。

マカーシー先生は、社会科の一環として、歴史について学んでいることを教科横断の形にして、ほかのブッククラブと同じく、情報を説明するノンフィクションの読み方と分析を子どもに学んでもらうためにこのブッククラブを設定しました。このブッククラブは、目的を達成しただけではなく、グループから多くのスピンオフ（派生）プロジェクトが発生しました。メンバーは、ミイラについて自主的に調べたり、本づくりをするようになり、この分野だけでなく関連する分野の本を熱心に読むようになったのです。

たとえば、ある少年はエジプトの古代文字である「ヒエログリフィク（象形文字）」の研究をはじめ、本を買ってほしいと親にねだりました。彼は、さらに二人のクラスメイトを「研究者」として引き入れ、象形文字に関する本を一緒につくっています。また、一人の少女は「ミイラの呪い」の真偽を研究し、証拠を検証するための表を作成しました。その結果、多くの子どもがミイラに興味をもつようになり、本づくりのパートナーたちがたくさん生まれました。

ミイラ熱がはじまったばかりの二月頃、子どもたちのミイラへの興味は「怖いけど面白い」という感情に包まれていましたが、三月には「すごい！　興味深い！」といった知的な関心に変化していました。変化の過程において、子どもたちは徐々に難しい本を読むようになりました。

マカーシー先生も適宜サポートを行いましたが、グループの子どもたちは協力しあいながら大

（20）翻訳協力者から、「教師が実際に子どもたちの様子を見ているなかで、○○ができていないと診断をしたうえで初めて適切な本や文章を指定することができるのだと思います。日本の学習指導案は、最初に児童観の欄に○○ができて●●ができていない、ということを書きますが、結局そこで扱う教材はあらかじめ決まっているので、本当に子どもたちがそこに書いてある力を必要としている状態なのかどうかと、よく疑問に思います（しかも、全体的なクラスの傾向でしか書かないので、ますますそうです）」というコメントがありました。

量の情報を収集し、難しい単語を理解するだけの能力を自分で身につけていきました。このブッククラブのメンバーたちは、誰も知らないような情報が満載されており、とても博学な本であるということで意見が一致しました。余談ですが、ほかの子どももミイラの本に興味をもつようになったので、最初からミイラに取り組んだメンバーはとても得意げでした。(21)

ミイラのブッククラブでの話し合い

ブッククラブの目的は文の理解における自立した問題解決の力をつけることであって、本を正確に読解することではありません。(22) 自立して本を正確に読むという力は、ブッククラブで培った力を応用すれば少しずつついていきます。ミイラのブッククラブでは、どのような話し合いが行われたのでしょうか。とても参考になる代表的な事例ですので、ここで詳しく見ていくことにします。

初日（金曜日）、メンバーは本を受け取り、表紙を読み、知っていることを共有し、著者、出版情報、誰に捧げられた本なのかなどについて確認しました。そのあと、本の特徴を確認しました。いうまでもなく、興味をそそるミイラの絵がたくさん入っています。主要部分の見出しについて話し合ってから最初の数ページを一緒に読んで、分からないところの謎解きをはじめました。

新しい情報がたくさんあったので、マカーシー先生はその背景に潜む知識を少し提供することにしました。

話し合いが終わるとマカーシー先生は、「読んだ部分をもう一度読んで、思考ノートに重要だと思う点を記録するように」とメンバーに指示しました。読むのは、一人でも、パートナーと一緒でもいいです。それが終われば、自由に読みたい本を読んでよい、という流れです。

二回目のブッククラブのとき、マカーシー先生はまずメンバーに対して、「思考ノートを開かずに前回習ったことを思い出すように」と指示しました。すでに読んだページをさっとめくりながら思い出し、復習することの大切さを気づかせるためです。子どもたちは、各自が学んだことや要点、その要点を裏づける根拠、誰が理解を手伝ってくれたのかなどについて共有しました。

トラビスという名前の男の子が、「すごい」と思った箇所を読みました。マカーシー先生は彼の朗読があまりにも上手だったので、どの部分が模範となるのかについて次のように子どもたちに伝えました。

「トラビスは、句読点を使って、スムーズに朗読する方法を気づかせてくれました」

(21) 翻訳協力者からのコメントです。「こういった経験は、子どもたちにとって大きな自信になりますね！　クラスにミイラ博士たちが誕生しました」

(22) 日本の読解教育の目的は、「正しさ」や「正確さ」に焦点が当てられていませんか？

また、難しい単語や難解な部分の攻略法、母音を慎重に読む大切さ、単語の最後のスペルまでていねいに読みあげることの重要性などを気づかせてくれたと強調しました。その結果、ほかの子どもも同じように朗読をしはじめました。

次のステップとしてマカーシー先生は、ペアで続きの部分を読み、要点をつかむように指示しました。必要ならば再読し、要点を示す大切な情報を把握しなければなりません。そして、「ミイラも髪にジェルを入れていた！」など雑学的な面白い情報を共有しましたが、「たしかにそれは面白い話ですが、それを知っても本文の要点は理解できませんね」と言って、情報の確認を促しました。

子どもたちは、ほかの「面白い情報」を共有して、なぜ作家がそれを挿入しているのかについて話し合いました。子どもたちは、挿入されている目的を理解するとともに、それに気をとられてしまって本文の内容が理解できないのは問題である、ということを認識しました。

さらにマカーシー先生は、ある段落と次の段落で扱っている内容が完全に変わっている箇所を紹介して、そういう箇所に遭遇した経験のある子どもの例を説明しました。その子どもは、一時的には混乱しましたが、落ち着いてしっかりと分析したら要点が理解でき、読書を続けられたようです。

話し合いは、単語の難しさと読む流暢さ、要点の意味と根拠などにまで及びました。その後、子どもたちは次の箇所を一人かパートナーとともに読み、それが終わったら、自分の好きなものを読むという流れとなっていました。このブッククラブの長さは約二〇分でした。

三回目の会合は七分間でした。難しい箇所における混乱について話し合い、句読点を注意深く見れば解決できることを発見しました。また、ある難しい単語が混乱を招いていましたが、マカーシー先生のサポートのもと、みんなで考えて解決しました。そして子どもたちは、思考ノートに重要だと思うことを書き込んでから自由に読みはじめました。

以上が、ミイラのブッククラブでの内容と成果です。

私たちの教え方は何が特別なのか？

本書をここまで読まれて、私たちの教え方には独特な面があると理解していただけましたでしょうか？　このような教え方について、さらに詳しく説明していきます。

新しい教え方とは？

一般的な教育のモデルは、子どもの責任を徐々に増していくモデルです[23]。最初は、教師が活動をコントロールして必要なスキルを教え、そのスキルの目的や使い方を説明し、事前の知識と結びつけながら子どもが回避すべきミスについて注意します。そして、「先生がやるので見てください」と言って実演してから、教師が子どもを指導しながら「一緒にやってみましょう」と促し、次にクラスメイトが協力しながら「みんなでやってみて」となり、最後に「一人でやってみて」という自立した練習段階（多くの場合は宿題）に至ります。

責任を徐々に移行していく教え方の一番よい例は、自動車の運転教習です。決まったやり方があり、絶対に間違えてはいけない一定のスキルを教える場合には効率のよい教え方です。しかし、以下のような欠点があります。

❶子どもに学びの主導権を与えておらず、学ぶ内容に子どもの意思が反映されていないので、子どもから見れば、その学習に興味をもつ理由があまりありません。

❷そのため、子どもが自発的に動いたり、自分が達成したい目的のために問題の解決方法を自分で考えるという動機が生まれません。

❸責任の移行モデルは、教師が決めたスキルを子どもが効率よくマスターすることを目的としていますので、子どもが間違えたり、困ったりして、解決方法を試行錯誤する場面をなるべく減らそうとします。しかし、そのような場面こそ学びに必要なのです。

そのため、私たちはこの責任の移行モデルは採用していません。私たちは、子どもたちに、主体的に学んで問題解決をしてほしいのです。そのような子どもを育てたい場合には、別の教育モデルが必要となります。

子どもにとって試行錯誤[24]は重要です。第一に、子どもの「ミス」は何かを達成しようと努力している状態を示します。ミスをするということは、主体的な学習者として課題に挑戦している証（あかし）なのです。第二に、試行錯誤している様子を教師が観察すると、何ができて、何ができないのかがはっきりします。

子どもは、読み書きを習得していくうえにおいて多くの情報を整理しなければなりませんが、作品のなかで子どもが使おうとしている言葉は、彼らがどのように知を構成しているのかを示しますし、評価とサポートのための大切な情報となります。

「夢中で意欲的な学び」を大切にするなら、教師は子どもに主導権をすぐに与えるべきですし、

---

(23)　これは「責任の移行モデル（gradual release of responsibility）」と言われ、『「学びの責任」は誰にあるのか』で詳しく紹介されています。

(24)　原書では「approximations」となっています。アプロキシメーションとは、「（文字、単語のスペル、文法などにおいて）正しいものを目指しているが、完全にはできない状態」を示します。これを含めて、子どもが母語をマスターするプロセスになぞらえた自然学習モデルについては、『「読む力」はこうしてつける』の八一～八二ページを参照してください。

子ども自身が主体的に読む本や書く作品を決めるべきです。主導権が自分にあると分かっているとき、子どもたちは「本物」の読書家、作家、イラストレーターを真似して、試行錯誤しながら読み書きを学びます。そのような子どもは自らの能力を実感しますし、必要に応じて自分のために足場を築いていきます。

私たちは、子どもの意欲的な学びを何よりも優先していますし、最初から子どもに主導権をもたせています。教師の役割は、子どもが主体的に動ける環境を整備すること、そして主体的に読み書きをするための手本を見せ、子どもが最初から主体性をもって、そのままもち続けられるようにすることです。

「すぐに主導権を与える」モデルと「徐々に責任を移行する」モデルでは、主導権の所在がまったく違います。すぐに主導権を与える主体性重視のモデルにおいては、子どもの努力を語るときにプロセスを重視する言葉を使っています。(25) たとえば、「あなたがその詳細な描写を追加したから、私は一人の読者として、あなたがどのような感情を伝えたかったのかがよく理解できました」という言葉です。

一人の作家であり、読み手・書き手として活動することは子ども自身にとっても意義がある、と強調することも主体性を確保するために大切です。教師の役割は、知識を伝えるだけではありません。私たちの仕事は、子どもが新しい知識を得つつ、夢中になって学びの主導権をもち続け

る様子を支えることです。そして、その主体性と夢中になって行われる学びが、持続的な教室文化を形成するのです。(26)

試行錯誤とミスを歓迎することは、主体性を重んじるモデルにとって非常に重要です。子どもがあるページに線を引いて、「これが自分の名前だよ」と教えてくれたり、「自分のペットだよ」と表現しているとき、私たち教師は、作家やイラストレーターの真似をして試行錯誤している状態であると思って歓迎すべきです。

その表現のよいところを具体的に示して褒め、作家が行う活動として認識して言語化し、伝えようとする努力と主体性を認めるべきです。そして、その試行錯誤のなかから、その子どもにど

---

(25) すぐに主導権を与えることについてですが、原書の注釈には「Immediate Release of Responsibility」という概念を、Katie Wood Ray (2015) が「The Journey of a Single Hour」という題のエッセイで説明していると書かれています。細かい出典情報はありませんでしたが、おそらくGrover and Keene Eds (2015) The Teacher You Want to Be のなかのチャプターです。

(26) 「ここはとくに強調したいです！　前に立って教えたい教師は、今も山ほどいるように感じます。伴走者でありたいですね」というコメントを翻訳協力者からいただきました。このあたりの教師の言葉遣いや教室文化の形成の仕方、そして子どもたちとの関係のあり方については、本書の主要著者であるジョンソン氏が最初に著した『言葉を選ぶ、授業が変わる！』が参考になります。その本の最後の章の見出しは、「あなたは誰と話していると思っていますか？」です！

のような成長が必要かを見いだしていきます。このようなアプローチによって子どもは、コミュニティーのなかにおいて、有能な作家として意義のある読み書き活動に参加していると認識するようになります。

システマチックな指導とは？

システマチック（計画性のある、体系的）な指導は誤解されています。すべての子どもに対して同じことを同じ順序で教えるというのが理想なのでしょうか？

この誤解により、多くの学校では、「今週の文字」という教え方や「Bob can box the cat」（ボブくんはネコをボックスに入れられます）など、子どもがすでに習っている簡単な単語を含む本しか読ませないという教え方になっています。また、全員が同じジャンルやテーマの文を書くように強制されたり、その日に習った「今日の新しい技能」を作文のときに使うようにと強制されています。

さらに、教師が既存の指導書を筋書きどおりに教えるという悪い慣習にもつながっています。そのような教え方では、子どものニーズにあった、夢中になる内容を提供できませんし、その結果として、子どもの十分な成長を保証することも不可能である、と私たちは主張します。重要なのは、教師が「システマチック」に子ども一人ひとりの知識、興味、努力に対して的確に反応す

ることです。(27)

教育は「子どもの実際の発達状況に対する反応」という状況がシステマチックであるべきで、「理論的に、子どもはこのように発達するべき」という思い込みを信じてはいけません。このような教育を行うためには、第5章と第6章で説明するように、一人ひとりの子どものデータをていねいに、計画的に集める必要があります。また、単語知識を含めたさまざまなリテラシーの発達に力を注ぐコミュニティーを育てることもシステマチックに行います。

集中したり、夢中になるといった状態に、子ども一人ではならない場合があります。集団で集中することによって個人の集中力が高まり、その結果として個人が発達し、さらに集団が発達します。私たちの教室におけるコミュニティーのメンバーは、自分にとって有意義で、挑戦的な読み書きのプロジェクトに取り組んでおり、常に新しい発見や問題に遭遇し、それをほかのメンバーと共有しています。この「集団の集中」という事象を私たちはシステマチックに運用し、活用しています。［参考文献76］

(27)　翻訳協力者からのコメントです。「この部分、日本の国語教育は耳が痛くてクラクラするかもしれませんね。そして、その状態からここの最後の一文が目に入ったとき、パッと目の前が明るくなる感覚をもちました」

教室の中の音量について

ここで、教室における音量についてひと言述べておきます。

子どもが活発に助けあって学んでいると、教室の音量はやはり上がります。もちろん、適切な音量について子どもと話し合う必要がありますが、静かすぎる教室は決してよい状況とはいえません。いうまでもなく、お互いの話を注意深く「聞く」という習慣をつけることも重要です。とくに、大きなグループで集まったり、小さな声の子どもが発表や発言をしていて聞こえにくいといったときには静かに聞く必要があります。

私たちは子どもたちと音量について話し合っていますが、子どもによって音量の好みは違います。ある程度賑やかな環境が好きな子ども、どちらかというと静かな状態が好きな子ども、そして取り組んでいる活動次第という子どもに分かれます。ちなみに、「常に大きな音量でもよい」と言う子どもはいません。

クラスのミーティングにおいて、子どもがルールと問題解決のプロセスを話し合って決定し、コミュニティーにおける音量の制限については相互に尊重しあいます。ワイワイと盛りあがっている教室の中で、音量をコントロールすることが苦手な子どもがいつも何人かいるものです。とくに学年の最初、まだ読み書きに夢中になる経験をしていないころに多いです。

対策として、教室の中に比較的静かなエリアを設定します。また、敏感な子どものために、音を遮断するヘッドフォンの使用を認めます。学校によっては、複数の教室がつながっているため、集中してクラスの話し合いをしたいときでも静かな環境がつくれない場合があります。静かな環境がつくれないと対話的な教室はつくれませんので、必要に応じて集中できる環境がつくれるように配慮しなければなりません。

私たちがやめたこと

ここまで読まれてきて、「すでに同じようなことをしている」と感じている教師も多いことでしょう。では、もう一歩踏み込んで、「私たちが以前はしていたけど、今はしていないこと」、およびその理由をいくつか書いていきます。

私たちは、補助するための書きだし表現（センテンス・スターター）を子どもに与えていません。それをすると、書きだしについて学ばなくなります。また、自発的に書きだそうとする意欲がなくなり、書きだしを考えることの大切さを理解しなくなります。

本物の作家は自らの意図をもって作品を書くため、ほかの人の書きだしをまねることはありません。また、全員が同じ書きだしをすると、創造力を大切にするコミュニティーの文化を破壊しますし、子どもを比較するといった非生産的な行為をしてしまう可能性が高くなります。

キンダーでは、アルファベットを学ぶために「今週の文字」という手法[28]は使っていません。まず、多くの子どもはすでにその文字を知っています。それに、子どもにとって次に学びやすい文字とは、自分の名前や知人の名前にある文字などのように、自分にとって意味のある文字なのです。共通の文字を設定して学ばない代わりに、文字や文体のさまざまな特徴に子どもが気づけるように教師が促しています。

同じように、すべての子どもに対して、同じ学習方法や情報整理術を強制するといったこともしていません。すべての子どもの異なる学習目標に対して、そのような手法は意義のある可能性が低いからです。

唯一の例外は、多様な用途がある思考ノートです。思考ノートは振り返りと変化の記録道具であり、子どもは使いたいように使うことができます。

もちろん、本、本のシリーズ、何かの課題について話し合いをする前後に考える「答えのない大きな問い」に全員が答えることはあります。ノートに書かれる内容を通して、クラス全体の話し合いでは出てこない個人の考えが見れるので価値があります。しかし、思考ノートを評価には使いませんし、理解力を測定するための質問も行っていません（詳細は二二二ページ参照）。

また、「継続的黙読（sustained silent reading）[29]」の「黙って読む」という部分を、私たちは子どもに要求していません。その理由は、次のような出来事から説明できます。

あるとき、非常勤の教師が代理としてマカーシー先生の教室に来て、「黙って」読むことを子どもに要求しました。ある子どもが「分からないところがあるときはどうすればいいですか？」と尋ねたところ、彼女は「スキップしてください」と答えました。

その子どもは、通常、ブライアンの隣に座り、分からないときには手伝ってもらっていました。難しい箇所を飛ばすことは、マカーシー先生が行っている通常の学び方に反します。難しい箇所に直面したときこそ学びの機会となるからです。

別の子どもは、クラスメイトの考えを聞いて反応しようとしていたら、「黙るように」と言われたと訴えていました。もちろん、助けあったり、話し合ったりという対話は一人読みのとき以外の読み書きの時間にも行われますが、一人読みの時間とそのほかの活動に明確な線引きをして「黙読」を強制するという理由は、私たちにも子どもたちにも見つけられませんでした。

---

(28)　たとえば、「今週の文字はA」と設定し、その週は「A」や「a」の書き方、フォニックスの音、それを使う単語の読み書きに焦点をあてるという手法です。

(29)　アメリカの一部の学校で行われてきた、静かに読みたい本を自由に読む活動のことです。日本における「朝の読書」は、これをヒントにしてはじまりました。

子どもにとって「当たり前」のこと

私たちの教室には決まった流れがあり、子どもたちはその流れに沿って毎日安心して活動しています。しかし、安心して学ぶために重要なことは、教室の中で「当たり前」とされている学びの概念的な枠組みです。私たちの教室における「当たり前」とは、以下のようなものです。

・教室はともに学ぶコミュニティーであり、子どもはコミュニティーの一員として貢献する。
・子どもの作業は個人的に意義があり、自発的なものであり、その作業を子どもはなるべく自立して取り組む。
・子どもは助けあい、建設的な会話のなかで問題を解決し、気づきを共有し、答えのない、不確定な問いから探究する。そして、その過程において他者の考えや気持ちを大切にする。
・間違いや問題との遭遇は、能力がないことを意味するのではなく、興味あることに果敢に挑んで、学ぼうとする努力を示している。
・毎日、ともに学び、お互いに教えあう。

このような教室の人間関係と学びが、子どもにとって理想となる学習環境を提供します。

第５章

評価——学びを理解し記録する

子どもの学びを評価する際、すべての判断において教師は、「子どもの利益が最優先」という原則を守らなければならない。［参考文献62］　メアリー・ジェーン・ドロモンド（Mary Jane Drummond）イギリスの教育者。ケンブリッジ大学の教員研修センターの指導員として活躍しています。

教師が子どもの学びに気づくことは、子どもの学力の向上につながる。それが話し合いの観察であっても、子どもの反応の分析であっても。［参考文献90］　ジョーン・ヘルマン（Joan Herman・ＵＣＬＡ所属のCRESST［教育評価、基準、学力調査研究所］の名誉会長です。）

評価（アセスメント）(1)には四つの重要な機能があります。

まず、もっとも重要な機能は、子どものニーズに応じた教育を提供するために必要な情報を入手することです。子どもの実情にあわせた教え方ができるよう、すぐに使える、価値のある情報を集める必要があります。

二つ目の機能は、子どもの自己評価をサポートすることです。子どもは自分の作品や能力をある程度は的確に評価しますが、彼らの自己評価がさらなる学習意欲と自立心に結びつくように教師は補助をしなければなりません。

そのために大切なのは、子どもの「できること」を重視し、学びの進歩と可能性に目を向けることです。また、結果ではなく、プロセスを見る必要もあります。子どもたちの「できること」に目を向け、学びのプロセスを重視するという姿勢を見せれば子ども同士の評価にも影響を与えられますし、よい学びの環境がつくりだせます。〔参考文献103〕

三つ目の機能は、子どもの学びが順調でないときにその困難に早く気づき、解決するために必要とされる情報を得ることです。

評価をシステム的に行い、変化（または変化の不足）が時系列で見えるように記録をとります。また、教師が子どもの困難に気づいたとき、教師同士でその問題について率直に話し合い、解決に向けて助けあえるという環境を大切にします。

四つ目の機能は、必要に応じて教師が自分たちの教え方を改善できるよう、評価から得た情報を通して教え方の問題とその原因が分かるようにすることです。つまり評価は、子どもを見るためだけではなく、学習環境の分析と改善にも使うべきだということです。

評価から学習環境を変える

四つ目の機能がとくに軽視されています。教師の気づきが学習環境の変化につながった一つのケースを見てみましょう。(2)

著者の一人であるコマール先生のクラスに、特別支援を受けている二年生のスパイクという子どもがいました。彼は、自分にとっては少し難しい本について話し合うためにつくられたグルー

---

(1) 本書に出てくる「評価」は「assessment（アセスメント）」の訳です。本書には直接「アセスメント」を定義している箇所はありませんが、この章と次章の内容から訳者が要約すると、「学習者の学びを最適化するために必要な情報を学習者と教師が協力して集め、分析し、その学習者の次なる発達目標とその達成方法を設定するプロセス」と定義できます。この章と次章では、読み書きの評価に関する極めて具体的な説明がありますが、作品にどのように点数をつけ、学期末のＡＢＣＤなどの評定をどのように決めるのかという、多くの学校における一般的な「評価」の方法については言及されていません。是非、先入観なく著者たちが行っている読み書きの評価（アセスメント）について読み、考えてみてください。

(2) 邦訳書には掲載していない原書の第12章のなかで、スパイクという二年生のケースが詳細に説明されています。第12章のテーマは、「困難をかかえる子どもがつまずかずに学べるようにするにはどうしたらよいか?」というものです。以下は、第12章にある情報の概要を組み込みながら訳しました。

プに参加していましたが、グループの話し合いに付いていくのが困難な様子でした。彼は上の空になってしまうことが多く、同じグループにいるほかの五人は、どうすれば彼を助けられるのかと悩んでいました。

コマール先生がこの問題に気づき、スパイクとほかのメンバーだけでは解決できないと感じ、シャンポー先生に相談しました。シャンポー先生は状況を把握して、そのグループが話し合いを「一度巻き戻して」、コマール先生とシャンポー先生の前でもう一度やり直すといった方法を提案しました。

六人の子どもたちはその提案に賛成し、同じ話し合いを再び行いました。その結果、判明したのは、グループのメンバーがスパイクの分からないところを「一緒に」考えて彼の思考を助けようとしていたわけではなく、スパイク「に代って」彼が何を考え、何を言うべきかを決めてしまっていたということでした。

グループの子どもは、シャンポー先生の助言を受けて、この二つの助け方の違いを理解し、スパイクに対する助け方を変えました。話し合いのときにはスパイクの目を見て、「分からないところはある？　今どんなことを考えているの？」と尋ねて話し合いに引き込み、彼に、必要なだけ考えて発言する時間を意識的に与えるようにしました。(3) 教師の気づきと問題の分析が、スパイクの学習環境の改善につながったといえます。

スパイクのケースは、ほかの教師の視点を取り入れる重要性も示しています。評価に関して、同僚と意見交換をすることはとても重要です。テストも含めて、いかなる評価にも、評価者の偏見が作成の過程や結果の解釈に入ります。そのため、ほかの教師と協力して、バランスのとれた評価を行う必要があります。

また、子どもの作品や授業の動画・録音をほかの教師と共有し、違った視点を自分の視点と比べることも重要です。このような意見交換は、評価の向上だけでなく、教師としての成長にもつながります。

評価のプロセス

私たちの評価は普段から行っている日常的なプロセスであり、単発のイベントではありません。評価に参加している当事者全員が、オープンに、プロセス重視の構えで対話を続ける必要があり

（3）　翻訳協力者からのコメントです。「こうしたサポートの仕方が子どもたちに伝わっていくのは非常に大切ですね。ＳＯＳの出し方を知ると同時に、助ける方法を知る。そうすることで、子どもたちはお互いに助けあえる存在になると思います。そして、助けあえることは、これからの子どもたちにとって極めて重要な力になっていくと思います」

ます。そうすれば、子どもたちは評価を通してよい成長が遂げられます。私たち教師は、そのような環境を整備し、子どもたちが自分で問題を解決するプロセスを補助します。

どのような評価方法を使っても、子どもについて断片的な情報しか得られません。どのような評価においても、ある部分を過度に強調してしまうという風刺画的な要素があります。子ども一人ひとりについて多様な評価情報を集めたとしても、学びの内容が評価によって歪まないようにしなければなりません。

教師が効果的な評価をするためには、子ども自身が「自分は困難に直面している!」と認識できるだけの自己評価力をつけることがとても大切となります。また、子ども自身が「何かを学んだ!　できるようになった!」と認識できる自己評価力も大切です。この二つの力を子どもが習得すると、教師が的確な評価をしていく際において大きな助けとなります。(4)

この章と次章において、私たちが使っているさまざまな評価ツールについて説明をしていきますが、どのツールを使うにしても、一番大切な評価方法は以下のものとなります。

- 観察すること
- 子どもの話をよく聞くこと
- 記録を作成すること
- そして、上記の三つの分析をすること(5)

第2章と第3章で私たちは、子どもがつくった本の例を見ながら、作家である子どもがどのような知識や能力をもっていて、どのように彼らの力が発達していったのかについて紹介しました。子どもたちが本について語りあう様子を教師が聞いていると、さまざまな情報が得られます。子どもが本の内容をどのように理解しているのかも分かりますし、どのように助けあっているのか

（4）「自己認識、とても大切だと思います。自分を知らないのに、評価されてもふーんとしか思えないんですね。ＩＢ教育のＰＹＰにおける二年生の例ですが、『Who am I（私はだれ？）』という大テーマで、人は身近な環境のなかで成長していくということを探究しました。自分の置かれている環境は、場所や人や物が関係していて、それによって変わってきていることを考えました。ここを読んで、学んだことの言語化はできましたが、困難に直面していることを生徒から引き出せていなかった、と振り返ることもできました」というコメントが翻訳協力者からありました。まさに、それこそが自己評価の核といえるでしょう。それに加えて、自分の学びを改善・修正したりする方法まで考えられれば、「自立した学び手」の誕生です！　なお、ＩＢ（International Baccalaureate）のＰＹＰ（Primary Years Programme）とは、国際バカロレアが一九九七年に設置した「初等教育プログラム」を指します。ＰＹＰを提供している学校は、二〇一五年末時点で世界に一三二七校、日本に一九校あります。

（5）「ついつい評価ツールに目がいってしまう読者が多いと思いますが、この三つの基本、そして三つを分析することが常に大事であるということは強調されるべきだと感じます。それができていなければ、どんな便利なツールを使ったとしても意味をなしませんね」というコメントを翻訳協力者からいただきました。その意味では、「作家の時間」と「読書家の時間」のカンファランスは、三つを押さえた理想的な方法だといえます。と同時に、「指導と評価の一体化」を実現した方法でもあります！　おすすめの参考図書は下のＱＲコードを参照してください。

も分かります。また、子どもが本づくりを行うプロセスを観察していると、ほかの作家からどのような「技」を学んで応用しているのかが分かりますし、子どもが「どのように知を構成[6]しているのか」についても分かります。

私たちは、子どもの読み書きの発達にとって意味のある評価を目指しており、子どもの自立と自信を育てる評価を心がけています。そのため、単発的なテスト結果よりも、子どもの本づくりや本読み、そして話し合いにおける継続的なパフォーマンス（実技）のデータを大切にしています。継続的なパフォーマンスを見れば、子どもたちの「できること、できないこと」を把握するための、有効で意義のある情報が得られるからです[7]。

子どもとルーブリックづくり

私たちは、子どもとともに評価のルーブリックを作成しています。ルーブリックをつくるプロセスは、実際にルーブリックを使って作品を評価するプロセスよりも重要といえるかもしれません。このプロセスを通して子どもは、評価項目の意味と理論を理解していきます。また、子どもは、ルーブリックの評価基準を見て、自分の能力や作品の質を向上させられると意識するようになり、さらに「向上すべきだ」と認識するようになります。

（6）知の構成については一三ページの**訳者コラム**を参照してください。

（7）「先日、中学校教員の友人と話したとき、『結局はテストの結果がすべてだから、テストの点が上がらなければどんなによい実践をしても意味がないと見なされる』と言っていたことが衝撃でした。そもそも、そのテストに意味があるのか……というところから問い直していかなければならないと感じました」というコメントを翻訳協力者からいただきました。訳者の一人は一五年前に『テストだけでは測れない！』を書きましたが、日本の評価および教え方は一向に変わる兆しがありません。次に示されるルーブリック（rubric・複数の評価項目と評価段階を明示した評価表）づくりの重要性も、変化をもたらす鍵として紹介されています。

図５－１　著者が子どもとつくったルーブリック

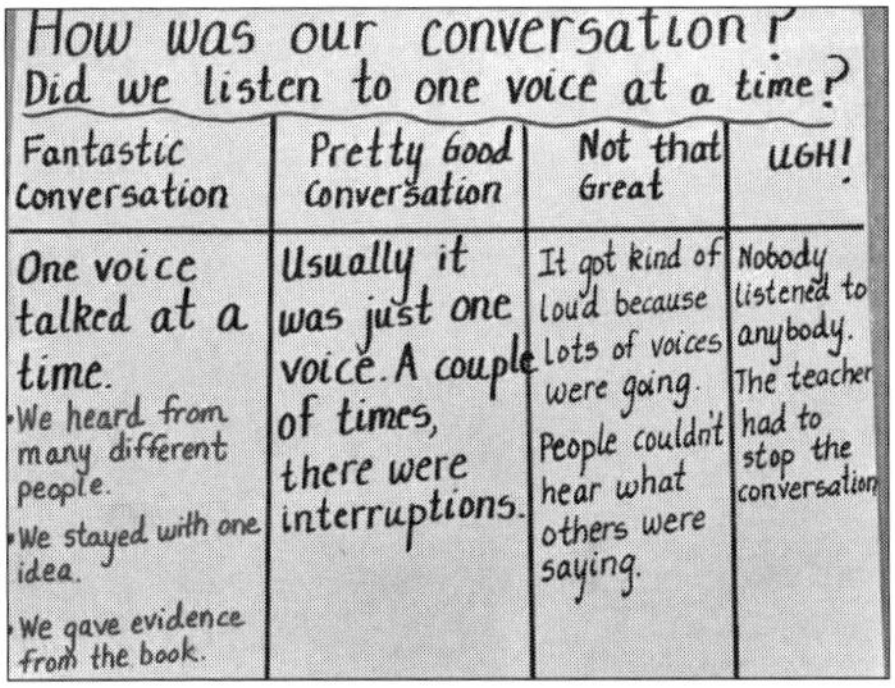

上段
- 話し合いはどうでしたか？　静かにほかの人の発言を聞きましたか？

中段左から
- すごくよい話し合い
- まあまあよい
- あまりよくない
- 最低な

下段左から
- 一人ずつ発言した。多くの人の意見が聞けた。一つの話題に集中できた。本のなかから意見の根拠を引用した。
- 基本的に、一人ずつ順番に発言したが、時々割り込む人がいた。
- 一度に何人も話すことがあり、何を言っているのか聞こえなかった。
- 誰も話を聞いていなくて、先生にストップをかけられた。

ルーブリックづくりは、子どもの自己評価における主体性も強めます。自分たちでつくったルーブリックを使うことは、一人ひとりの学習者の「成長」こそがもっとも大切であるという価値観を強調します。そうすることがさらなる向上心と目標の設定につながり、目標に向けて子どもが継続的に努力し、お互いに助けあって成長していく確率が高くなります。かぎられた評価項目で子どもたちを見て、教師が子ども同士を比較するといった評価は絶対に避けなければなりません。［参考文献40、47、165］

評価と指導は同時にできる

評価と指導は別のものだ、と考えている教師もいるでしょうが、私たち著者は、指導と同時に評価は行えると考えています。

ワークショップで教えている教室において子どもたちは、自立して夢中で読み書きに取り組みます。そして、子どもが自立して活動していると、教師は一歩下がって子どもの行動を観察し、子どもの話に耳を傾け、記録ができるようになります。つまり、子どもの主体性を大切にするワークショップだからこそ、指導と評価が同時に行えるのです。

子どもが自立して夢中で読み書きに取り組んでいなければ、教師が観察するに値する、意義のある子どもの作業は生まれません。また、教師が前に立って指導をしていると、教えることばかりに時間をとられてしまい、子どもを観察したり、個別に話したりする時間ももてません。教師の大きな役割の一つは、子ども同士で協力し、作品について積極的に話し合う環境をつくることです。このような環境で行われる子どもたち同士の助けあいの会話は、評価においてとても貴重な情報源となります。

評価に関する記録の重要性

子どもの順調な学びを保証するためには観察の記録が非常に大切となります。その理由は、責任をもって「一人ひとりの子どもに応じた教え方[8]」を実現するためです。

子どもの学びや直面している困難について分からなければ、それに応じた教え方はできません。記録は、教師として何ができているか、そして次に何を指導したり、改善したりすべきかの情報源になります。もちろん、保護者や校外の関係者とのコミュニケーションにおいても記録は欠か

（8）この教え方を実現したい方は、『ようこそ、一人ひとりをいかす教室へ』を参照してください。そして、その前段として『教育のプロがすすめる選択する学び』もおすすめです。

せません。教師が観察と記録をするのは、子どもに「成長に気づくことの大切さ」を教えるという意味があるからです。その結果、子どもは学びの主導権をより強くもつようになります。

キンダーと一年生の評価

発達段階が違うため学年によって評価方法は変わりますし、教師、クラス、学校によって評価方法は違ってきます。この章では、キンダーと小学校一年生の評価を考えます（小学二年と三年については次章をご覧ください）。

キンダーと一年生のクラスにおいて、ヘルマー先生とマカーシー先生がどのようにデータを収集し、分析し、運用していくのかを見ていきます。彼女たちは何に気づき、データをどのように分類し、意味を見いだすのでしょうか？

表5-1（一六九〜一七一ページ）は、キンダーと一年生の学年において子どもが得るべき理解、スキル、興味関心の項目を示しています。これらすべてを測定する必要はありませんが、これらの発達を観察し、習得や発達の困難に気づく必要はあります。また、**表5-1**などを使って子どもの読み書きに必要な概念や能力をリスト化すれば、教師が目指す子どもの成長目標を定義し、州の教育委員会が定める到達基準を確認するのに役立ちます。

表５－１　子どもが習得すべき読み書きの概念と力

興味や関心 ①自発的に本づくりと本読みに取り組み、作家と読書家のコミュニティーに参加している。 ②本づくりと本読みにおける自分の選択に主体性があり、作家は意図的にさまざまな選択をしながら本づくりをしていることを認識している。 ③本や字の面白い特徴に気づき、自分の作品にその気づきを応用している。 ④読み書きについてほかの作家と意見を交換し、助けあっている。 ⑤長い期間、本づくりや本読みに集中して努力することができる。 ⑥本が目の前にないときでも、自分が読んでいる本や書いている本について考えている。 ⑦自分の作品の読者や、発表を聞いてくれる聴衆の反応に関心がある。 ⑧一人の作家、そして一人の読み手としての前向きなアイデンティティーと主体性をもっている。 ⑨本づくりと本読みにおいて新しいことに挑戦している。
文字と文の基礎概念(＊1) ①ページの左上から書きはじめている。 ②ページは左から右へ進んでいる。 ③文は左から右へ流れ、折り返している。 ④文はページ上で上から下へ進んでいる。 ⑤文字を左から右へ書き、大文字と小文字を区別して使っている。 ⑥単語が文字のグループとなっており、スペースで区切られている。 ⑦句読点―ピリオド、コンマ、疑問符、感嘆符、引用符が正しく使えている。
音読をする力 ①音素意識があり、単語の最初の音、中の音、最後の音などに気づいて発音できている(＊2)。 ②本の言葉が、日常の話し言葉と違うときがあると認識している。

絵・文字・意味の意識 ①描いている絵と書いている単語が関連している。 ②書いている単語と口頭で説明している内容が関連している。 ③アルファベットの原則（字と音の関連）が分かっている。 ④単語をゆっくり、音を確かめながら言うことができる。
文字のパターンの習得(＊3) ①アルファベットの文字の名前が分かる。 ②常用単語を、一文字一文字読まなくても見ただけですぐに分かる。 ③よく使う文字のパターン（ck, ou, ea など、語根、接辞）に気づいていて、使いはじめている(＊4)。 ④単語の類似点に気づき、読み書きするときに類似点を使って単語の読みやスペルを類推している。 ⑤さまざまなジャンルの本の特徴に気づき、本づくりに応用しようとしている。 ⑥さまざまな作者の面白い言葉使いに気づくことができている。
意味をつくりだすための理解の方法(＊5) ①自分にあった本を選んでいる。 ②意味を理解するためにさまざまな方法を使っている。 ③本のなかの文字、絵、文の構造、そして自分の経験を積極的に活用して意味を理解している。 ④自分の理解と実際に書いてある文字が一致しているかどうか意味を検証し、必要に応じて自分の理解を修正している。 ⑤本を書くための題材を自分で考えることができる。 ⑥本の内容を編集・校正するために追加したり、削除したり、変更したり、最初からやり直したりすることができる。 ⑦難しいことに遭遇したとき、諦めずに根気強く解決する努力ができる。 ⑧読み書きを長い時間頑張ることができる。 ⑨本のなかの出来事のつながり、本と本のつながり、本と自分のつながりなどに気づく。 ⑩必要に応じて意味を推測することができる。 ⑪文の分析をし、作者の意図を考えることができる。 ⑫読むときにあらすじをしっかりとつかんでいる。 ⑬さまざまな観点から考えながら読んだり書いたりしている。 ⑭文と絵の両方を使って、本のなかで意味をつくっている。

読む流暢さ

子どもが読みはじめたばかりのころは、文字と音の関連を一つ一つ確認しつつ、指で単語を指しながら読みますので、黙読できるようになるまで、子どもの本読みはあまり流暢ではありません。

本読みの流暢さは、単語の認識が段々と自動的になり、文の意味の理解と音読のイントネーションの向上とともに上達していきます。違う登場人物の声に変えるなど、文を理解する対話的な力もついていきます。[参考文献115]

書く流暢さ

子どもは物語や文を思いつくこと、絵を描くこと、標準のスペル(＊6)で単語を書くことが少しずつ上手になり、流暢になります。また、問題を解決するスピードも上がって、本づくりの作業が効率よくなります。

（＊1）英語の場合です。日本語での応用はご想像ください。

（＊2）たとえば、「cat」（猫）という単語のなかに、c／a／tの 音素が入ることを意識することです。英語のスペルの力を育てるために必要です。

（＊3）これらの項目の日本語への応用もご想像ください。

（＊4）語根は「roots」、接辞は「affixes」と言い、たとえば「export（輸出）」という単語の場合、語根は「port（運ぶ）」で接辞は「ex（出す）」となります。

（＊5）ここで紹介されている「理解のための方法」は、『「読む力」はこうしてつける』、『理解するってどういうこと？』、『イン・ザ・ミドル』および『学習会話を育む』に分かりやすく書かれています。

（＊6）標準のスペルと違い、子ども自身が音にあわせて考えだすスペルを「invented spelling（子ども考案のスペリング）」と呼んでいます。本書で紹介されている子どもの作品には子ども独自のスペルが多く見られますが、ご覧のように修正されずに「出版」されています。後者を間違いと切り捨てるのではなくて、標準のスペルができるようになるまでの価値あるステップである、とワークショップの教師は捉えています。
日本の国語や英語の授業では、間違っているスペルや仮名や漢字を修正せずに出版させてあげることはできそうですか？　この投げかけに対して、翻訳協力者から以下のコメントがありました。
「間違いを修正するかしないかは捉え方によるので、ここで紹介されている教師と同じように漢字の書き間違いも、正しく書けるようになるためのステップとすればOKだと思います。自分が好きな子ども作の本に『田中の家に犬がくる』というものがありますが、この本で紹介されている子どもたちの作文は、普通だと教師が直したくなるような表現がそのまま使われています」

細かい技術的な目標はいろいろありますが、評価の一番大事な目標を見失ってはいけません。私たちにとってもっとも重要な点は、子どもが読み書きに意欲と好奇心をもって取り組み、クラスメイトと協力しながら、必要な知識や能力を自ら獲得していくための力をつけることです。子どもは好きな本を手に取り、一人で、または誰かと一緒に理解しようとします。そして、自分も本をつくり、メンターとなる作家やイラストレーターを見つけ、そこから刺激を受けながら、教室で行われる読み書きの対話に参加していきます。

このようなコミュニティーのなかで子どもは、書くことの決まり事、そして話し言葉との関連を理解していきます。話し言葉を文字に換えることを学び、文字や文の表現やパターンを理解し、柔軟に自分で自分の理解を広げていくようになります。私たちが目指しているのは、子ども自身が「自分を成長させるシステムを自分でつくっていく」ことなのです。[9]［参考文献32、36］

評価の情報源としての本づくり

学年がはじまると、ヘルマー先生が教えるキンダークラスの子どもはすぐに本をつくりはじめます（第2章参照）。簡単な本であれば全員ができますので、本づくりをする前提条件として、教師が子どもの能力について知っておく必要のある情報はとくにありません。

子どもが本をつくりはじめると、それぞれの子どもが何を知っていて、次に何を知る必要があるのかについては、彼らの言動や作品から明確になってきます。子どもの本づくりを観察しながらヘルマー先生は詳しい情報を収集し、それぞれの子どものフォルダーに整理していきます。**表5－2**は、子どもがもっている文字やフォニックス（文字と音のつながり）についての知識を記録するために使っているものです。観察、そして子どもとの定期的な一対一の対話(10)を活用し、子どもが知っている概念や読めている単語を把握して教師が記録します。

評価する際にもっとも大切となる情報は、作品のなかの文字や文から得られます。たとえば、本づくりをしている子どもが、アルファベットの原則である文字と音の関連をまだ理解していないことが分かります。もし、文字を少しでも単語のなかで正しく使っていれば、その子どもがアルファベットの原則に気づいており、その理解を伸ばして、より多くの音と文字を関連させて使うように促すよい時期だといえます。もちろん、音と文字の関連に気づいていても、「単語」という概念を理解していないかもしれないので、スペースのない文字列を書いていたり、ページ上に好きな順番で文字を並べたりするでしょう。［参考文献162］

---

(9)　この視点は日本の教育においては極めて乏しいといわざるを得ません。テスト中心の教育ではそれが実現できませんから。

(10)　カンファランスについては、五一ページの注（17）を参照してください。

表5－2　クラスの子どもの文字知識をまとめた一覧表

Student Names	Letter ID Sept	Letter ID T1	Letter ID T2	Letter ID T3	Sound ID Sept	Sound ID T1	Sound ID T2	Sound ID T3	WTW T1 Sept	WTW T1 Nov	WTW T2 Feb	WTW T3 May
Student A	54	54	54		16	23	26		13	17	21	
Student B	52	54	54		21	25	26		16	37	38	
Student C	54	54	54		26	26	26		68	75	82	
Student D	54	54	54		23	26	26		23	41	43	
Student E	49	54	54		13	24	26		8	27	36	
Student F	46	54	54		9	19	26		4	23	39	
Student G	50	53	54		19	24	26		17	25	35	
Student H	54	54	54		26	26	26		25	40	43	
Student I	34	52	54		7	21	26		7	21	25	
Student J	51	54	54		8	24	26		7	41	39	
Student K	40	54	54		7	17	25		0	21	21	
Student L	19	43	48		9	22	24		4	23	25	
Student M	54	54	54		22	26	26		18	41	43	
Student N	52	54	54		20	24	26		10	32	41	
Student O	48	53	54		6	23	26		12	31	40	
Student P	54	54	54		25	26	26		30	44	48	
Student Q	54	54	54		23	26	26		20	41	42	

Letter ID（letter identification）――文字の名前（Eとeは「イー」）が言える力です。大文字と小文字で52あり、印刷で使われる「a」と「g」を加えると54文字があります。それをシステム的にチェックし、学年最初の９月と各学期末に計４回記録しています［参考文献34］。この表では、「Student L」の１学期の文字認識の成長（19→43）が顕著です。

Sound ID（sound identification）――文字のフォニックス音（Eとeは「エッ」）が言える力です。26文字のアルファベットの音がすべて分かると26が記録されます。入学から半年ほどのT2（２学期、学期末は３月頃）にはほぼ全員が26です。

WTW（Words Their Way test score）――Pearson社が出版している「単語を聞いて書く力」を分析するためのテストです［参考文献11］。小学校入学時など、定期的に実施してスペルの基礎能力を診断して記録するものです。

（＊１）原書の238～239ページには、サイト・ワードを扱った教育委員会の標準テストやPALS、RCLなど、さらに多くのテスト結果が入った評価一覧表がありますが、和訳では割愛しています。

（＊２）日本の読者に理解できるよう、原書にある文に説明を追加しています。日本の多くの小学校において、教師が英語（外国語）の時間にフォニックスなどで英語の文字指導をしているので参考になると思います。

また、子どもが本の中で文字を書かない場合でも、本づくりから分かることがたくさんあります。第2章で紹介されていたベンがつくった本を思い出してください（五三ページ参照）。水族館に行くお話のなかで彼は、単語を一つも書きませんでしたが、場面の設定や登場人物の感情や考え、そしてお話の展開について具体的な情報をたくさん表現していました。

さらに彼は、「本っぽい」言葉でお話を口頭で語り、本とはどういうものなのかを知っている様子を見せてくれました。それと同時にヘルマー先生は、彼が二二の文字の音、そして五二の文字の名前を知っていることを把握していました。この情報に基づいて彼女は、絵にキャプションをつけたり、簡単な文章を入れることがベンにとっては次のステップになると判断しました。

ヘルマー先生は第２章の**図２－６**（五一ページ）にあるような表を使って観察を記録し、必要なクラスの情報が一目で見つけられるようにしています。その記録を参照して、ベンと同じように絵にあったキャプションを書くことが次のステップになる子どもがクラスに多いと気づいたうえで、彼女は授業計画を立てました。

作品の「共有の時間」で彼女は、このステップについて強調するため、すでに絵にあわせて単語を書いている子どもの作品を紹介し、まだ試していない子どもに対しては「試してみるように」と促しました。また、そのような子どもとカンファランスすることでその新しい試みをサポートしました。

子どもが作品のなかに単語を入れはじめると、教師は評価に役立つ多くの情報をさらに入手できます。たとえば、第2章で紹介したアリーの『そと』（五六ページの**図2－8**）という作品は、新学期がはじまってから一か月後に書いた作品です。彼女は二日間で本を完成させ、その経験を通して自分が作家であると自覚しました。

アリーは、同じパターンの文を繰り返し使う技をエリック・カール（Eric Carle, 1929～2021）の『くもさんおへんじどうしたの』［参考文献222］やミア・コールトン（Mia Coulton）の「ダニー」シリーズなどから学んで応用していました。また彼女は、物語にあわせた絵を巧みに描いていました。たとえば、「そとが　すき　なぜなら　あたたかいから」と書いたところで、大きな太陽をページの中心に描いています。この技は、イラストについてのカンファランスやミニ・レッスンから学んだものです。

アリーは、明らかに「単語」という概念をしっかりと把握しています。単語と単語はスペースで区切られ、文字も単語もページ上で左から右へ、上から下へ流れています。アルファベットの字と音の関連における原則もよく理解しています。この本で彼女は、六つの単語（Allie, is, I, it, outside, like）を標準のスペルで書きました。そのうちのいくつかは、教室に貼ってあるポスターなどから写したものかもしれません。ほかの単語は音にあわせたスペルを書いており、それらの単語に含まれる六九個の音素のうち、「haz」の「a」のように、とても短い母音を含む六三の音素を正しい文字で表現しています。[11]

アリーの作品に基づくヘルマー先生の評価は、先生自身が指導のために使える有効な情報です。実際、その情報は、教育委員会が使用を義務づけている「Words Their Way」の標準テスト（一七四ページの**表５－２**の説明参照）から得られるものとほぼ同じです。

そうすると、標準テストはアリーの能力を評価するうえでは「不要」といえます。その標準テストに照らして、アリーの能力レベルが「Late letter name（文字の名前を習得しているステージの後期）」という、全国的に比較できるカテゴリーのレベルであると分かります。とはいえ、彼女の発達段階を示す標準的カテゴリーの名前が判明したところで、それは子どもの文字理解の部分的な評価でしかなく、教育的に有効な新しい情報を提供するものではありません。

もちろん、ほかの教師と子どもの学習状況について話し合うときには、標準的なカテゴリーを使う場合があります。しかし、ヘルマー先生が子どもの発達のニーズを見定め、指導を進めていくうえで活用するのは、標準テストなどから判明した抽象的なカテゴリーではなく、作品などから直接得られるその子どものさまざまな発達領域に関する具体的な情報です。[12]

（11）　日本語の場合は、初歩的な平仮名、カタカナ、漢字の正しい活用となるでしょう。

発達の記録と指導計画づくり

読み書きを学びはじめたばかりのキンダークラスの発達パターンは複雑であり、一人ひとりが違います。そのため、評価を数値だけで記録していると不十分なものとなります。ヘルマー先生は、教室で読み書きに取り組む子どもの観察記録も残しています。その記録があることによって彼女は、子どもがどのようなことに意識を注いでいるのかや、どのような点で混乱しているのかが分かります。

ライターズ・ワークショップ（作家の時間）の最初の一か月において、ヘルマー先生は**表5－3**を使って定期的に観察記録を残しています。そして、その記録を使ってパターンを分析し、日によってさまざまなグループに子どもを分けて、必要な内容について効率的な短い指導を行っています。

たとえば、「どのような本をつくりたいのかを決め、書こうと思っている内容が語れるようになる」という目標のグループは、毎日一回集まって、書こうとしている本の内容を話し合います。ヘルマー先生は、そのグループを「本のビジョンを計画中の子ども」と呼んでいます。グループでは、すでにそれができている子どもとまだできていない子どもが混ざり、できている子どもが

表５－３　書く指導用のグループ・メンバー表　10月

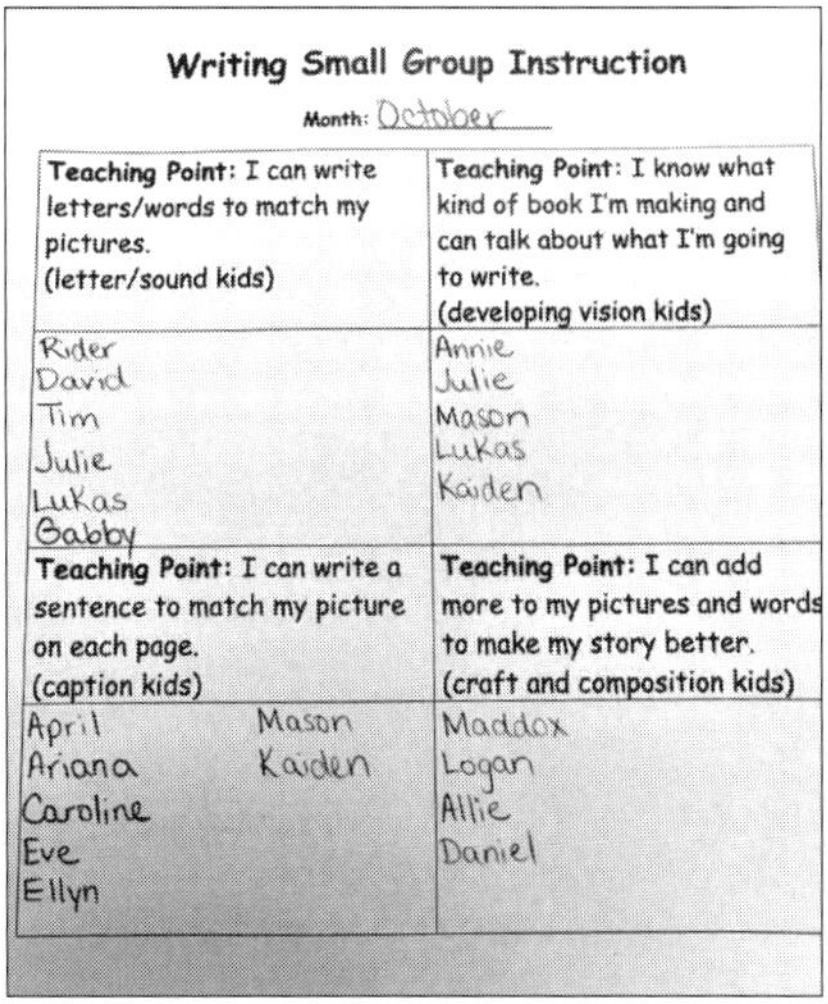

Writing Small Group Instruction

Month: October

Teaching Point: I can write letters/words to match my pictures. (letter/sound kids)	**Teaching Point:** I know what kind of book I'm making and can talk about what I'm going to write. (developing vision kids)
Rider David Tim Julie Lukas Gabby	Annie Julie Mason Lukas Kaiden
Teaching Point: I can write a sentence to match my picture on each page. (caption kids)	**Teaching Point:** I can add more to my pictures and words to make my story better. (craft and composition kids)
April Ariana Caroline Eve Ellyn Mason Kaiden	Maddox Logan Allie Daniel

目標：絵にあった文字や単語を書くことができるようになる。（音にあわせて文字を少し書きはじめている子ども）	**目標**：どのような本をつくりたいのか決め、書こうと思っている内容を語ることができるようになる。（本のビジョンを計画中の子ども）
Rider（ライダー）など６人の名前	Annie（アニー）など５人の名前
目標：各ページの絵に合った単語や文を書くことができるようになる。（キャプション段階の子ども）	**目標**：絵や文をより詳細に書き、具体的な内容をつくることができるようになる。（作家の技磨きの段階の子ども）
April（エイプリル）など７人の名前	Maddox（マダックス）など４人の名前

できていない子どもに手本を見せています。

別のグループには、第2章にある「色」の本を書いたエリザベスのように[13]、一つか二つの単語を書いている子どもが集まります。彼女はこのグループを「キャプション段階の子ども」と呼び、学びの目標を「各ページの絵にあった単語や文が書けるようになる」としています。

このグループも数回集まって、間違いを恐れずに、単語のなかで聞こえる音を文字で表すという、授業で行ったレッスン内容を応用して取り組みました。計画には「一〇月」と表記されていますが、一〇月にそれだけをしているわけではありません。必要に応じて、ほかのテーマを扱う別の小グループも結成されます。

子どもの書く能力は、教師の評価、そして評価に基づく適切な指導にサポートされ、どんどん発達していきます。第2章のエリザベスの作品と発達の記録（三九～四七ページを参照）は、とても参考になる例といえます。

評価の情報源としての本読み

学年がはじまると、ヘルマー先生は子どもに多くの本を紹介し、「読んでみるように」と誘いかけます。このとき、子どもが面白いと思う絵を見たり、ページをめくりながら絵を参考にして物語を口にする「本読みもどき」の活動も読書と見なしています。もちろん、本づくりの手本にしたい本を見ることもそれに含まれています。

すでに簡単な本が読める子どもの場合、ヘルマー先生は「リアルタイム音読記録[14]」を作成し、それを分析して子どものファイルに追加しています。リアルタイム音読記録の最大の利点は、特別な形式のテストを必要としないことです。子どもが何かを読んでいるときにいつでも作成が可能で、自立した読み手になるための能力を子どもがどの程度身につけているのかが分かります。ヘルマー先生はこの評価方法を用いて、個人やグループのニーズを特定しています。

子どもがどのようなことに注意しながら読み、文字についての知識を使いながらいかに文の意味を理解していくのかを見ていきます。そして、知らない単語などの問題に直面したとき、どの

(12)　翻訳協力者からのコメントです。「作家の時間や読書家の時間を実践すると、評価の概念が変わりますね。私たちが子どものころに受けてきた評価は、基本的には数字でした。なので、このようなアセスメントやカンファランスをまずは私たちが受けてみたいです」

(13)　キャプションとは、絵や図の下に書かれる説明文のことです。子どもの本づくりでは、絵の下につける説明的な単語や文のことになります。ちなみに、動画における字幕もキャプションといいます。

(14)　子どもが音読しながら、隣に座った教師がリアルタイムで読む力の評価記録をつけることを英語で「running record（ランニング・レコード）」と呼びますが、以下では「リアルタイム音読記録」と表記します［参考文献33、98、128］。一八四ページ（**図5－2**）にその例があります。

ような方法で問題を解決し、読み進めるのかについて記録していきます。

　子どもが自立した読書家として成長しているのかについても、記録のなかの発達と変化から分かります。教師などに頼らず、本の意味を理解するために問題を解決する力、自分の読み間違いに気づく力、間違えたところを修正するための力の発達などを記録していきます。

　ヘルマー先生は、毎日数人の子どものリアルタイム音読記録を残していますが、そのタイミングはさまざまです。**表5-3**の本読み版となっている**表5-4**を見てください。グループによる読書の時間、個別のカンファランスの時間、全員なるべく静かに一人でひたすら読む時間などを使って、子どもが読むプロセスから直接意味のあるデータを集めています。

　新しい試みにチャレンジする場合は常にそうですが、ヘルマー先生がリアルタイム音読記録をつけはじめたころはなかなかうまくできませんでした。しかし、慣れるにつれて、自然に教室のルーティンとなっていきました。

図5-2は、マイクのリアルタイム音読記録（一二月から四月）の一部です。この記録はすべてマイクが初めて読む本を使っていますが、すでに読んだ本を使って記録することもあります（その旨の注意書きを記録に追加したうえで）。

　マイクがキンダーになったばかりのころ、字の名前や音、そしてサイト・ワード(15)についての知識はとてもかぎられたものでした。彼は初心者用の簡単な本を主に読んでいましたが、読めないところに遭遇したとき、自分で「読み解く」方法をほとんど使えませんでした。

ヘルマー先生は、マイクが単語の最初の文字だけを見ているという状態をまず発見しました。そして、その後の発達で、より多くの文字を見るようになっている様子を観察しました。

また、ヘルマー先生は、マイクが声に出して読んだ内容について彼と話し合い、意味を理解することが彼の本読みの焦点になるようにしました。リアルタイム音読記録は、本の難易度の変更を子どもにすすめようと決定するときや、どのような方法を使って本読みの理解力を上達させるとよい

（15）「a」、「the」、「are」のように、通常のフォニックスの音と違う読み方を覚えなければいけない「規則破り単語」に加えて、頻繁に使われるために「見ただけで瞬時に分かる」必要がある単語が「sight words」です。

表５－４　読む指導用のグループ・メンバー表　10月

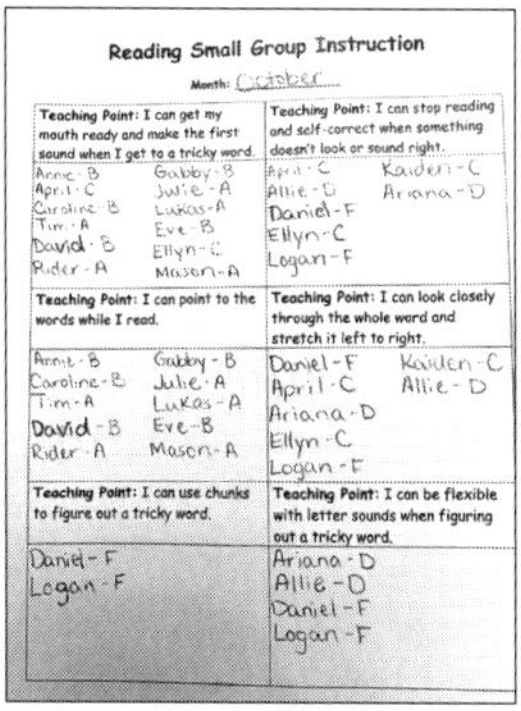

Reading Small Group Instruction

Month: October

Teaching Point: I can get my mouth ready and make the first sound when I get to a tricky word.	Teaching Point: I can stop reading and self-correct when something doesn't look or sound right.
Annie - B, April - C, Caroline - B, Tim - A, David - B, Rider - A, Gabby - B, Julie - A, Lukas - A, Eve - B, Ellyn - C, Mason - A	April - C, Allie - D, Daniel - F, Ellyn - C, Logan - F, Kaiden - C, Ariana - D
Teaching Point: I can point to the words while I read.	Teaching Point: I can look closely through the whole word and stretch it left to right.
Annie - B, Caroline - B, Tim - A, David - B, Rider - A, Gabby - B, Julie - A, Lukas - A, Eve - B, Mason - A	Daniel - F, April - C, Ariana - D, Ellyn - C, Logan - F, Kaiden - C, Allie - D
Teaching Point: I can use chunks to figure out a tricky word.	Teaching Point: I can be flexible with letter sounds when figuring out a tricky word.
Daniel - F, Logan - F	Ariana - D, Allie - D, Daniel - F, Logan - F

左上段：難しい単語があるとき、口の形をつくって最初の音を出すことができる。（12人の子どもの名前）

左中段：読みながら単語を指すことができる。（10人の子どもの名前）

左下段：チャンク（かたまり）を使って難しい単語を推測できる。

右上段：何か違うと気づいたとき、止まって自分で修正することができる。

右中段：単語の文字をていねいに見て、左から右に文字の音をゆっくり出せる。

右下段：難しい単語があるとき、複数の音がある（母音などの）文字の音を柔軟に選ぶことができる。

のかを分析するときにとても役立ちます。

子ども自身が読み間違いを正す瞬間や、難しい箇所に遭遇したときにどういった対応をするのかについて観察すると、子どもが自立の方向に向かっているのか否かがよく分かります。この記録のデータは、**表5－4**のように小グループの学習内容を計画するためにも使われています。

年に四回、ヘルマー先生はすべての子どもが指定された標準の本を読む、正式なリアルタイム音読記録を作成しています。これは、教育委員会の規定で発達を比較するために使われています。ヘルマー先生が教える子どもたちは、一年間でとても大きな、読む力の向上が見られました。**表5－5**にあるように、過去二年間の、年四回の測定に見られる本の

図5－2　マイクのリアルタイム音読記録

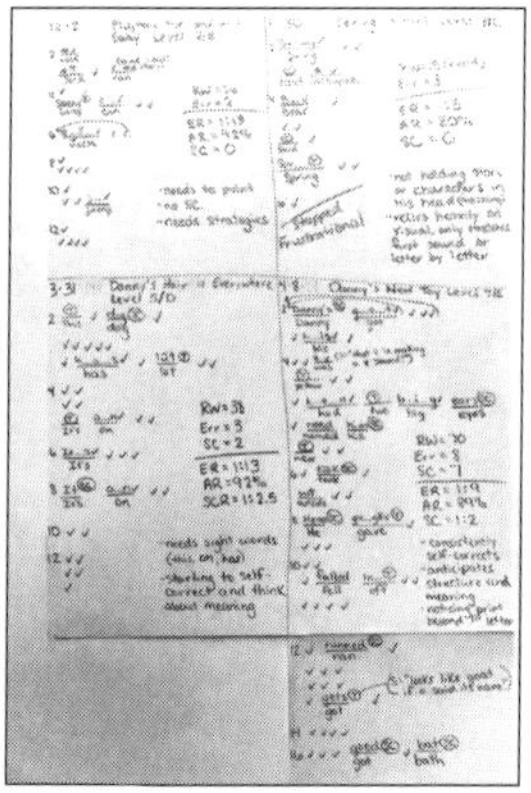

（左上）12月2日　指で指す必要がある、解決力が必要。

（右上）1月30日　物語や人物を意識できていない。（意味を得ていない）絵に頼っていて、単語の最初の文字だけ発音している。

（左下）3月31日　Danny's Hair Is Everywhere（Level 5/D の本を読んだ）
サイトワードの練習が必要（this, on, has）
自分で修正したり、意味を考えたりするようになってきている。

（右下）4月8日　自己修正が常にできている。
構造や意味を予測するようになっている。
一文字目だけでなく、ほかの文字にも気づいている。

（＊）手書きで見えにくいため、一部の記録のみ和訳しています。

レベル（A～Z）からそのことは分かります。教育員会の規定レベルに達しなかった子どもは、二年間で一人だけです。校長やほかの教師も、このベンチマークに対する進捗状況にとても注目しています。本のレベルだけが読む力を示すものではありませんが、全体的な傾向を示す指標にはなりますので、特別な支援を必要とする子どもがいるのかどうかを理解するための情報ともなります。

いかなる指標もそうですが、本のレベルはおおよその読む力の推定であり、その特定には多くの要素が含まれます。たとえば、難しい本であっても子どもは「読みたい！」と思えば、根気、興味、背景的な知識、そしてクラスメイトの助けがあればしっかり読めます。また、同じ難易度に指定されていても、『アメリア・ベデリア』のシリーズと『かえるくんとがまくん』のシリーズでは違った性質の難しさがあります。また、ある分野に慣れ親しんだ子どもであれば、その分野についてはより難しい本が読めます。

リアルタイム読書記録のほかにも、ヘルマー先生は子どもが読みながら意味を構成するプロセスの記録を対話的な方法で集めています。クラス全体の対話、小グループの対話、そして個人カンファランスなどが大切な評価情報を記録する機会となっています（**図5-3**を参照）。

ヘルマー先生は、タブ付きのバインダーにそれぞれの子どもの評価情報や観察ノートを入れていき、子どもの発達を考えるときにそれらを出します。集めたパズルをピースのように並べて、

表5－5　ヘルマー先生の子どもたちのブック・レベル(＊1)到達記録(2年分)

ブックレベル	1年目				2年目(＊2)			
	9月	11月	1月	6月	9月	11月	1月	6月
Pre-A	7	1			7			
A	7	11	3		3	1		
B	2		3	1	5	3	2	
C	3	6	5		1	7	2	
D		1	2	5	1	2		1
E	1	1	6	2		2	7	2
F						2	2	2
G			1	1	1		2	4
H				2		1	2	3
I				3			1	1
J				2				4
K				3				1
L				1				

(＊1)ブック・レベルは41ページの**訳者コラム**を参照してください。
(＊2)キンダーと1年生の多学年クラスで、新しいキンダーの子どもが9月に入学します。

すべてが一度に見られるようにしています。

教育委員会が要求する標準テストのデータ、子どもの作品、観察ノート、そしてリアルタイム音読記録を見ると、彼女はより深く学習者としての特徴が理解できます。理想をいえば、標準テストという重複するデータ採集は無駄であり、なくすべきです。しかし、残念ながら、この矛盾は学校における現実であり、現在アメリカの学校において、無駄のない、合理的な評価システムを使っている学校はほとんどありません[16]。

図５－３　登場人物から学ぶ（評価の情報源となる話し合いの記録の一例）

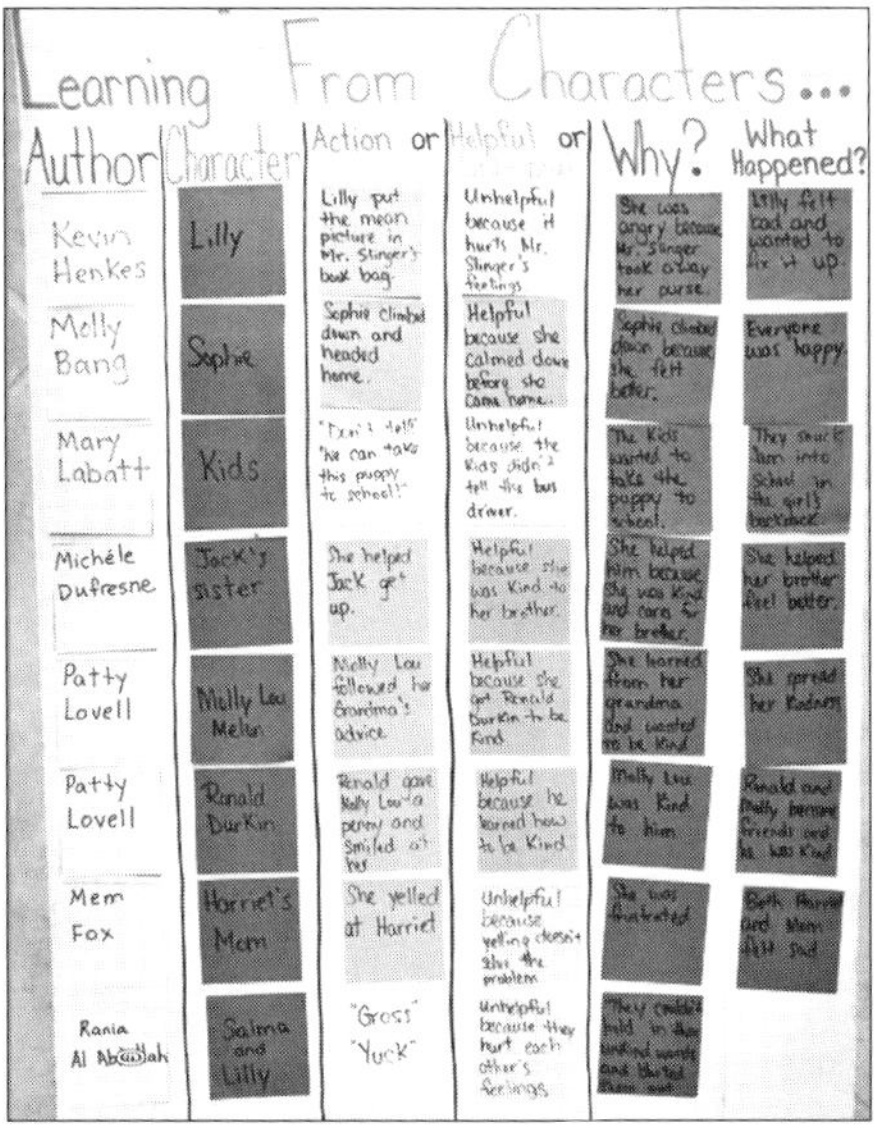

作家	登場人物	その言動	良い？悪い？	なぜ？	その結果
Kevin Henkes	リリー	いじわるな絵をスリンガー先生のかばんに入れた。	悪い。先生の気持ちを傷つけた。	彼女の財布を先生が没収したことに怒ったから。	自分の行動を反省し、償いたいと思った。
Molly Bang	ソフィー	木から下りて家に帰った。	良い。家に帰る前に気持ちを落ち着かせた。	気分転換ができたから下りてきた。	みんな幸せ

https://kevinhenkes.com/mouse-books/lilly/
https://www.mollybang.com/Pages/sophie.html

マカーシー先生による一年生の評価

マカーシー先生はヘルマー先生と違い、一四年という教員経験があります。彼女が教える多学年教室（一・二年生）は別の学校にあります。一年生たちが彼女のクラスに入るとき、彼女はキンダーの教師から昨年度末の評価に関する情報を引き継ぎます。また、一年生がクラスの半分であることも有利な点です。二年生の能力はすでに知っていますので、情報を少し更新していくだけでよいからです。

新学期がはじまると、先生はすぐに本づくりと本読みに誘い、子どもたちは一人で取り組んだり、グループで協力しながら夢中になります。一方、彼女は、十分な時間をかけて個別に読む力のリアルタイム音読評価をしたり、子どもと本についての対話ができます。

彼女は、子どもが知らない単語や文章をどのようにして読もうとするのかを記録したり、クラスの話し合いや個人的な会話の内容に関する詳細をメモに残したりします。また、小グループの対話的なライティング(17)を子どもにしてもらい、その様子を観察しながら記録を残していきます。この初期的な評価情報の収集に約一週間をかけています。

新学期がはじまって二週目の終わりごろまでに、彼女の手元には、効果的に教える授業内容を計画するために必要とされる情報がたくさん集まってきます。また、そのころまでにクラスの子どもは、読めない単語や書き方が分からない単語があった場合、どのようにして解決するとよいのかについて基本的に把握しています。とくに二年生は、困っているクラスメイトがいるときにどのように助けたらよいのかについてすでに知っています。

その結果、キンダーから一年生へ進学してくる子どもの数人が、文を書くことや読むことについて理解していない場合でも、全員に対してアルファベットや単語理解の標準テストを実施する必要がありません。

マカーシー先生は、子どもが理解していないことを記録し、子ども自身が同様の難しい箇所や学習課題を理解して乗り越える方法を教えています。そして、無事に乗り越えられたら、その後に成功体験を思い出させて子どもを励ましています。

たとえば、クラスにいるタイラー君が困難に直面したとき、マカーシー先生は学期の初めに彼が困っていた「m」と「w」という文字に関する混乱を乗り越えたときの様子を思い出させました。このような成功体験を使って、乗り越える力があることを思い出させるのです。

(16)　翻訳協力者が「日本も同様です」というコメントをくれました。

(17)　子どもたちが話し合いながら協力して、一つの文章をつくりあげるという活動です。

「過去の成功体験と成長」を子どもが思い出せるようにすることで、諦めることなく前向きに学習する思考、そして自らの成長を信じるといった心を育てます。また、行動の変化を実現したことを思い出させると、自らの成長に対して主体性がもてるようになります。(18)

マカーシー先生の「自己評価」についての考え方は、この信念に基づいたものです。社会や理科を学習するときも、「以前、あなたはこのように考えていたことを覚えていますか?」という思考の変化に関する気づきを子どもに促しています。これは、間違いや困難に直面しても人は乗り越えられるという認識をもたせるためのものです。

ヘルマー先生と同じく、マカーシー先生も教育委員会が要求する共通の評価を実施していますが、以前に比べるとその数は減少しました。また、すべてのライティング単元において「プレ・テスト(学習前評価)」と「ポスト・テスト(学習後評価)」を実施する必要がありましたが、「現在は子どもの本づくりが多くの情報を提供してくれるので必要ない」と言っていました。

実際、本づくりをしている子どもたちは、必須の共通課題を与えられたときに反乱を起こしました。自主的に決めたノンフィクションの作家活動に没頭しているときに、読みたくもない共通テストの本を読むことを要求され、「この本の主人公についての意見を書きなさい」という作文を強制されたり、「自分の人生について文を書きなさい」といった課題を押しつけられたことに反発したのです。ある子どもが、「本当の作家はそのような書き方はしません」と言い切ったそうです。

　マカーシー先生は、全員が強制的に読まされる本の標準テスト（主人公について書くなど）を実施するよりも、子ども自身が選んで読んでいる本の主人公についての理解に関して対話をし、その記録を残しています。また、マカーシー先生は「主人公の特徴」という表現を使いません。どんな人間も、本の主人公であってもクラスの子どもであっても普遍的な特徴というものはなく、「いつでも変われる」ということを子どもに認識してほしいからです。

　マカーシー先生は、一人ひとりの子どもの評価情報を一つのフォルダーに収めて整理していきます。フォルダーに含まれるのは、リアルタイム音読記録、子どもが作品などのために書いた文章、メモ、そして子どもが読んだり、書いたりしているときに教師が残した付箋メモです。それ以外に、子どもが本選びをするときのブック・バスケットの中身を観察したり、その際の対話において発見したことをメモにして追加しています。

　多くのサポートを必要とする子どものフォルダーは、とても情報が多く、密度が濃いものです。評価の全体像は、州政府が設定した評価基準、そして各ユニットの主題を使って進めていきます。

(18)　これは成長マインドセット（growth mindset）といいます。それに対して、テスト文化によって日本にはびこっているのは固定マインドセット（人の能力は生まれながらに決まっているという捉え方）です。

ささいなことが溺れて方向性が分からなくなるといったことがないよう、子どもに耳を傾ける時間を確保しています。その結果、彼女の教室においては、多くの子どもが州の基準を上回り、時には三年生レベルの本まで読みこなしています。

思考ノートも評価の大切な一部です。子どもたちは思考ノートに、読んでいる本のタイトルとその本の重要な内容を書きます。ヘンリーという子どもは、「この本はとても面白い内容なので、僕が作家としてやりたいことにとても参考になります」と思考ノートに書いていました。

保護者と面談するとき、子どもの成長についてマカーシー先生が残しているプロセス重視の豊富な記録はとても役に立ちます。また、保護者とのコミュニケーションのために学級新聞を発行して、情報を保護者に伝えています。授業でつくったさまざまなアンカーチャートも学級新聞に掲載して、子どもの作品を名前付きで共有します。よくやっていることに焦点を当て、問題があることを学びと成長のチャンスと位置づけ、子どもの素晴らしさを保護者に感じてもらえるようにしています。

ハートウィッグ先生による一年生の評価

ハートウィッグ先生は、一年生を教えるとき学びを記録するためにタブレット上でグーグル・ドキュメントを使っています。**表５－６**と**表５－７**を使い、さまざまな学習目標や指導のポイント（書きだしの種類、登場人物の思いや感情の追加、輝く表現の使用、あらすじの発展、ストーリーボードの使用など）について、本づくりなどの活動から見えてくるものを記録しています。

彼女は、アミの濃さで進捗状況を示しています。アミの濃いところ（原書は緑）は、数点の作品において、子どもが堅実に理解を示していることを示します。アミの薄いところ（原書は黄色）は、時々間違った理解が見られるということを意味します。そして、白い部分が未達成項目で、個別カンファランスかグループ指導でその点に言及する必要があることを示します。これは一覧表であり、一人ひとりの子どもの詳細な記録はバインダーに収められています。

ハートウィグ先生のクラスの子どもたちは、自分が使ったメンター・テキストの記録を残しています。その情報は、子どもたちのメンター・テキストの使い方を分析するうえにおいて役立ちます。評価項目は、子どもの作品と、過去に教えた大切な概念についてユニットから判断したものです。そのため、毎年項目は変わります。

一人ひとりを大切にする評価とは？

どのような評価をしていても、得た情報を上手に使うためには、教師が対象となる子どもの発

表5－6　ハートウィッグ先生が使う子どもができること一覧表

	Has Ideas to Write About	Understands Writing Process (Planning Strategy)	Uses Spelling Strategies/Word Wall Words	Spacing/Capitals/Punctuation	Revises and Edits	One Topic and Topic Is Clear	Includes a Lead	Facts Are Organized into Categories on Each Page	Includes Ending	Elaborates with Facts (Twin Sentence, Comparison, Example)	Intentional Illustration Moves	Table of Contents and Titles	Complete Sentences
Harry	Yes		Slow check		Yes	Yes	Onomat-opoeia			Twin sentences			
Wyatt	Yes	Yes—doesn't execute without prompt	Apply	Writing	Prompt	Yes		Not all					Not inde-pendently
Casey	Yes				Inde-pendent	Needed to include an intro so others know what Minecraft is	Invite	Yes					
Lilly	Yes			Used commas when listing		Yes	Yes	Yes		Example included —strong			
Jakob	Yes		Slow check			Yes	Onomat-opoeia	Putting idea on each page with clue word on sticky note to plan book					
Nate	Support		Slow check	Progress. Needs prompt to be accurate		Yes	Invite			Just had headings into ?s but not facts			Not inde-pendent
Carsen	Yes		Slow check	Not without prompting		Yes	Onomat-opoeia	Organized cow book with similar info on each page		Tried twin and example sentences			

上段にある13の項目の訳は以下のとおりです（左から）。

①書くことのアイディアがある

②書くプロセス（計画の仕方）を理解している

③教室の単語ポスターを見るなど、正しいスペルを探す方法を知っている

④スペース、大文字、句読点の使い方

⑤編集や校正ができる

⑥一つの題材に絞って、それについて明確に書いている

⑦書きだしの技を使っている

⑧描写や事実など、内容がページ上でカテゴリー毎に（段落などで）整理されている

⑨エンディングの技を使っている

⑩（比較や例などで）描写や説明を発展させている

⑪絵の技を意図的に使っている

⑫目次や見出しを入れている

⑬文の文法が整っている

表５－７　カンファランス用一覧表

	理解	語彙	サイト・ワード	止まって考える	自分の読み間違いも修正する	難しい箇所で助けを求める	なめらかさ	文字から音を出す (Decoding)	意味の推測 (Inferring)
Bob		X			X		X	X	
Aaron		X			X		X	X	X
Jessica		X			X		X	X	
Cecilia		X			X	X	X	X	X
Mabel		X	X		X		X	X	
Benjamin		X			X		X	X	
Keller		X				X	X	X	
Kraig	X	X					X	X	
Danny	X	X	X	X	X	X	X	X	X
Patrick	X	X	X		X		X	X	X
Jim		X			X		X	X	
David	X	X	X		X		X	X	X
Nic	X	X			X	X	X	X	X
John		X			X		X	X	X
Pete		X			X	X	X	X	
Shelly		X					X		
Jean		X				X			
Mary	X	X			X		X	X	X
Nathan		X	X		X		X	X	X
Norman		X			X		X	X	
Olive		X						X	
Emma		X			X	X	X	X	
Zeke	X	X		X			X	X	X

（＊１）Ｘは、その子どもがその知識や技能項目を達成していることを意味している。
（＊２）アミは、達成しているが、まだ確実でないことを示す。

達状態を理解しておく必要があります。発達するというのは、子どもがひたすら真っすぐに進み続ける状態のことでしょうか？　いいえ、直線的なものでもなければ、単純な階段でもありません。私たちは、このような事実を受け止めておく必要があります。

時には、後退しているように見える子どももいますが、多くの場合、それは前進するときの前触れだと思われます。たとえば、これまで流暢に読めていた子どもが、急に読めなくなったりします。これは、読み方が変わったからです。以前は、本を読んでもらっていたときの記憶や絵が使われていた場合の推測を利用して読んでいたからです。

また、記憶や類推に頼らず、純粋に文字を使って読む段階に移行するとき、一字一字を指で確認しながら読むために流暢さが落ちる場合があります。それは、何かができるようになったという証明となりますので、新しい挑戦に必要とされる別の課題を得たことにもなります。

単語を書くという力も同様です。ハートウィグ先生のクラスにいるメイベルは、最初のころには「hope」という単語を正しく書いていましたが、一か月後、「hoap」と間違ったスペルを書きました。これを後退と見なすことは簡単ですが、最初のころに正しいスペルが使えた理由に関しては不明です。音と文字の関連を考えずにサイト・ワードのように丸覚えをしていたのか、たまたま偶然正しいスペルになっていたのかは分かりません。また、「oa」を使ったスペルは何を示すのでしょうか？　とくに新しい理解を示さない可能性もありますし、「o」の音を示す新しいスペルの原則を習得したのかもしれません。

教師は、どのような読み書きの要素が子どもにとって困難であり、どうしてそれが難しいのかについて理解する必要があります。たとえば、英語の短い母音の単語は、「hut（小屋）」、「hat（帽子）」、「hot（熱い）」のように「音」の区別が難しいです。しかし、視覚的にはＣＶＣ（子音・母音・子音）の三文字なので比較的簡単です。逆に、長い母音は「hope」、「soap」、「cake」、「meat」、「meet」など、口の筋肉の動きが大きくなるために音では察知しやすいですが、単語を書くときはＣＶＣＶ、ＣＶＶＣなどのパターンがあるため複雑になるといえます。

読み書きの基本を子どもが覚えるための決まった順序や法則は存在しません。すべての子どもに同じペースと順序で単語を覚えさせようとしても、全員が同じ正確さで確実に覚えるといったことはありえないでしょう。また、「同じことを同じペースで覚えなさい」と強制したら、子どもたちの学びはどうなってしまうのでしょうか？

まず、「カリキュラムが提供する狭い学びしかしないし、できない」という大きな悲劇が起こります。そうすると、最低限の、標準となっている学習以外の学びを自由にするという機会を子どもたちから奪うことになります。

もう一つの問題は、本読みなどを通して文字や文のパターンを探して発見するという子どもの主体性を奪ってしまうことです。それによって、読み書きの学習に関しては受動的な学習者をつくってしまいます。主体性が奪われた子どもにとっては、文字の習得は夢中になる対象でなくなります。そして、いうまでもなく、読み書きが好奇心と発見に満ちた楽しいものではなくなってしまうのです。(19)

(19) 翻訳協力者からのコメントを紹介します。「この締めくくり非常に大事で、本当にもっともっと広まっていく必要があると感じています！　日本の教育を変える要になる発想だと思います」

第6章

二・三年生の評価

まず、評価は人間が行うもの、という認識が必要である。評価を抽象的な技術に変えようとする試みが何十年も行われてきたが、まったく実を結んでおらず、それが愚かなことは明らかである。［参考文献19］パトリシア・ブロードフット(Patricia Broadfoot・イギリスのグロスターシャー大学の元副学長で、専門は教育評価です)

マカーシー先生の教室もコマール先生の教室も異なる年齢の子どもが学ぶ教室となっていますので、毎年新しく入って来る子どもは全体の半数となります。そのため、最初の評価活動は比較的簡単です。子どもの半数は前年度からいて、一年をかけてよい関係をつくってきていますので、子どもの発達について二人の先生はよく理解しています。

新しい子どもが入ってくると、先輩の子どもたちが教室のコミュニティーに迎え入れる役割を担います。読むこと、書くこと、新しいアイディアをみんなで協力して発見すること、そして問題を解決することについて対話するという教室環境とはどういう場所なのかについて、先輩たちが新しく入った子どもに紹介していきます。

対話ができる環境があると、教師が評価を行うのは比較的容易となります。教師が子どもに「もう少し詳しく教えてください」とお願いしたり、「読んでみてよく分からないところはありませんか？」と質問するだけで、評価に必要とされる多くの情報を子どもが提供してくれます。

とくに、「読んでみてよく分からないところを教えてくれますか？」という質問は、一年生から四年生にとても有効です。文に書かれている代名詞が誰のことを指しているのか、繰り返し出てくる重要な単語がどういう意味なのかなど、子どもが抱えているさまざまな課題が分かるようになります。

このような質問は、評価のために必要な情報を得るために有効なだけでなく、子どもの思考と主体性を尊重しているという意味においても重要です。コマール先生の教室に貼られているポスターにあるように、「読むことは考えること[1]」なのです。

作品は評価の大切な情報源

コマール先生（そして、私たち著者全員）は、新学年の最初から子どもに本づくりの機会を提

表6－1　コマール先生のノート「作品について」

名前	作品の種類	コメント
ティム	フィクション	物語、タイトルは「どろ男」、転換語(*)あり。
ジャック	フィクション	複数の文、問題を紹介しようとしたが、詳細がバラバラ。
ジュリアン	吹きだし	簡単な文、一貫した内容。
エレン	自伝	よいタイトル、動きの線や人物の表情を細かく書いている。
ルシア	会話	思いの吹きだし、書きだしのよい試み、細かいイラスト。
ジュリー	情報を伝える本	赤ちゃんについて、目次あり、チャプター題あり、詳細に書けているが絵はまだ。
トム	情報を伝える本	表紙のみ、まだ文なし。

（＊）転換語とは「transitions」の訳です。たとえば、「The next morning（翌朝）」、「Many days later（数日後）」など、段落や文のはじまりにおいて場面転換を示す表現のことです。

供しています。評価する前に、子どもに本づくりをしてもらうのです。そして、本づくりの作業をしているときには隣に座って観察し、**表6－1**のようなメモを残します。メモを取るノートのページには三つの列があり、「子どもの名前」、「作品の種類」、そして「コメント」を書いていきます。

同じノートの向かいのページには、子どもの書く力の発達について記録しています。たとえば、**表6－2**のようにです。

（1）この主旨で書かれた本が『「読む力」はこうしてつける』です。

表6－2　コマール先生のノート「書く力について」

名前	書く力についてのコメント
アイシャ	大文字の使い方がバラバラ。句読点なし。「マジック e」(*)やダブル母音「ea」、「ou」を使っている。
ジェレマイア	大文字の使い方がバラバラ。句読点や感嘆符はほぼ使えている。セリフに“　”（日本語では「　」）を使おうとしている。一部の音と文字で苦労している（「n」などの子音、「bl」、「br」などのブレンド）が、それ以外は書けている。
アリー	大文字は使えている。句読点もほぼ使えている。「their / there」を混同している。「siad」を自分で直すことができそうになっている。ダブル子音は課題。

（*）「マジック（サイレント）e」とは、「cake」という単語にあるように「e」が最後にあり、その前にある母音字をアルファベットに読み替え、「e」自体は発音しないという読み方のルールです。

これら二つの記録を使ってコマール先生は、子どもの評価情報を整理していき、個別の指導や小グループの指導を計画します。もし、新しく入った子どもの書く文の量が不足しており、評価が難しい場合は、ヘルマー先生やマカーシー先生がキンダーや一年生で使っているような評価方法（前章参照）を使って、子どもがどのような知識をもっているのかをコマール先生は評価しています。

評価、そして評価に基づく指導を通して教師が目指すのは以下のことです。

・子どもの書く力を伸ばす。
・子どもの「上達したい」という意欲を強める。

・どのようにしたら助けあいながら上達していけるのかということに関して子どもの知識を増やす。(2)

子どもがつくる作品の質は、この三つを伸ばせば自ずと向上します。また、この三つを伸ばすために、子ども自身の建設的な自己評価が行われることがとても大切となります。教師は、子どもが前向きでクリティカルな振り返りをするように促します。(3)

コマール先生は、学期末に必ず次のような自己評価の課題を出しています。

「自分の一番好きな作品を一つ選び、どうしてそれが好きなのか、そしてその作品を通して、自分が作家としてどのように成長したのかについて教えてください」

この質問で、自主性と作家としての自覚を養うのです。それでは、一つのケースとしてエレインの自己評価の変化を見ていきましょう。

---

(2)　翻訳協力者からのコメントです。「どうしても子どもの作文や作品を評価対象として上から目線で教師が見ているような傾向があります。私も、多くの場合そうです。でも、ここにあるような情報源として考えると、見方が大きく変わるように思いました」

(3)　六一ページの注（25）を参照してください。

エレインの自己評価

まず、二年生になって一か月ほど経った一〇月の自己評価で、エレインは「私のベスト・フレンド」という作品を選びました。一番好きな作品として選んだ理由について、彼女は次のように書きました。

「この夏に引っ越しをしましたが、親友のグレイスがいつまでも私の心の中にいるからです」

離れ離れになってしまった親友のグレイスを思いながら、彼女は新しい「グレイス」という友達を見つける物語を書きました。また、作品を通してどのような学びをしたのかという問いに対して彼女は、「アイディアの成長とともに自分も成長しました」と書きました。

次に、一月の自己評価で彼女は、ノンフィクション作品の『恐竜』を選びました。「自分のライティングで何が変わったのか？」という質問に対して彼女は、次のように書いています。

「私は、多くの情報を入れました。以前は三ページしかありませんでしたが、今は七ページあり、私の本は情報盛りだくさんです」

また、「自分の両親に伝えるとしたら、作家としての自分についてどういうことを知ってほしいですか？」という問いに対して、次のように答えています。

「たくさんの情報を見つけるために、たくさんの本を読んだこと」

二月、クラス全員が「九月にはできなかったけど、今はできるようになったことは？」という話題について話し合っていたとき、エレインは「読んださまざまな本に基づいて、自分の考え方を変えることができるようになった」と発言しました。そして三月には、詩の作品の自己評価をしました。選んだ詩は『やさしさ』（図6－2）です。

詩の「自己評価シート」（図6－1）で、「エレインができたことは……」として自分でまとめています。

・自分の考えを表現力のある言葉で文字にできた。
・平和な気持ちの詩に平和なタイトルをつけることができた。

図6－1　詩の自己評価シート

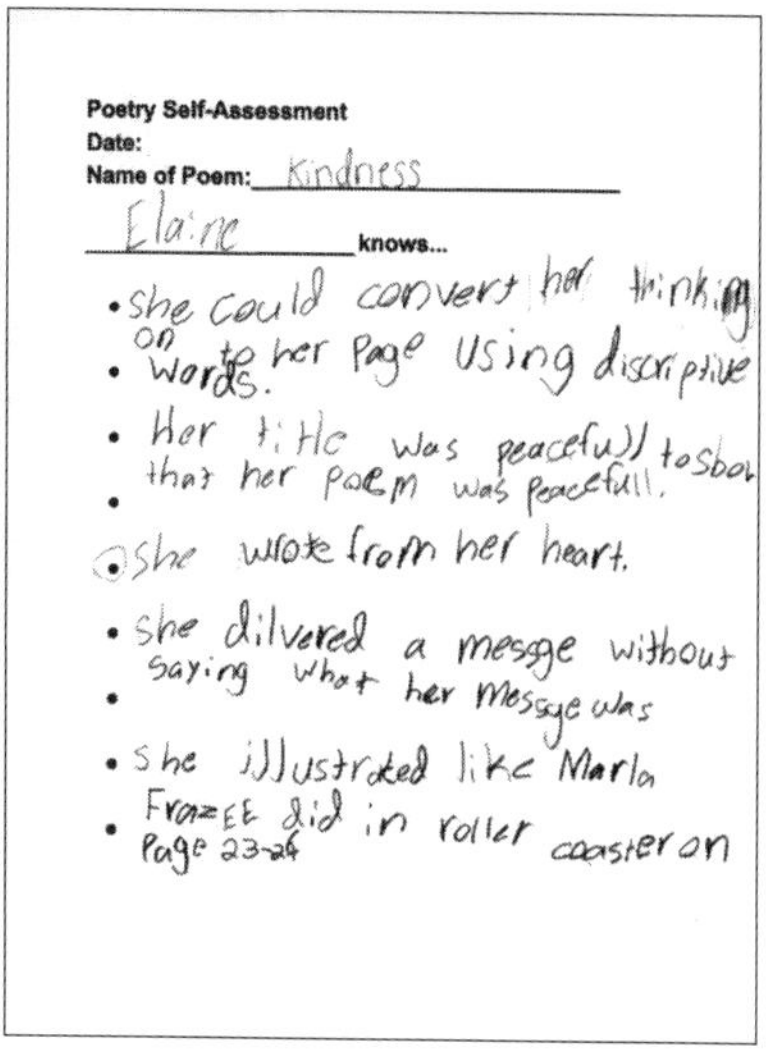
Poetry Self-Assessment
Date:
Name of Poem: Kindness
Elaine knows...
• She could convert her thinking on to her page using discriptive words.
• Her title was peacefull to show that her poem was peacefull.
• She wrote from her heart.
• She dilvered a mesage without saying what her messge was
• She illustrated like Marla Frazee did in roller coaster on page 23-24

（＊）和訳は、本文として記しました。三人称「She」を使って、客観的な視点で書かれているのが特徴的です。

（4）アメリカは八月末か九月初めが新学期です。

（5）翻訳協力者のコメントです。「この質問とてもいいなぁと思いました！　まず、書いたものを読むのが教師に限定されていない点で日本の作文と違うと思いますし、さらに両親に対しても、「作家としての自分」という、どこか自立した存在として意識して、知ってほしいことを考えるというのがよいです」

図6－2　エレインの詩『やさしさ』

Kindness

One act of kindness equals one smile
One smile can make a life of happiness
A happy child can make one love
One that loves
Can make a world of **Kindness**

やさしさ

やさしさ　ひとつで　えがお　ひとつ
えがお　ひとつで　しあわせな　こども　ひとり
しあわせな　こども　ひとりで　あい　ひとつ
あいのこころ　ひとつで
やさしさが　せかいじゅうに　ひろがっていく

（＊）この詩の和訳表現を提案してくれた翻訳協力者からのコメントです。「この詩、とてもいいなーと思いました。リズムやOneの繰り返しが効いているだけでなく循環の構造になっていて、テーマが構造とちょうどよくリンクしていると思いました。小学生でここまで言葉や構造の選択を意識して書けるなんて。しかも、2年生！　驚くばかりです」

すごいことに、描かれているイラストが詩にぴったりです！

・心から書くことができた。
・伝えたいことを直接言わずに、伝えることができた。
・マーラ・フラジー[6]作の『ジェット・コースター』［参考文献226］の二三～二四ページのように、文字がグルッと（地球の）絵に巻きつくイラストをつけることができた。[7]

この自己評価から、エレインが二年生でありながら自らの学びについて表現する能力が大きく成長していることが分かります。このクラスの子どもが、このように自己評価ができるのはなぜでしょうか？

それは、本書でたびたび紹介しているように、大人や子どもの作家が書いた本について分析する話し合いを子どもたちが何度も行っているからです。学びのなかで、自分がどのように成長し、

---

(6)（Marla Frazee）絵本作家、イラストレーター。カリフォルニア州パサデナのデザイン大学卒業後、二〇年来母校で絵本の創作について教えています。『あかちゃん社長がやってきた』（もとした　いづみ訳、講談社、二〇一二年）などが邦訳されています。

(7)　翻訳協力者からのコメントです。「こんなに自分の書いたものについて少し距離を置いて客観的にコメントができることも、信じられないくらい素晴らしいです。それだけ、作品を見る目が育っているということですね。素晴らしい！」

変化しているのかという点に子どもが注目するようになると、子どもは前向きに「自分は成長しているのか？」という視点で自らを見るようになります。コマール先生の教室では、このような考え方が重視されているのです。

彼女の教室の扉にはポスターが貼られています（**図6－3**参照）。ポスターには、「このクラスに入ったばかりのころにはできなくて、今はできるようになったことは？」という問いに対する子どもの答えが掲示されています。

自分の変化に気づくことは、学びにおける子どもの主体性を強めます。変化に気づくためには、どのような点に注目すべきかについて考える必要がありますし、その点においてどのような変化が可能なのかということについて語るための表現力も必要になってきます。このような気づきを促すために、コマール先生はエレインの作品について次のように評価し、エレインがどのようなことを理解し、できるようになったのかについて確認しています。

エレインが理解していることは？

・言葉は力をもっていて、詩は読者の心を動かせる。
・詩はほかの人を励まし、刺激するようなメッセージが伝えられる。

図６－３　コマール先生の教室に貼られているポスター

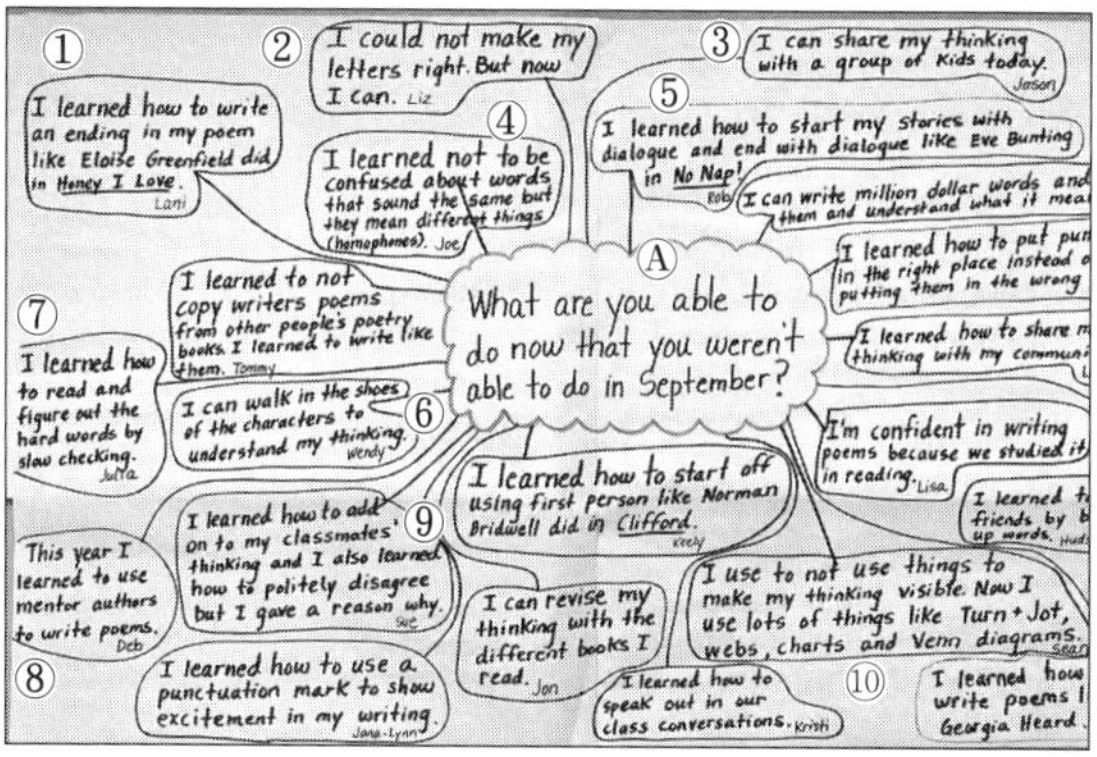

Ⓐ**９月にできなくて、今できることは何？（図の訳、一部抜粋）**

①エロイーズ・グリーンフィールド(＊1)が『ハニー・アイ・ラブ』［参考文献231］のなかで使ったような詩のエンディングが書けるようになった。（ラニ）

②文字が正しく書けなかったけど、書けるようになった。（リズ）

③自分が考えていることを、ほかの子どもに伝えることができるようになった。（ジェーソン）

④同じ音なのに、意味が違う単語に惑わされなくなった。（ジョー）

⑤イブ・バンティング(＊2)作の『昼寝はしない』［参考文献221］のように、物語を会話形式で書きだし、会話形式で仕上げる方法を学んだ。（ロブ）

⑥登場人物の立場に立って考え、自分が次に何を書きたいかを見つける方法を知った。（ウィンディー）

⑦難しい単語をじっくりと読んで理解できるようになった。（ジュリア）

⑧ほかの作家をメンターとして、詩が書けるようになった。（デビー）

⑨クラスメイトの意見を聞いて、それに付け足す方法、そして違う意見があるときに、理由をつけて礼儀正しく言えるようになった。（スー）

⑩今までは自分の考えを可視化することはなかったが、今はベン図やチャートを使えるようになった。（ショーン）

（＊１）（Eloise Greenfield）アメリカの児童書、伝記作家。1971年以来、絵本、小説、詩、伝記を含む40冊以上の児童書を出版しています。

（＊２）（Eve Bunting）アイルランド生まれの絵本作家。1972年の処女作以来、現在までに250冊を超える児童書を出版しています。社会問題を扱った絵本が多いです。

（＊３）「子どもたちが『書き手』として自らの成長を実感しているところがすごいです。小学校の低学年ということを考えるとなおさらです」というコメントを翻訳協力者からいただきました。まったくそのとおりです。子どもたちも、チャンスさえあればここまでできるのに、多くの学校では教科書をカバーすることを中心にしたアプローチで子どもたちを拘束してしまっています。教科書擁護派の人たちに早く気づいてほしいです。

・文字フォントの使い方によって意味がつくりだせる。
・強調のために太字が使える。
・このような詩を現在形の動詞で書くと、読者がまるでそこにいるような、臨場感が強まる。
・イラストを入れることで、詩の文の意味をより深く伝えている。
・ほかの作家やイラストレーターが使った技を応用している。たとえば、エレインは字や文の向きを横向きや逆さまにする技（地球をグルっと巻く字など）を使っているが、これは『ジェット・コースター』〔参考文献226〕という本の技を応用したものである。また、詩のエンディングに一番伝えたいことを一つの文に凝縮して入れるという技は、エロイーズ・グリーンフィールドの『ハニー・アイ・ラブ』〔参考文献231〕の方法を応用したものである。
・改行の工夫をすることで、読者にどのように読んでほしいかを伝えている。
・ある単語（彼女の詩の場合は「一つの……」）を繰り返し使うことで、意味を強調している。

コマール先生が評価する目的は、エレインの成長を記録し、エレインや彼女の両親と話し合いをする際の材料にすることです。彼女の両親は、本人の自己評価と教師の評価をオンラインのポ

ートフォリオで随時アクセスしています。(8)

このように分析的な評価を記録することによって、エレインのライティングの成長に必要とされる次のステップに関するコーチング計画もコマール先生は立てられます。また、このような記録は、ほかの子どもに同じような技を教える際の例として使うときにも役立ちます。子どもの「できること」を詳細に記録していくという評価方法はコマール先生の習慣となっており、その認識については同僚や子どもたちとの対話のなかで発達させてきました。

エレインの観点から見て、次のような評価はどうでしょうか？

エレインにとっては、コマール先生やクラスメイトが自分の作品を読み、彼女を一人の作家として認識し、作品を分析してくれるという行為は大きな励みとなり、作家としての自覚を強めることになります。

エレインの作家としての自覚と自信は、彼女の自己評価の内容、そして彼女の作品そのものや作品を発表する際にうかがえます。また、エレインが長い期間、一つの大きな作品づくりに集中

(8)　翻訳協力者から「この部分、とてもいいです。オンラインの評価システムもすごいです。親が、子どもの成長を具体的に把握することができるなんて」というコメントをいただきました。通知表では無理です。

できているという事実、さまざまな種類の作品に挑戦しているという事実、そして彼女が作品の最後に入れる「著者について」のなかで書いている内容からも、彼女の作家としての自覚が認識できます(9)。

達成したことについて自己評価で振り返るのも重要ですが、さらなる上達目標を設定することも大切です。コマール先生は保護者を学校に招待して、子どもが作品を紹介するという活動を行っていますが、そのイベントに向けて、さらなる上達目標を子ども自身が設定するといったことも大事な活動となります。二年生の三月、エレインの自己分析と目標設定は次のとおりでした。

❶あなたが上手にできることは何ですか?──→私が上手にできることは、ほかの人が目標を達成できるように助けることです。

❷もっと上手にできるようになりたいことは何ですか?──→私の目標は、声を三段階ぐらい大きくして、私の声がほかの人に聞こえるようにすることです(エレインは、とても小さな声で話をしていました)。

三年生での成長

翌年の一一月、三年生になったエレインは『スクイークス』(図6－4)を一番好きな作品として選びました。その理由を次のように語りました（二一八ページの**図6－5と6－6**を参照）。「自分の兄を思い出すからです。彼はペットを飼うのが上手です。私は最後のページと裏表紙に、物語の主人公である男の子が上手にペットを飼うことができている絵を描いています」

また、「その作品を通して、作家としての自分について分かったことは？」という問いに対して彼女は、「私はただ物語だけでなく、心に響く何かが書けるということを学びました」と振り返りに書きました。

エレインが自己評価のなかで使っている言葉は、コマール先生の教室において、先生と子どもたちがさまざまな作家の作品（大人のものも子どものものも）の特徴について語りあうために普段から使っている言葉が基礎になっています。この教室の子どもたちは日常的にそのような語りあいに浸っていますので、読み書きの基礎的な能力や本について話し合う能力が十分に発達しています。

それでは、エレインが三年生の一一月の自己評価の際に選んだ『スクイークス』をお楽しみください。

（9）　原書にもエレインの「著者について」はありませんが、第2章の四五ページにキンダーのエリザベスが「宇宙」という本の最後に入れた例があります。

図6－4　スクイークス

「スクイークス」
（＊）「キーキー鳴く」という意味の擬音語です。

1 偉大な兄であり、偉大な飼い主であるサミーに捧ぐ。

2 スクイークスは一匹のごく普通のネズミであり、ごく普通の生活を送っていました。彼は、いつか誰かに飼ってもらうことを夢見ていました。

3 ある日、一人の女の子が彼の前に立ち、彼をつかもうと手を伸ばしました。

Her hand felt warm. They walked
for awhile. They came to a stop
and stepped in a car.

4 彼女の手はとても暖かかったです。彼女は、彼を持ってしばらく歩きました。そして、止まって車に乗りました。

When they got home
she called her friend...

5 家に着くと、女の子は友達に電話をかけて……。

and told her that she
had a wild rat in her
room. "Come quick" she said

6 友達に自分の部屋に野生のネズミがいる、と教えました。「すぐに来て！」と、女の子は言いました。

7「きゃ～!! いや～!!」と友達のシャールは叫びました。

Shar calls exterminater to kill Squeeks.

8 シャールは、害虫駆除の業者に電話し、スクイークスを殺すようにお願いしました。

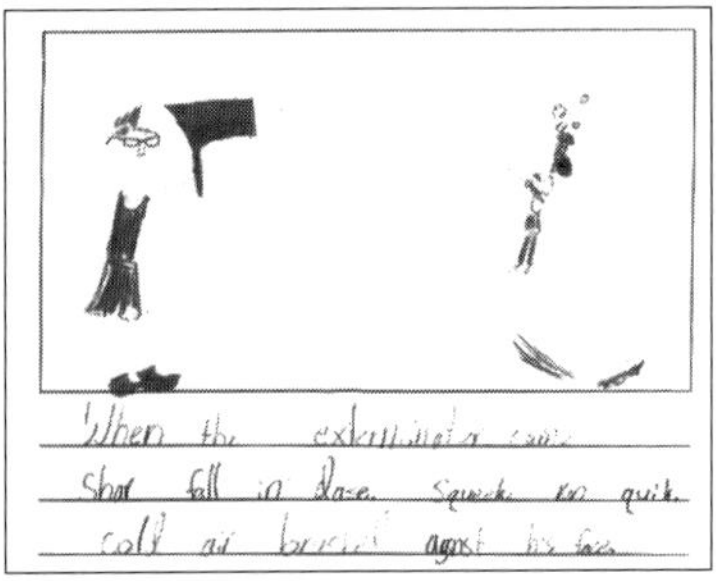

9 害虫駆除のお兄さんが来たら、シャールは恋に落ちました。スクイークスは素早く走っていきました。冷たい風が顔にあたっていました。

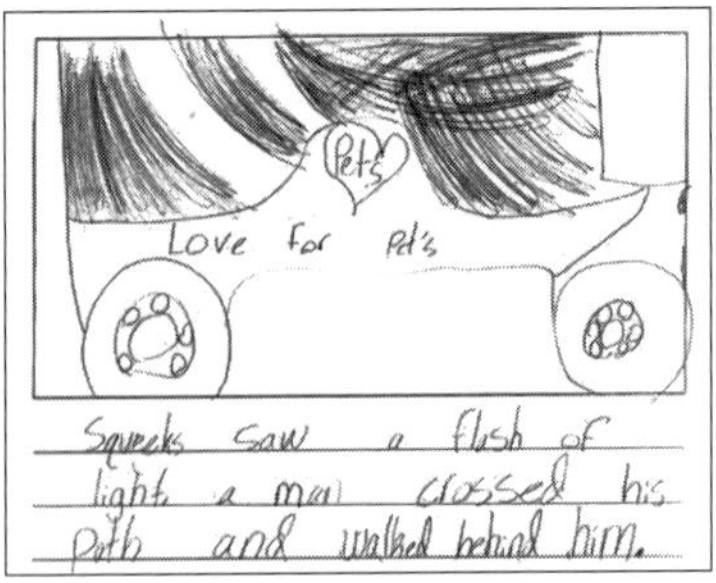
Pet's
Love for Pet's
Squeeks saw a flash of light. a man crossed his path and walked behind him.

10 スクイークスは一寸の光りを見ました。ある男が彼と同じ道を、彼の後ろから歩いていました。

He tumbeld in to a cage and got caried away.

11 スクイークスは籠の中に転がり込み、連れていかれました。

He opened his eyes and
saw a boy. "Mommy Mommy!"
cried Harby "that one"

12 スクイークスが目を開けると、ある少年が見えました。「ママ！　ママ！　あれがほしい！」と少年のハービーはお願いしました。

Squeeks quickly noticed he was in a pet
store. A man picked him up and gave
him to the boy.

13 スクイークスは、自分がペット・ショップにいることにすぐに気づきました。男の人が彼を拾いあげ、少年に手渡しました。

Squeeks went into this
little room where she weighed him.

14 スクイークスは小さな部屋である女性に体重測定をしてもらいました。そして、女性に出口を教えてもらい、少年とスクイークスは一緒に家に帰りました。

図6－5　一番好きな自分の作品についての振り返り

振り返り

一番好きな自分の作品について振り返りましょう。

題名：スクイークス

・**どうして一番好き？**

自分の兄を思い出すからです。彼はペットを飼うのが上手です。私は最後のページと裏表紙に物語の主人公の男の子が上手にペットを飼うことができている絵を描いています。

・**その作品を通して、作家としての自分について学んだことは？**

私はただ物語を書くだけでなく、心に響く何かを書ける、ということを学びました

図6－6　振り返り　この作品を選んだ理由と学んだこと

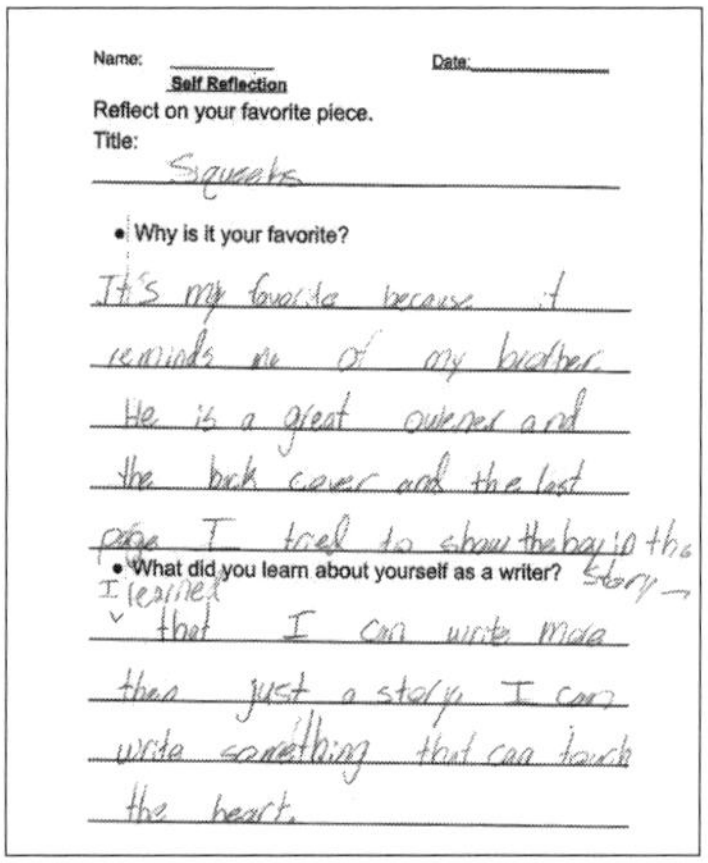
Name:　Date:

Self Reflection

Reflect on your favorite piece.

Title: Squeaks

• Why is it your favorite?

It's my favorite because it reminds me of my brother. He is a great owener and the back cover and the last page I tried to show the boy in the story →

• What did you learn about yourself as a writer?

I learned that I can write more than just a story. I can write something that can touch the heart.

評価の情報源としての本読みと知の構成

学年がはじまると、コマール先生は子どもに興味のある本を読むように誘います。そして、子どもの隣に座って子どものリアルタイム音読記録[10]を書き残し、内容の理解に重点を置いた対話を行います。基本的に、

レベル別になっている多読シリーズは使いません。なぜかというと、この発達段階の子どもが「興味のある本」を探して読むとき、表示されている難易度レベルがその子どもの理解レベルにあっているとはかぎらないからです。〔参考文献80〕

コマール先生が行うリアルタイム音読記録は、子どもが順調に発達しているかどうかを示すことになります。具体的には、子どもが意味の構成において主体性を発揮しているかどうか、モニタリング（意味を理解しているかどうかの自己チェック）をしているかどうか、そして問題解決のためにさまざまな資源や方法を活用しているかどうかを観察し、記録していきます。

記録の内容を分析すると、教師は子どもの発達に順調な変化があるかどうか、そして十分な難易度のある本を子どもが読んでいる状態で評価や指導が行われているかどうか、という重要な二つの点が示されています。

コマール先生は、ヘルマー先生がキンダーで使っているような子どもの一覧表を使って読書に関する記録を残しています。また、「クラスの状況」という表（**表6－3**）を使って、読書についての話し合いにおける学びの記録も残しています。話し合いのときに一部の子どもが場を独占

---

(10)　教師が子どもの音読を聞きながらリアルタイムに文字や単語で苦労している箇所を記録する方法です。詳細は一八一～一八四ページを参照してください。

表6－3　クラス全体での話し合いの記録

Large Class Conversation

Mrs. Komar's's Class

		A Sick Day for Amos McGee 9/9/15 Wed	Unpack 9/16/15 Wed	One Smile 9/22/15 Tue	Unpack 9/28/15 Mon	Harriet, You'll Drive 10/6	Unpack 10/13/15 Tues	Whoever You Are 10/19/15	Unpack 10/26/15 Mon	Cookies 11/2/15 Mon	Unpack 11/10/15 Tues	An Angel for Solomon 11/18	Unpack 11/24 Tues
1	2	+	+	+	+	+	+	+	+	+	Ab	+	+
2	3	+	+	•	•	+	•	+	•	+	•	+	S
3	3	+	S	+	•	•	+	+	+	Ab	•	+	+
4	3	•	•	+	+	+	•	•	+	+	+	•	+
5	2	•	+	•	•	+	+	+	+	•	S	+	+
6	3	+	+	+	+	+	+	+	+	+	+	+	+
7	2	•	•	+	+	•	+	+	+	•	+	+	+
8	3	•	•	+	+	+	+	+	+	+	+	+	+
9	3	+	+	+	+	+	+	+	+	+	+	+	+
10	3	Ab	•	+	•	+	+	+	+	+	+	+	+
11	3	+	+	+	•	+	+	+	+	+	+	+	+
12	3	•	•	+	+	•	•	+	+	+	+	+	Ab
13	2	•	•	•	+	•	•	•	•	+	+	•	•
14	2	+	+	•	+	•	•	•	•	•	+	S	+
15	3	+	+	•	+	S	+	+	+	+	+	+	Ab
16	2	S	+	+	+	+	Ab	+	+	+	•	•	+
17	2	•	•	•	•	•	•	Ab	•	+	+	SS	•
18	2	+	+	S	+	+	+	+	+	+	+	+	+
19	3	•	•	•	+	•	•	+	+	+	+	+	+
20	3	•	•	•	+	•	•	•	•	+	Ab	•	+
21	3	+	+	+	S	+	+	+	+	•	+	+	+
22	2	+	+	Ab	+	•	+	+	+	+	+	+	+
23	2	•	+	+	+	•	•	•	+	•	+	+	+
24	2	+	+	+	+	•	S	+	S	+	+	•	+
25	2	+	+	+	•	•	+	+	+	S	+	+	+
26	3	•	•	•	•	+	+	•	+	+	+	•	+
27	2	•	•	•	•	+	+	•	+	+	+	•	+
28	3	+	+	+	+	+	+	S	+	+	+	+	+
		15	17	17	19	16	18	20	23	22	23	20	24
		FC	PG	FC	FC	PG	FC	FC	FC	FC	FC	PG	FC

Conversation Rubic　　S: Sparked / started

（＊）「＋」は「発言した」を表します。「S」は「新しい話題やアイディアを自発的に言った（スパーク、花火）」を表します。

してしまうと、ある子どもは自分の考え方は重要でないと思ってしまいますので、コマール先生は常に、誰が発言をしていて、誰を誘う必要があるのかについてチェックしています。

また、話し合いの終わりでコマール先生は、「あなたがこの話し合いにおいて発言をしなかったからといって、私は話し合いに参加していなかったとは思っていません。静かだったあなたも、きっと話し合われている内容について考えていたと思います。でも次回は、是非あなたも発言してほしいです。一緒に考えれば、もっと多くのことを知れるからです」と付け加えていました。

さらに、**図6-7**のように、話し合いで出てきた重要なコメントや出来事も記録しています。後日、それを使って静かな子どもの貢献をみん

図６－７　話し合いに出てきたコメントや出来事

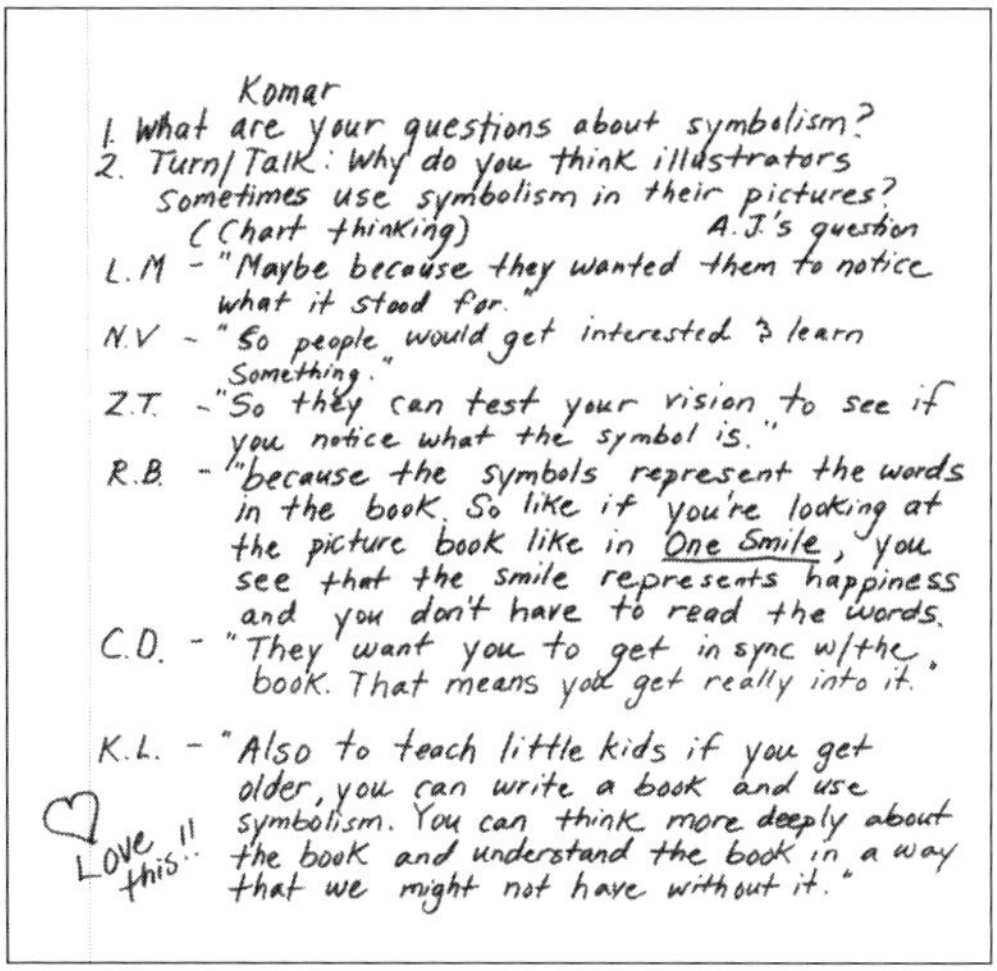

なに伝えたり、[11] 二つ以上の会話の共通点に焦点を当てたり、発見とクラスが直面している問題の解決をつなげたりして、子どもたちの考えが重要であることを示しています。

コマール先生の教室においては、子どもたちは話し合いを通して知を構成する力をつけるための「技」[12]も大切となりますので、評価記録の対象となります。クラス全体の話し合いであっても、子どもだけの小グループの話し合いでも、以下のような具体的で分かりやすい基準を子どもたちと共有することで三点満点の自己評価ができるようになります。

・話している人の目を見ていたか（1点）
・自分の考えを伝えようとしたか（1点）
・しっかりと事前の準備をしたか（1点）

子どもは自己評価をグループに発表し、ほかのメンバーはその妥当性についてコメントができますので、責任のある自己評価が保証されています。そして、コマール先生は、その自己評価の結果を記録として残しています。

「思考ノート」と振り返りのツール

コマール先生のクラスは「思考ノート（Thinking Log）」を使っています。思考ノートとは何でしょうか？　思考ノートに子どもは、自由に自分の考えを書くことができます。たとえば、みんなで知的に刺激される本を読み、それについて話し合いをしたとき、決まった答えのない、議論する価値のある面白い質問が出てきたとしたら、コマール先生はみんなに、自分の考えを自由に書くようにと指示しています。

質問は、コマール先生が子どもの考えに基づいてつくるときもあれば、子どもがつくることもあります。クラスでの話し合いの力が伸びてくると、子どもは考えのレベルを向上させる質問を考えるようになり、ノートに書き込む内容の質が向上していきます。

書く内容は次のようなことです。

・本のなかに出てくるテーマ
・作家やイラストレーターの意図
・学んだことに基づいて、どのような行動をとることができるか

思考ノートは、考え方を伸ばし、明確にし、書き方、考え方の変化を示し、個人や集団として

---

(11)　静かな子どもに焦点を当てた本に『静かな子どもも大切にする』がありますので参考にしてください。
(12)　この点に特化した本が『学習会話を育む』ですので、ぜひご一読を！

の行動を考えるために活用できます。たとえば、シンディー・マッキンリーとメイ・グレッグ・バイルン作の『一つの笑顔（One Smile）』（未邦訳）［参考文献246］を読んでから出てきた質問は次のようなものでした。

「あなたは、学校、家庭、地域において、よい変化をどのように起こすことができますか？」

この本と、この本に関連する話し合いは、近くにある市民活動センターについて探究するというプロジェクトにつながり、それがさらに、ホームレスのための衛生用具キットを用意するという活動につながりました。

また、ジャクリーン・ウッドソンの『ひとりひとりのやさしさ』［参考文献276］についての話し合いから出た質問は、「クロエから何を学びましたか？　本の内容を使って、自分の考え方の根拠を示してください」というものでした。さらに、「どうして著者のウッドソンはこの話を書いたと思いますか？」という質問も出ました。

別の本でコマール先生は、「この本の重要性や意義はどこにあると思いますか？」という問いを投げかけました。その質問を選んだ理由は、話し合いのなかでそのようなテーマが出てきたことも理由の一つですが、それと同時に、多くの子どもが「本の重要性や意義」といった用語の意味を理解していなかったからです。

思考ノートのなかで扱われた質問のなかには、ずっと子どもの頭の中に残るものがありました。

たとえば、シュローダーとピンクニーの『ミンティー（Minty）』（未邦訳）［参考文献264］を読んだあと、「どうして黒人は奴隷だったのか？」という疑問についてサムは長い間考えていました。

思考ノートは、すべての本で使うわけではありませんが、何か深く考えたいときには有用です。話し合いの結果、質問を考えるのは教師や子どもです。そういう意味で、思考ノートは大切な評価ツールだといえます。(13) たとえば、社会科の時間で「人種隔離政策」の学習をしていたとき、思考ノートの記述は子どもがまだ理解していないところがあることを示していました。思考ノートは、時間とともに子どもの考えが成長している様子を示しています。

一〇月、ジョシュアは「どうしてマリベス・ボルト(14)は『その靴（Those Shoes）』（未邦訳）［参考文献216］を書いたと思いますか？　本のなかに書かれている文を引用して、自分の考えと根拠を説明してください」という質問に答えました。その答えは次のようなものでした。

「ボルトは、外見で人を差別したり、馬鹿にしたりしてはいけない、ということが言いたいのだと思います」

---

(13)　翻訳協力者からのコメントです。「答えのない質問を自分たちで話し合って、さまざまな可能性が考えられるなか、自分なりの答えを出すのはすごく面白いです。まったく同じ質問について、もう一度行うと答えが変わることがあるのも面白いところです」

(14)　(Maribeth Boelts) 幼稚園・小学校の教師をしたのち児童文学作家となりました。

そして、一一月になると、ウッドソンの『ひとりひとりのやさしさ』についての同じような質問に答えています。

「作者が本を書いた目的は、みんながお互いに思いやり、信用し、親切にしてほしいからです。主人公のマヤは、ほかの人にとても優しくしました。どんな人も遊びに誘いました」

思考ノートは子どもの成長を知るうえにおいて重要な情報源となりますが、必須の課題ではありません。必ず書かなければいけないということはなく、教室のルーティンにも組み込まれていません。指導のアイディアにつながる場合もありますが、主に子どもの振り返り、そして子どもと教師の対話のきっかけづくりのために役立っています。

ブックトーク

州が設定している一・二年生の学習目標の一つが「子どもは再話ができること」となっているため、多くの学校では再話の活動が行われています。しかし、これは有効なのでしょうか?[15]

大人も、自分が読んだ本や観た映画、そして参加したイベントについて友人によく話しますが、その際の「再話」が評価されることはありません。また、すでに内容を知っている相手に対して、話の内容を丸ごと語るという不自然なこともしません。再話という活動は、多くの場合、ただの記憶力テストでしかありません。物語の理解について知りたいのであれば、もっとよい方法が存在しています。

一つの方法は、欠席した子どものために、すでに本を読んだ子どもがあらすじを語って教えてあげるというものです。また、週末後に学校に戻ってきたとき、あらすじを復習するという活動はとても自然だといえます。物語の理解や言語能力の指標として再話を使うよりも、本についての自然な会話を行うほうがはるかに有効です。

もう一つ、理解力を評価するための素晴らしい方法は「ブックトーク」です。ブックトークとは、ある子どもがほかの子どもに本を推薦するという活動です。やらなければいけないとされている読書感想文の発表とはまったく違います。やるかどうかは自由なのです。コマール先生のクラスでは、ブックトークを次のような方法として使っています。

❶子ども同士が「君はどういう読書家？」と知りあう方法
❷ほかの子どもに感動を伝える方法
❸本についての対話を広げる方法

(15)　ここでいう再話とは「retelling」の訳で、子どもが読んだり読み聞かせで聞いたりした物語などの内容の理解を教師に示すために、内容の要点をなるべく正確に話したり書いたりする活動や評価の方法のことですみんなの前で話すことを怖がる子どももいますが、一般的に子どもは積極的であり、やりたいと思っている子どもが志願します。コマール先生自身も年中ブックトークを行っていますし、子どもの成長を確認する一つの指標になります。それでは、コマール先生のクラスにいるダンのブックトークを通して成長の様子を見てみましょう。

ダンのブックトーク

九月、ブックトークをしたいと思っていたダンでしたが、緊張してできませんでした。しかし、一緒に教室の前に出てくれるクラスメイトを見つけ、頑張って次のような発表をしました。
「こんにちは。ブラック・ラグーン・シリーズの本はヒュービーという主人公がいて、彼は……えっと……クラスの子どもが先生はいじわるなことをする、っていうのを……えっと……聞いて……それで、それで、それで、子どもは嫌いなことが二つあって……先生の名前が好きじゃなくて……もう一つは……」

でも、うまくいきませんでした。要するに、「先生がいじわるで悪い人だ」という噂を主人公のヒュービーが学校で聞くのですが、最後に、実は先生はとてもよい人だったと判明するというのがあらすじなのですが、ダンは思うように話せなかったのです。

しかし三か月後、一二月にはそれほど緊張しなくなり、ダンは一人で次のような発表ができました。

ダン　『ポッポルトン』という本を紹介します。登場人物は、主人公のポッポルトン、それからチェリー・スーとハドソンとフィルモアです。ジャンルはフィクションです。作者はシンシア・ライラント(16)です。イラストレーターはマーク・ティーグです。

この本が好きな理由は……昨年、実はこの本を読みはじめたときは好きなのかどうかはっきりしなかったけど、でも今年はとにかく好きになって、この本のシリーズで（僕は）成長しました。

この本がどういう人にオススメかというと、フィクションが好きな人や楽しいエンディングが書かれている面白い本を好きな人です。これが表紙です。ポッポルトンがいろいろと楽しいことをするお話です。彼は映画やテレビを見たり、キルトをつくったりしますが、その先は教えません。何か質問はありますか？(17)

(16)　七ページの注（2）を参照ください。

(17)　翻訳協力者からのコメントです。「このやり取りを読んで、『ポッポルトン』読みたくなりました。自分の教室でも、子どもたちが本の紹介を続けていますが、友達から紹介された本の影響は本当に大きいです。このダンのエピソード、とても好きです」。ダンは、なぜこんなに上手に話せるようになったと思いますか？

スティーブ　昨年と今年、『ポッポルトン』を読んだよ。チャプターごとにお話があるから、『がまくんとかえるくん』みたいだよね。

ダン　そう、チャプターごとに違う楽しいお話があっていいよね。

コマール先生のノートには、ダンの変化について次のように記録されています。

九月

・クラスメイトの補助を受けてブックトーク。
・タイトル、登場人物、あらすじ、そして少しエンディングのネタばらし。

一二月

・自信をもって発表。
・クラスメイトの質問にも問題なく答えた。心から答えている。
・独立した発表。自分からブックトークを志願。
・明確な構成、タイトル、登場人物、ジャンル、作者、イラストレーター、好きな理由、すすめる理由、表紙。

・本の要点を紹介したが、エンディングは内緒にした。
・本の評論もできた。評価し、理由を説明した。

春になると、ダンは大好きな『ベアくん』シリーズを紹介し、ユーモアたっぷりに一〇点中一〇点満点だと力説し、とても説得力のある言葉で、このシリーズを語りあうグループにクラスメイトも参加するように、と誘っていました。

彼のプレゼンテーションは、あるクラスメイトに刺激されて巧みなパワーポイントを使い、高いレベルを達成しました。ダンのスライドは、タイトル、登場人物、ジャンル、あらすじを紹介し、同じ作者の別の作品も紹介し、どこでその本が見つけられるのか（教室内、書店、街の図書館）についても紹介していました。彼はそのとき、飛ぶようにして立ちあがり、その本がどこにあるかを実際に歩いて示しました。

実は、ダンには学習障がいがあり、特別学級の子どもであるため、このような発達が見られたことはとても重要なことだといえます。(18)

---

(18)　翻訳協力者のコメントです。「ここまでの成長は、本当にすごいです。コマール先生が教室に本を読む文化を根づかせ、教室全体が小さな作家と読書家のコミュニティーになっている様子が伝わってきます」

共通の評価報告と共通テスト

コマール先生の学校では、ほかの学校と同様、教育委員会が指定する共通の評価記録表を使った年三回の定期的な評価報告が必要とされています。このような共通の評価表には、コマール先生自身の個人的な記録を上回るほどの教育的な価値はありませんが、年に数回、決まった時期に記録をとることによって成長過程を示す指標にはなります。また、ほかの自治体の学校と同じく、コマール先生の子どもは共通テストを受けていますが、このテストも、日々の教育活動において役立つ情報は何ら提供してくれません[19]。

---

(19)「すごくサラッと書いてありますが、ここに書いてある共通評価や共通テストへの感覚は大きく強調したいところです。こうした共通の評価や共通テスト（つまり日本でいう学力テストなど）でいい成績を残そうとして、その対策ばかりに一生懸命になっている学校がいかに多いことか……それがすべてではないし、むしろここにある教師の定期的な記録の価値以上のものではないという感覚をもてるようにならなければ、教室の評価はいつまでも変わらないと思いました」というコメントを翻訳協力者からいただきました。さらに、「表裏一体の関係にある指導法も！」と補足しておきます。

第7章

「人はどうあるべきか？」について子どもと考える

学校の本質は人間関係にある。子どもの学び、市民意識の育成、平和で楽しい学級づくり、そして効果的なインクルーシブ教育の実現には人間関係の構築と維持が必要であり、そのためには社会的・感情的な発達と人格の形成が不可欠である。

［参考文献71］モーリス　イライアス（Maurice Elias・ラトガーズ・ニュージャージー州立大学の心理学教授で、長年、対人関係と感情の教育に携わってきました。邦訳書として、『社会性と感情の教育――教育者のためのガイドライン39』（小泉令三訳、北大路書房、二〇〇〇年）があります）

子どもは一人ひとり違います。性格、興味、過去の経験、考え方、家庭など、さまざまな個性があります。教師も一人ひとり違います。多様な違いがあり、二人の教師が同じということはありません。個性豊かな教師たちが、毎年、個性豊かな子どもたちと出会い、学校をつくっていきます。

それにもかかわらず、多くの学校における教育は、まるで子どもが相対的な「能力」以外は全員同じであるかのようにシステム化されています。決まった指導案を使い、まるで子どもの違いが存在しないかのように、もしくは指導案にあわない子どもは迷惑な存在であるかのような教育をするようにと、教師に対して要求しています(1)。

このような不思議な状況を耳にすると、冗談のように聞こえてしまいます。しかし、現実にはあまりにも個性を無視した教育が一般的となっています。違いがあるからこそ、子どもと教師はお互いに興味をもてる、深みのある関係が続けられるのです。

私たち著者は、人としても、教師としても全員違った個性をもっています。また、私たちはまったく異なる状況のなかで仕事をしており、その状況も常に変化しています。時間割、学年、優先事項、カリキュラム、同僚、そして校長も同じではありません。私たちがいた三つの学校では、六年間で七人もの校長が存在していました。

組織の変化やカリキュラムの変化は、私たちの教育活動に大きな影響を与えます。たとえば私たちは、異学年のクラスを一つだけフルに担当することを好みます(2)。しかし、組織が変化すると、算数・理科などの教師と一つのクラスを半日ずつ交代して担当する場合もあります。そうすると、自分が教える子どもの人数は二倍になり、人間関係を構築してともに学ぶ時間は半分になってしまいます。

もちろん、私生活も変化します。結婚、出産、病気があり、家族の都合で転居が必要になるなど、家庭の事情はさまざまです。

教育上の新しい挑戦はさまざまな形で訪れます。人間関係が苦手で、教師や同級生と上手に付き合えない子どももいれば、学びが思うように進まない子どももいます。かぎられた時間のなかで何をどのように教えるかを考え、クラスの子どもたちとコミュニティーをつくりつつ、教育行政から下りてくる学力テストやカリキュラム面の要求に対応することが大変な状況となっています。

困難を克服しなければならないとき、それを学ぶ機会と捉えることが重要です。そして、成長

（1）翻訳協力者から、「日本でもまったく同じ問題がありますね！これを当然のこととして受け止めてしまっている教師の心にぐさぐさと刺さらなければならない内容だと思います。先日も、中学校の先生と話していて『同じ学年の教員は、進度とか内容を揃えなければならないからリーディング・ワークショップみたいな授業や新しい取り組みを取り入れにくいし、ほかの先生の理解を得にくい』と言っていました。なぜ揃える必要があるのか、というところをもっと教師自身が疑わなければならないなと感じたところです」というコメントがありました。QRコードにあるように、間違った平等意識が最大の要因ではないでしょうか。あるいは、子どもの学びや成長ではなく、大人の都合を優先してしまっている結果ではないでしょうか？　ほかに何か理由は考えられますか？

（2）たとえば二年生と三年生が混ざっている学級です。七ページの注（1）を参照してください。

するためには仲間の助けが必要なときもあります。著者である私たちが集まったのもそのためです。教師として成長し、仲間と教育の力を強めるために集まりました。

学校の研修は、時に役立つこともありましたが、それだけでは足りませんでしたし、自分が期待したり、必要としている研修内容と違う場合がたくさんあります。さらなる成長を求めていた私たちは、自分たちで何かやろうと決め、ここ数年、定期的に集まって計画を練り、問題を解決し、自分たちの仕事の素晴らしさをともに確認しながら支えあってきました。

お互いの教室を訪れ、教え方を議論し、本をともに読んで、新しい考え方を語りあいました。自分たちの目指している教育をより深く理解し、子どもの学習を観察して記録する力をつけ、子どもの考える力を伸ばす最良の方法をこれまで探究してきました。このような学びのコミュニティーの形成は、価値ある教育活動を行うための大切な基礎となりますが、教室の中で子どものためにつくる学びのコミュニティーと本質的には同じです。(3)［参考文献82］

私たちの教育は、ここ数年で大きく変わりました。それはどうしてでしょうか？

子どもたちの能力が発揮できるだけの教育環境を上手につくると、子どもは驚くほどじっくりと深く物事について考えられるようになることを発見したからです。この発見があったからこそ、子どもが高い思考力を発揮する新たな教育が私たちの水準（ベンチマーク）となりました。

そのためには、「子ども同士が学びあっており、教師はその補助をしている」という環境をつくる必要があります。そして、教師は、「全員がそれをできるようになるためには何が必要か？」について考えます。もちろん、教師同士で問題の解決や失敗の克服を助けあうということも不可欠です。

では、私たち著者における、現在の教え方の共通点は何でしょうか？

私たちの教室にいる子どもは、楽しみながら主体的に読み書きに取り組み、学びの主導権を握っています。私たちは、ともに議論を重ねることで教育に関する同じ価値観を磨いてきましたので、それぞれ違う学校環境のなかでも同じ原則と構造で教育を行っています。社会心理学、発達心理学、そして最新の神経心理学の研究結果に基づいて、同じような考え方をもつようになりました。

いうまでもなく、私たち著者の経験や性格は一人ひとり違うわけですが、人間としての大切な共通点もあります。私たちは全員が前向きで、母親が赤ちゃんを信じるように子どもたちの成長を信じており、「すでに高度な会話ができる」かのように子どもたちと会話をし、彼らの潜在能力のわずかな芽生えを大切にしています。

（3）翻訳協力者からのコメントです。「教師が自分の経験する学びを教室にもち込むという考え方ですね。『教育のプロがすすめるイノベーション』にも書かれていたことだと思いますし、とても共感します」

リテラシー、そして学びを考える

現在、アメリカにおける読み書きの教育はどうなっているのでしょうか？　多くの学校においては、本を音読する力が最優先となっており、そのため、フォニックス（文字と音のつながり）がもっとも重要な基礎となっていて、意味の理解や子どもの興味を重視するのはあとでよい、という考え方がまだ一般的です。

また、一定の方法論に沿った「段階的」なフォニックス教育が大切であるという意見も一般的となっています。つまり、子どもにとって単語や本の内容にどのような面白さがあるのかという点よりも、決まった順序の標準的な教え方が優先されるべきだ、という考え方です。さらに、リテラシーを認知的な発達と見なし、子どもの感情や関心と切り離すのも一般的となっています。フォニックスによって単語の音を解読できるようになってから、やっと子どもは興味のあるコンテンツが学べるかもしれない、というわけです。

つまり、子どもは小学校入学時点では何の知識も個人的な興味もない真っ白な状態であるということが前提となっており、文字や単語についての知識を一つ一つ段階的に教えないと何もできるようにはならないという認識です。

一方、私たちの意見は違います。読む活動と、書くこと、話すこと、聞くことを分けてしまったり、それらの活動の社会的な意味や個人的な意義を無視してしまうと、子どもが興味をもって主体的にリテラシーの習得に取り組むのが難しくなります。

本来、子どもは好奇心と主体性をもっており、自発的に学ぶ力も備わっています。子どもから見て、読んだり書いたりする明確な意義があると感じるとき、そして読み書きに純粋に関心をもったときに初めて、その潜在的な学びの能力が発揮されるのです。(4) 読み書きにおいては知識や認知的な能力も大切ですが、読み書きとは、そもそも人と人を結ぶ社会的な活動なのです。

子どもは、知識やスキルを与えられた順番に段階的に覚えるのではなく、折り重なる複数の知識とスキルを同時に習得します。また、子ども自身にとって意味のある順番で習得していきます（その順番は一人ひとり違います！）。読み書きを覚えながら、子どもは人間としてさまざまな面で学んだり成長したりしますので、この点についても教師は意識しなければなりません。ですから私たちは、文字や音やパターンを決まった順番に教えようとするパッケージ化された指導方法や教科書／教材セットは使っていません。(5)

そのようなものを使わなくても、私たちが担当している教室の子どもの能力は、基本的には全

---

(4)　ここに書かれていることを膨らませた本が『「おさるのジョージ」を教室で実現』です。

員が、教育行政に指定された基準に到達するか、上回っています。また、次の学年の教師たちから見て、私たちが教えた子どもは、特別学級の子どもも含めて、精神面における発達レベルの高さが認められています。

そもそも人間はなぜ読み書きを覚えるのでしょうか？　それは、ほかの人のこと、世界のこと、そして自分のことを知るためです。その過程において子どもは、認知的に知識やスキルを学ぶとともに、人間関係、アイデンティティー、そして個性の面で脳を発達させていきます。つまり、読み書きの習得を人間としての発達から切り離せないということです。［参考文献10］

もちろん、読み書きができるようになるためには知識とスキルが必要です。たとえば、文字と音に関連する原則が分からない子どもはとても苦労します。正しいスペルで書けないですし、書きたいことが自由に書けません。でも、スペルや文法や規則を覚えることが最終の目的ではありません。大切なのは「書きたい、読みたい」という意欲です。そして、どうすれば読みたいものを読み、書きたいものを書けるのかについてともに考えるのです。

学習意欲を大切にするということ

子どもを「生涯にわたって学び続ける人に育てましょう」という教育目標をよく見かけます。

しかし、それを実現する具体的な方法を見ることはあまりありません。生涯にわたって学習する人というのは、自ら学習に取り組み、問題に直面したときに自発的に解決し、主体的に学び続ける人のことです。

子どもが夢中で興味ある読み書きに取り組んでいるとき、彼らは主体的に学んでいるのです。夢中で取り組んでいる子どもは学びの主導権を握っていて、自分がもっているすべての能力を最大限いかして行動し、分からない単語などといった問題を解決していきます。

実際、子どもは学びへの意欲に満ちあふれた状態で入学します。私たち教師が学習意欲を削がないかぎり、子どもは受動的にはなりません。彼らの脳は、積極的な体験的学習を続けるためにデザインされているからです。

入学前の子どもは、概念（これはなんだろう？）や因果関係（どうしてこうなるのだろう？）

(5)　翻訳協力者から、「これが理想の形ということは非常に分かります。子どもは興味ある本、漫画、映画から多くのことを学びますし、そこから興味が広がって、さらなる知識とスキルを求めることにつながると思います。しかし、日本で難しいのは、学習指導要領（というか、教科書）というパッケージから抜けだせないことです」というコメントをいただきました。教材や教案が固まっていて、変えられないという状況は大きな問題です。工場のように統一された品質管理を目指し、子どもや教師の個性や主体性が発揮できない状態では、学習が本当に好きになる、主体性のある子どもを育てることは至難です。

に関する質問で頭がいっぱいです。しかし、彼らの素朴な質問や問いがいつの間にか止まってしまうという現象が多くの学校で見られます。このような現象は、私たち教師が教え方を見直すべきだということを示唆しています。[6]

子どもが夢中で取り組むようになると、教師は彼らのさまざまな力を過小評価していたことに気づきます。夢中で取り組んでいる子どもは、最大限の学習能力を発揮し、発達の最近接領域（ＺＰＤ）[7]における成長を見せてくれます。

また、子どもがお互いに助けあい、協力して取り組むようになると、自分たちがやろうとしていることについて話し合い、自分の考えをほかの子どもや教師に伝えるようになりますので、彼らがどのような考え方や成長の課題、そして解決方法をもっているのかが分かります。

それらはすべて、私たちが子どものニーズにこたえる教え方を実現するための貴重な情報です。熱心に取り組む子どもは自立した学習ができますので、教師には、ほかの子どもたちに対応するためのゆとりが生まれます。たとえば、質問をしてきた子どもへの返答を考えたり、話をじっくり聞いたり、彼らが行っていることに容易に気づけます。また、子どもたちが興味あることに夢中で取り組んでいるときこそ、教育の公平性が保たれているといえます。なぜなら、全員が「最適」に学んでいる状態だからです。[8]

子どもが夢中で取り組む利点はほかにもあります。学校に通うことに意欲的な子どもは幸福度が高く、自らの人生の主導権を握っていると実感するため、賢明な判断をします。そのような子どもたちは、その後の人生において、麻薬に手を出したり、望まない妊娠をしたり、孤独になったり、法律に違反したりする確率は低いという研究結果が出ています。〔参考文献144〕

私たちの教室において、子どもが夢中で読み書きに取り組めるようにするための方法は以下の三つです。

（6）翻訳協力者から、「多くの（ほぼすべての）学校でこんな現象が起きていると思いますが、それはとても悲しいことです。子どもたちの問う心、学びたい気持ちをつぶしてしまうのがほかでもない『学校』という、本来『学べる場所』であることを意味しているのですね」というコメントをいただきました。このテーマで書かれている本が、前掲した『「おさるのジョージ」を教室で実現』をはじめ、『遊びが学びに欠かせないわけ』、『あなたの授業が子どもと世界を変える』、『退屈な授業をぶっ飛ばせ！』などです。

（7）ロシアの発達心理学者のヴィゴツキーは、すべての学習者には自分一人でできる領域と、まだ自分ではできない発達可能な領域があることを理論化しました。そして、その間の領域を「発達の最近接領域（Zone of Proximal Development: ZPD）」と名づけ、その領域でクラスメイトと協力して取り組んだり、教師のコーチングを受けたりすることで発達可能な（いずれ一人でできるようになる）新たな領域にもちあげることができると主張しました。これについて詳しく知りたい方は、分かりやすく書かれている『教育のプロがすすめる選択する学び』（一一七〜一一九ページ、および一三六〜一四〇ページ）を参照してください。

（8）この点については、二三五ページのQRコードで見られるブログの、二〇一八年一二月九日号のイラストが分かりやすいです。

❶気づくことの大切さを子どもに伝え、気づきを学びの中心に位置づけ、子ども自身が学びの主導権を握るようにします。(9)

❷子どもに本づくりの環境を提供し、自分たちの興味を探究したり、お互いに協力することを促したりします。

❸多様な視点があり、探究の答えは一つでないことを強調しながら対話します。(10)

この三つはどれも難しいことではありませんが、子どもに対して、自立して主体的に動く自由と決定権を与える必要があります。

子どもに決定権を与えるといっても、教師がもっている権力や尊敬の放棄ではありません。その逆なのです。子どもが夢中で取り組みはじめると、彼らは教師やクラスメイトが自分の学びをどのように助けてくれるのかについて関心をもちはじめます。(11)

人間関係がポジティブになり、教師やクラスメイトとの親密な関係と仲間意識が育つと、学習への集中力も高まります。その環境のなかで子どもは学びの楽しさを感じ、活動の価値を実感します。それと同時に、主体性、居心地感、帰属意識、自己肯定感、そして自信を強く感じ、心理的な欲求が満たされていくのです。(12)

主体性の感覚と責任感

人が問題に直面したとき、効果的に対応するためには主体性の感覚（a sense of agency）(13) が必

(9) 「気づき」は『言葉を選ぶ、授業が変わる！』（とくに第2章）のテーマの一つです。次節のテーマである「主体性」も。

(10) このような話し方や投げかけ方が多様に紹介されているのが、『言葉を選ぶ、授業が変わる！』、『オープニングマインド』および『学習会話を育む』です。

(11) 翻訳協力者からのコメントです。「これは素晴らしいですね。自分の学びを大切にするからこそ、ほかの人とのつながりを求めるということですね。まずは、自分が何か助けてもらいたいこと（＝自分のニーズ）を自覚しなければできないことです。そのうえで、それを助けてくれそうなのは誰か、そしてどのように助けてもらえるのかについて考えられるのは大事な力です。何かについての知識を片っ端から詰め込むことより、よっぽど大切かもしれません」

(12) 翻訳協力者からのコメントです。「生活のほとんどを過ごす場所である学校がこうしたことを感じられる場所になったら、本当に子どもたちは毎日が幸せですよね！」

(13) エイジェンシーは「主体性」や「主体感」と訳されることが多いですが、日本の教育の文脈で使われているその表現と同じ意味とはいえない部分もあります。エイジェンシーの説明については、四六ページの**訳者コラム**を参照してください。ここでは、「主体性の感覚」という表現で訳しています。

要です。主体性の感覚とは、自分が主体的に行動することに価値があると信じ、問題に直面したときに自分で解決したり、困難を乗り越えていけるという自信です。

教室において子どもに主体性の感覚をもたせるためには、次のように指導する必要があります。

❶興味ある活動に夢中になって取り組め、問題に直面したときに子どもが自発的に解決方法を探すように刺激します。子どもが教師の指示に従っているだけでは、活動も脳の動きも受動的となり、主体性も責任感も芽生えません。

❷クラスメイト同士で、「自分たちはどのような問題を抱えているのか、そしてどのように解決すべきか?」という話し合いをするように育てます。

❸主体的に問題を解決することを教室内の常識とします。たとえば、学級会では「今日どんな問題に直面し、どのように解決しましたか?」と問いかけ、主体的な解決方法について振り返ります。

もちろん、無制御な主体性の感覚が育つだけでは十分とはいえません。「責任感」と「思いやり」が必要です。ご存じのとおり、ナチス・ドイツのヒトラー（Adolf Hitler, 1889～1945）にも強い主体性の感覚があり、自信をもって積極的に行動していました。私たち教師は、子どもたちが問題解決の能力に自信をもてるように育てると同時に、責任と思いやりをもって行動するように教育しなければなりません。

人を思いやり、他人のアイデンティティー、そして価値観を大切にする心が必要です。私たちは、子どもたちが道徳的な市民としての考え方を構築できるように教育しなければなりません。思いやりのある人になり、お互いに助けあうべきだと子どもたちが意識するよう、クラスの道徳的な文化と秩序を形成します。

子どもが「思いやりのある人になりたい」と自分で決めるときには、誰かに強制されるのではなく、自らの意志が働きます。しかし、このような責任感と思いやりに支えられた強い意志を育てるためには、子どもの社会的・感情的な生活を大切にすると同時に、コミュニティーの一員であるという感覚をもたせる必要があります。

知性だけでなく、社会性と感情の発達も大切に

理性と感情が別々の能力領域であるという間違った認識があります。理性と感情を分けることはできません［参考文献46］。感情を管理する脳の部位に損傷を受けた場合、道徳的な論理は理解できても道徳的な判断ができない人がいます。行動に対する判断をするとき、感情も関係しているのです。自分の感情を認識し、管理する能力は、子どもの知性と社会性に影響します。感情面

において困難があるときには、自発的に誰かと相談したりして、さまざまな人間関係のなかで発生する不和についても管理できるようにします。

感情的な発達、社会的発達、そして知的な発達は、よい意味でも悪い意味でも相互に作用します。たとえば、いじめられたり仲間はずれにされたりすると、その子どもは学習に集中できません。不安が脳の高度な機能を低下させるためです〔参考文献5〕。アメリカにおいて、鬱や情緒不安定で苦しんでいる子どもが約八パーセントいるといわれていますが、そのような子どもが学習するのは非常に困難なのです。

感情的な能力が高いということは、自らの感情が自分の考えや行動とどのように関係しているのかについて理解している状態です。また、その関連をどのように活用し、発達させるのかも大切です。

実際、子どもはこのようなことをかなり理解しています。二年生のアドリエンヌは、物語の主人公の考えや気持ちについて長く話し合った末に、「自分のことを分析するのって難しい。ほかの人を分析するほうが簡単」と語っていました。

彼女の言うとおりです。そして、ほかの人の行動や考え、そして気持ちについて考えられるようになると、自分の行動や気持ちについて考えることが以前よりも容易になってくるのです。教師は、「他人のなかに見える自分」と「自分のなかに見える他人」が認識できるように教える必要があります。他人とのさまざまな関わりや対話からよい人間関係を構築し、責任感を発達させていくのです。

もう一点、アドリエンヌの気づきから理解できるのは、物語のなかの主人公の行動や感情を考えたり、話し合ったりする経験がとても大切な学びになっているという点です。

登場人物の気持ちや境遇を想像することは、とくに重要です。対人関係と感情面における発達が、国語という教科の管轄内にあるということです。言葉を通して子どもは、自分の経験、そして他者の経験についての会話を行い、自分の感情が悲しみなのか、怒りなのかなどが分かるようになっていきます。そして、人間関係や行動において、その感情のもつ意味が理解できるようにもなります。自らの対人関係と感情面の発達が理解できればできるほど、子どもは地域社会での生活に参加するだけの準備が整ったことになります。もちろん、物語の文章に対する理解も向上していきます。

コミュニティーをつくる

人間は支えあって生きる、社会性の高い生き物です。私たちは仲間を必要とします〔参考文献52、147〕。友人がいないという人は、喫煙、肥満、高血圧などが比較的多いという研究結果が出ています［参考文献93］。教師も、子どもたちも、人間関係に関連する欲求を教室の中で満たす必要があります。

とはいえ、環境をつくるだけでは十分とはいえません。子どもたちは、健全な人間関係とコミュニティーを見つけたり、つくったり、維持したりする方法を学ぶ必要があります。そうすれば、大人になってから、前向きな人間関係から社会資本(14)を蓄積し、仲間やコミュニティーとの絆が維持できるようになります。この能力は、グローバル化で人が家庭や地域から離れて孤立するケースが多くなった現代社会においてはより重要なものとなっています。実際のところ、アメリカ社会では「孤独」が蔓延しているのです。

人間関係を構築する力、社会的想像力（social imagination）(15)、そして自己認識と他者に対する認識をコントロールする力はとても大切です。これらの能力を育てることが学校生活と学級経営の中心にあるべきです。学力よりも軽視されたり、付属的なプログラムとして扱われてはいけません。

何かを成し遂げる必要があるとき、コミュニティーは個人よりも強力なので、子どもが協力してともに考えるといった力がとても大切になります。ただし、その力が常に好ましい形で機能するとはかぎりません。コミュニティーのもつ力には良い効果と悪い効果があると、子どもたちは知る必要があります。たとえば、コミュニティーには人を仲間外れにする危険性もあります。私たち教師には、一緒に本を読んでともに考えるときなど、学校生活のさまざまな場面における話し合いのなかでコミュニティーづくりを進めてく必要があります。

次に紹介するのは、小グループにおける子どもの話し合いの場面です。[16]

トーマス　アンジーはまだ話していたよ。最後まで聞いてあげて。

アンジー　この物語の意味は、絶対に誰も仲間外れにしちゃいけない、透明人間みたいにしちゃいけない、ってことだと思うんだ。

シンディー　自分を鏡で見たときに、半分が自分で、半分が彼、と見えるような感じかしら。もし、自分がブライアンの立場だったらどのように感じると思う？

子どもたちは、コミュニティーづくりの大切さについての感覚を発達させるべきです。どのよ

---

(14)　(social capital)　個人的な人間関係のネットワークという意味です。

(15)　ジョンストン氏の大きなキーワードの一つです。『言葉を選ぶ、授業が変わる！』で使いはじめて、『オープニングマインド』では一章を設けて説明しています。これはその二冊の本の主要テーマです。

(16)　作品名は書かれていませんが、トルーディ・ラドウィッグ作の『みんなから みえない ブライアン』のブッククラブをしているところかと思われます。

うなコミュニティーをつくるかを考え、判断しながら、自己を発達させ、コミュニティーにおいてどのような一員になりたいのかを決めていくのです[17]。

誰も排除されない学びのコミュニティーをつくり、そのようなコミュニティーの特徴を認識し、自分のものになるように教師がサポートします。そして、そのようなコミュニティーのなかで、自分は有能な作家やイラストレーターだと意識できるように支えるのです。そのような意識は、教室の人間関係と対話のなかからつくりだされ、維持されていきます。

曖昧さと不確実さへの許容を育てる対話

「曖昧さ（ambiguity）」と「不確実さ（uncertainty）」は、人生のなかで常に直面するものです。受け入れるのが大変なときもありますが、曖昧さと不確実さは私たちの成長の源となりますので、それらをどのように捉え、どうのように対処するのかという能力は人間にとってとても大切となります[18]。

民主主義を守り、発展させるためには、自分の認識と違うこと（そして、そのような違いに遭遇したときに感じる疑念、不安、緊張、異質感）は脅威ではなく、学びにとって大切な機会であると捉えなければなりません。そのためにも、教室での対話が非常に大切になってきます[19]。

探究と対話を大切にする教室において、子どもは不確実性と曖昧さに興味をもちます。一年生のジェレミーが、長い話し合いの末に興奮ぎみに発言しました。

「頭が、お月様までぶっ飛んでいきそうだ！」

新しい考え方に出合い、自分の認識があまりにも速く変わるので、彼は頭がクラクラしたようです。違う視点があることを知り、「違った考えを受け入れることに価値がある」という認識が彼のなかに芽生えたのです。

---

(17)　翻訳協力者からのコメントです。「どんな一員になりたいか、という意識を自分でもてるのが大切ですよね。必ずしも全員がコミュニティーのリーダー的存在になる必要はないし、それを教師が理想としてしまうこともおかしな話だと思います」

(18)　訳者の特権で、曖昧さと不確実さに「脆弱さ」も加えさせていただきます。「脆弱性の力、ブラウン」で検索すると、とても魅力的な動画が見られます。

(19)　翻訳協力者から、「日本の子どもたち（大人も？）がもち得ていない大事な感覚です。Sheridan Blau の「performative literacy」の項目にもあったと思います。それを受け入れることができないと、『正解』が手に入らないと落ち着かなくて不安になり、次に何もしたくなくなってしまうのだと思います。日本は、あまりにもそういった子どもが多いのではないかというか、大学生もそういう学生が多いようにずっと感じています。ここに焦点化する内容が読めたのも、私にとってとても嬉しい機会です！」というコメントをいただきました。その理由は、正解志向と、その結果としての固定マインドセットがあまりにも強すぎる学校や教育者がまだ多すぎるから、といえるのではないでしょうか？

こうした認識は、リサ・フェルドマン・バレット[20]が書いたように、「困難なときに希望、そして幸せなときに感謝をもたらします」。［参考文献10］

答えが一つしかなく、さまざまな視点や考え方を探究しない教室では、不確実さに対して不安が生まれます。そして、不確実性を受け入れつつ多様な視点を取り込むという高度な思考力は育ちません。また、不確実なことに対してストレスを感じると思考が遮断され、ステレオタイプへの依存や違う考えをもつ人間への差別を発生させます。［参考文献51、104］

教師が一方的に話し続ける教室では、子どもが将来、市民として社会に参加する準備ができません。民主主義社会において市民は、多くの視点、そして不確実な情報が存在する曖昧な環境のなかで自分の考えを形成し、決断する必要があります[21]。

対話、議論、そして柔軟な解決策の模索を通して、市民が多様な視点を考えることができなければ民主主義は成立しません。反対意見、矛盾・食い違い・分裂、不確実性に怯まずに立ち向かい、自分の視野を広げる必要があるのです。

私たち教師が協力して目指すべき目標は、より良い社会をつくるために、一人ひとりの子ども、そして学びのコミュニティーの成長を支え、民主主義を発展させることです。一年生のエスペランザが、民主主義の一面を上手に表現したようにです。

「みんなで協力して考えると、違う考えから新しい発見があるの！」

大きな目標だが、達成可能

私たち著者にとって教育の真髄とは、「人間はどのように生きるべきか？」という対話を子どもと続けることです。

私たち教師のもっとも大切な仕事は、文明が積みあげてきたさまざまな道具が入った「道具箱」を子どもに伝承することだ、といえます。その道具には、言語、文字、数学、科学的手法、そしてさまざまな問題の解決方法だけでなく、自分の感情や人間関係を上手に維持するための知恵も含まれています。

幸福になるためにはどの道具も大切です。大学進学や就職に役立つものだけが大切ではありません。人生は、大学進学や就職だけではないのですから。また、世界は常に変わりつつあるので、変化に対応できるだけでなく、必要に応じて新しい道具を生みだしながら、方向性を積極的に変えるように子どもたちを教育していかなければなりません[22]。

(20)　(Lisa Feldman Barrett)　ノースイースタン大学の心理学（感情科学）の教授です。下のＱＲコードで、彼女のＴＥＤトークが見られます。

(21)　正解志向があまりにも強すぎる日本の教室は、逆の状況が起き続けていることを意味します。

さらに踏み込んでいうならば、人間としてどのように生きるべきかについて教えるだけでは十分とはいえません。人間社会を維持し、発展させるためにどうすればよいのかについて教えなければならないのです。

いうまでもなく、教育はとても大きな仕事です。教師の責任は重く、その責任の全体像を想像すると圧倒されますが、その責任を果たす方法は、実はそれほど複雑ではありません。

子どもが個人的に興味のある活動に夢中で取り組める環境さえ整備すれば、子どもたちは驚くほどすごい能力を発揮します。教室の環境を変えると変化が自然と起こります。たとえば、クラスメイトや登場人物の気持ちについて話し合うと、子どもの「社会的な想像力」が育ち、それが育つことによってさまざまな利点が生まれます。クラスにおける子どもの言動が前向きで思いやりのあるものになり、感情のコントロールが高まって友人関係が良好になり、道徳的な思考の発達も促されます。〔参考文献24、25、6〕

これらが実現すると、学級生活はより円滑になり、楽しくなります。学校での有意義な生活を通して子どもが幸福感に満ちていると、学校の環境がよくなり、さらに子どもの幸福度が高まります〔参考文献178〕。そして、幸福な子どもはさまざまな理由で（時には驚くような理由で）よい学習者となります。たとえば、幸福感は、言葉にまつわるワーキングメモリーの容量と実行機能面を向上させます。〔参考文献179〕

子どもが意欲的に興味ある活動に取り組める環境を提供し、その活動について耳を傾けさえすれば、子どもと教師、そして子ども同士の対話はとても豊かなものになります。子どもが夢中になって自発的に本をつくり、本を読み、探究するようになると、私たち教師は子どもの管理をするのではなく、読み書きの能力を高めるためのサポートに集中できます。

子どものアイデンティティー、社会的主体性、協働的な学習を大切にする対話的な教育にはさまざまなよい効果があります。子どもは、自分がつくる作品にも、クラスメイトがつくる作品にも興味をもち、知的・社会的序列主義が消滅し、意欲的に作品の探究に没頭するなかで個人とコミュニティーの取り組みが拡張します。興味のあるものを創造している作家同士、それぞれの作品や学習に興味を抱いているため、子どもはお互いに話をよく聞き、その結果として興味がさらに広がり、語彙力が増していくのです。

このような変化は、教室での日々を楽しくし、子どもの知的な好奇心、学力意欲、人間関係、そして感情面の発達を刺激します。本について話し合うなかである二年生が言った言葉は「プライスレス」でした。

(22)　翻訳協力者のコメントです。「私は変化を恐れない人になることがとても大事だと思っていましたが、その先の『変化の方向性を積極的に変える人』がまさに必要ですね。私たちは、深く考えることのできる市民を育てていく必要があるのだと思いました」

「この本についての話し合い、一日中やっていても飽きない！」

私たちが本書のなかで語ってきた教室の特徴は、子どもの学校生活だけでなく、大人になってからの社会生活にも影響します。子どもの人間関係と感情面の能力を発展させることは、大人になってからの学習、経済力、健康、そして雇用によい影響を与えます。また、犯罪への関与、生活保護への依存、麻薬乱用の可能性が下がります。〔参考文献102、136、120〕

もちろん、学力が上がれば生活もよくなります。でも、経済界のリーダーたちもよく言うように、学力があっても伝えあう力、協力する力、思いやり、そしてそれを活用する行動力がないと社会のなかでうまく生きていけません。子どもが教室の中で健全な生活を送るために必要とされる力は大人になってからも重要である、ということです。

保護者は、子どもに学校で幸せな生活を送ってほしいと願っています。もちろん、私たち教師もそうです。

保護者は、子どもが将来、能力があり、就職できる健康な大人になることを願っています。もちろん、私たちも同じです。

自分の子どもや孫にもそうなってほしいと願っています。また、教師として、私たちも幸せに仕事をしたいと願っています。

幸せな子どもがよい学習者になりやすいように、幸せな教師はよい教師になりやすいです。教師にとっても、子どもにとっても、活き活きと学びながら活動できる環境が必要です。
「意義のある活動に夢中で取り組める、思いやりのある、対話的なコミュニティー」――学校が
このような環境になることが、民主的な社会をつくり、それを維持していく基盤となるのです。

・冨田明広ほか『社会科ワークショップ――自立した学び手を育てる教え方・学び方』新評論、2021年
・トムリンソン、C・A『ようこそ、一人ひとりをいかす教室へ』山崎敬人ほか訳、北大路書房、2017年
・ピアス、チャールズ『だれもが科学者になれる――探究力を育む理科の授業』門倉正美ほか訳、新評論、2020年
・フィッシャー、ダグラスほか『「学びの責任」は誰にあるのか』吉田新一郎訳、新評論、2017年
・ブース、デイヴィッド『私にも言いたいことがあります！――生徒の「声」をいかす授業づくり』飯村寧史ほか訳、新評論、2021年
・フラジー、マーラ『あかちゃん社長がやってきた』もとしたいづみ訳、講談社、2012年
・プロジェクト・ワークショップ編『増補版　作家の時間――「書く」ことが好きになる教え方・学び方（実践編）』新評論、2018年
・プロジェクト・ワークショップ『読書家の時間――自立した読み手を育てる教え方・学び方【実践編】』新評論、2014年
・吉田新一郎『テストだけでは測れない！』NHK出版（生活人新書）、2006年（絶版）
・吉田新一郎『増補版「読む力」はこうしてつける』新評論、2017年
・ラッシュ、マーサ『退屈な授業をぶっ飛ばせ！』長崎政浩ほか訳、新評論、2020年
・ラドウィッグ、トルーディ『みんなから　みえない　ブライアン』さくまゆみこ訳、くもん出版、2015年
・レヴィスティック、リンダ・S・ほか『歴史をする――生徒をいかす教え方・学び方とその評価』松澤剛ほか訳、新評論、2021年
・レント、リリア・コセット『教科書をハックする――21世紀の学びを実現する授業のつくり方』白鳥信義ほか訳、新評論、2020年

訳注で紹介した本の一覧

・アトウェル、ナンシー『イン・ザ・ミドル――ナンシー・アトウェルの教室』小坂敦子ほか訳、三省堂、2018年
・イライアス、モーリス『社会性と感情の教育：教育者のためのガイドライン39』小泉令三訳、北大路書房、2000年
・ウィレムズ、モー「ぞうさんぶたさんシリーズ」落合恵子訳、クレヨンハウス、2016年
・ウィレムズ、モー『トリクシーのくたくたうさぎ』中川ひろたか訳、ヴィレッジブックス、2006年
・エンダーソン、マイク『教育のプロがすすめる選択する学び』吉田新一郎訳、新評論、2019年
・オストロフ、ウェンディ・L『「おさるのジョージ」を教室で実現――好奇心を呼び起こせ！』池田匡史ほか訳、新評論、2020年
・カール、エリック『くもさんおへんじどうしたの』もり　ひさし訳、偕成社、1985年
・グレイ、ピーター『遊びが学びに欠かせないわけ』吉田新一郎訳、築地書館、2018年
・クーロス、ジョージ『教育のプロがすすめるイノベーション』白鳥信義ほか訳、2019年
・サックシュタイン、スターほか『宿題をハックする』高瀬裕人ほか訳、新評論、2019年
・シャノン、デビッド『だめよ、デイビッド!』小川仁央訳、評論社、2001年
・ジョンストン、ピーター『言葉を選ぶ、授業が変わる！』長田友紀ほか訳、ミネルヴァ書房、2018年
・ジョンストン、ピーター『オープニングマインド――子どもの心をひらく授業』吉田新一郎訳、新評論、2019年
・ズィヤーズ、ジェフ『学習会話を育む』北川雅浩ほか訳、新評論、2021年
・スペンサー、ジョン『あなたの授業が子どもと世界を変える』吉田新一郎訳、新評論、2020年
・デイビス、ニコラ『やくそく』さくまゆみこ訳、BL 出版、2014年

(261) ——. 1998. *Mr. Putter and Tabby Take the Train*. Illustrated by Arthur Howard. Orlando, FL: Harcourt.

(262) ——. 1987. *Henry and Mudge: The First Book of Their Adventures*. Illustrated by Sucie Stevenson. New York: Simon and Schuster books for young readers.

(263) Schrock, Jan West. 2008. *Give a Goat*. Illustrated by Aileen Darragh. Gardener, ME: Tilbury House.

(264) Schroeder, Alan. 1996. *Minty: A Story of Young Harriet Tubman*. Illustrated by Jerry Pinkney. New York: Puffin Books.

(265) Scieszka, Jon. 1989. *The True Story of the Three Little Pigs, by A. Wolf.* Illustrated by Lane Smith. New York: Viking Kestrel.

(266) Shaw, Nancy. 1986. *Sheep in a Jeep*. Illustrated by Margot Apple. Boston: Houghton Mifflin.

(267) Slepian, Jan, and Ann Seidler. 1967. *The Hungry Thing*. Illustrated by Richard E. Martin. New York: Scholastic.

(268) Spinelli, Eileen. 2009. *Peace Week in Miss Fox's Class*. Illustrated by Anne Kennedy. Morton Grove, IL: Albert Whitman and co.

(269) Starfall. n.d. "ABC." https://www.starfall.com/h/abcs/song-abcstarfall/?t=255387365.

(270) Wiles, Deborah. 2001. *Freedom Summer*. Illustrated by Jerome Lagarrigue. New York: Simon and Schuster.

(271) Willems, Mo. 2003. *Don't Let the Pigeon Drive the Bus*. New York: Hyperion.

(272) ——. 2006. *Don't Let the Pigeon Stay Up Late!* New York: Hyperion.

(273) ——. 2007. *My Friend Is Sad*. New York: Hyperion.

(274) Wilson, Janet. 2008. *One Peace: True Stories of Young Activists* Custer, WA: Orca Book Publishers.

(275) Wood, Audrey. 2005. *The Deep Blue Sea: A Book of Colors*. Illustrated by Bruce Wood. New York: Scholastic.

(276) Woodson, Jacqueline. 2012. *Each Kindness*. Illustrated by E. B. White. New York: Nancy Paulson Books.

(277) Yolen, Jane. 1987. *Owl Moon*. Illustrated by John Schoenherr. New York: Philomel Books.

(278) ——. 1992. *Encounter*. Illustrated by David Shannon. New York: Voyager.

(265)『三びきのコブタのほんとうの話——A．ウルフ談』ジョン・シェスカ／いくしまさちこ訳、岩波書店、1991年

(271)『ハトにうんてんさせないで。』モー・ウィレムズ／中川ひろたか訳、ソニー・マガジンズ、2005年

(273)『ともだちがかなしんでいますよ』モー・ウィレムズ／落合恵子訳、クレヨンハウス、2014年

(276)『ひとりひとりのやさしさ』ジャクリーン・ウッドソン文／さくまゆみこ訳、BL 出版、2013年

(277)『月夜のみみずく』ジェイン・ヨーレン詩／くどうなおこ訳、偕成社、1989年

訳者補記　本文40ページに紹介されている『ネコのピート』シリーズは、エリック・リトウィン（Eric Litwin）が著したもので、邦訳書は、大友剛訳、ひさかたチャイルド出版（2013年～）から発行されています。上記の「児童文学・絵本のリスト」に掲載されていないため補記としました。

㉞ Henkes, Kevin. 1991. *Chrysanthemum*. New York: Greenwillow Books.

㉟ Hoose, Philip and Hannah Hoose. 1998. *Hey Little Ant*. Illustrated by Debbie Tilley. Berkeley, CA: Tricycle Press.

236 Hutchings, Amy, and Richard Hutchings. 1994. *Picking Apples and Pumpkins*. New York: Scholastic.

237 Jazynka, Kitson. 2015. *Rosa Parks*. Edited by Shelby Alinsky, *National Geographic Kids*. Washington D.C.: National Geographic.

238 Juster, Norton. 2005. *The Hello, Goodbye Window*. Illustrated by Chris Raschka. New York: Hyperion.

239 Lovell, Patty. 2001. *Stand Tall, Molly Lou Melon*. Illustrated by David Catrow. New York: Putnam.

240 Ludwig, Trudy. 2013. *The Invisible Boy*. Illustrated by Patrice Barton. New York: Alfred A Knopf.

241 Mac, Carrie. 2004. *The Beckoners*. Victoria, Canada: Orca.

242 Marsh, Laura. 2012. *National Geographic Kids Level* 2. *Wolves*. New York: Scholastic.

243 Marshall, James. 1990. *Fox Be Nimble*. New York: Dial Books for Young Readers.

244 Martin, Bill Jr. 1996. *Brown Bear, Brown Bear, What Do You See?* Illustrated by Eric Carle. New York: Holt.

245 McBrier, Page. 2001. *Beatrice's Goat*. Illustrated by Lori Lohstoeter. New York: Atheneum.

246 McKinley, Cindy. 2002. *One Smile*. Illustrated by Mary Gregg Byrne. Belleview: Illumination Arts.

247 McMullan, Kate. 1999. *Fluffy Meets the Dinosaurs*. Illustrated by Mavis Smith. New York: Scholastic.

248 Minarik, Else Holmelund. 1957. *Little Bear*. Illustrated by Maurice Sendak. New York: Harper.

249 Munsch, Robert. 1987. *The Paper Bag Princess*. Illustrated by Michael Martchenko. Richmond Hill, ON, Canada: Firefly Books.

250 O'Connor, Jane. 2009. *Pajama Day*. Illustrated by Beth Drainville based on the art of Robin Preiss Glasser. New York: Harper Collins.

251 Osborne, Mary Pope. 2001. *Earthquake in the Early Morning*. Illustrated by Sal Murdocca. New York: Random House.

252 Pallotta, Jerry. *Polar Bear vs. Grizzly Bear*. Illustrated by Rob Bolster. 2010. New York: Scholastic.

253 ——. 2012. *Tarantula vs. Scorpion*. New York: Scholastic.

254 Parish, Peggy. 1963. *Amelia Bedelia*. Illustrated by Fritz Siebel. New York: Harper and Rowe.

255 Parr, Todd. 2004. *The Peace Book*. New York: Little Brown and Co.

256 Pearson, Emily. 2002. *Ordinary Mary's Extraordinary Deed*. Illustrated by Fumi Kosaka. Layton, UT: Gibbs Smith.

257 Rappaport, Doreen. 2001. *Martin's Big Words*. Illustrated by Bryan Collier. New York: Hyperion Books.

258 Rath, Tom and Mary Reckmeyer. 2009. *How Full Is Your Bucket? For Kids*. Illustrated by Maurie J. Manning. New York: Gallup Press.

259 Rylant, Cynthia. 1992. *An Angel for Solomon Singer*. Illustrated by Peter Catalanotto. New York: Orchard Books.

260 ——. 1992. *Missing May*. New York: Orchard Books.

240『みんなからみえないブライアン』トルーディ・ラドウィッグ／さくまゆみこ訳、くもん出版、2015年

244『くまさん　くまさん　なにみてるの？』ビル・マーチン／偕成社編集部訳、偕成社、2006年

249『紙ぶくろの王女さま』ロバート・マンチ／加島葵訳、河合楽器製作所・出版事業部、1999年

257『キング牧師の力づよいことば——マーティン・ルーサー・キングの生涯』ドリーン・ラパポート／もりうちすみこ訳、国土社、2002年

260『メイおばちゃんの庭』C. ライラント／斎藤倫子訳、あかね書房、1993年

児童文学・絵本のリスト

㉑① Adler, David. 1993. *A Picture Book of Rosa Parks*. Illustrated by Robert Casilla. New York: Holiday House.

212 ——. 1997. *A Picture Book of Thurgood Marshall*. Illustrated by Robert Casilla. New York: Holiday House.

213 Baylor, Byrd. 1998. *The Table Where Rich People Sit*. Illustrated by Peter Parnall. New York: Aladdin Paperbacks.

214 Blume, Judy. 1974. *The Pain and the Great One*. New York: Atheneum.

215 Boegehold, Betty D. 1991. *The Fight*. Illustrated by Robin Oz. New York: Random House.

216 Boelts, Maribeth. 2009. *Those Shoes*. Ilustrated by Noah Z. Jones. Somerville, MA: Candlewick.

217 Bridwell, Norman. 1985. *Clifford, the Big Red Dog*. New York: Scholastic.

218 Brown, Marc. 1982. *Arthur Goes to Camp*. New York: Little, Brown.

219 Bruchac, Joseph. 2000. *Squanto's Journey: The Story of the First Thanksgiving*. Illustrated by Greg Shed. New York: Voyager.

220 Bunting, Eve. 1991. *Fly Away Home*. Illustrated by Ronald Himler. New York: Houghton Mifflin.

221 Bunting, Eve, and Susan Meddaugh. 1989. *No Nap*. New York: Clarion Books.

222 Carle, Eric. 1984. *The Very Busy Spider*. New York: Penguin Putnam.

223 Creech, Sharon. 2001. *A Fine, Fine School*. Illustrated by Harry Bliss. New York: Harper.

224 Delton, Judy. 1997. *Moans and Groans and Dinosaur Bones*. Illustrated by Alan Tiegreen. New York: Random House.

225 Ehlert, Lois. 1989. *Eating the Alphabet: Fruits and Vegetables from A to Z*. New York: Voyager.

226 Frazee, Marla. 2003. *Roller Coaster*. New York: Harcourt.

227 Friedrich, Elizabeth. 1996. *Leah's Pony*. Illustrated by Michael Garland. Honesdale, PA: Boyds Mills.

228 Garland, Sherry. 1993. *The Lotus Seed*. Illustrated by Tatsuro Kiuchi. New York: Harcourt.

229 Gerth, Melanie. 2006. *Ten Little Ladybugs*. Illustrated by Laura Huliska-Beith. Atlanta, GA: Piggy Toes Press.

230 Giovanni, Nickki. 2005. *Rosa*. Illustrated by Brian Collier. New York: Square Fish.

231 Greenfield, Eloise. 1978. *Honey, I Love: and Other Love Poems*. Illustrated by Diane and Leo Dillon. New York: HarperCollins.

232 Hartmann, Jack. 2016. "Party in the Jungle." Fun Phonemic Awareness Song. https://www.youtube.com/watch?v=KR-coFXR9sA&feature=youtu.be.

233 Hazen, Barbara Shook. 1979. *Tight Times*. Illustrated by Trina Schart Hyman. New York: Puffin Books.

217『おおきいあかいクリフォード』ノーマン ブリッドウェル／正木玲子訳、ソニーマガジンズ、2002年

222『くもさんおへんじどうしたの』エリック・カール／もりひさし訳、偕成社、1985年

223『みんなのすきな学校』シャロン・クリーチ／長田弘訳、講談社、2003年

(202) Wood, Alex M., Stephen Joseph, and John Maltby. 2008. "Gratitude Uniquely Predicts Satisfaction with Life: Incremental Validity Above the Domains and Facets of the Five Factor Model." *Personality and Individual Differences* 45 (1): 49–54. doi: 10.1016/j.paid.2008.02.019.

(203) Wood, Alex M., John Maltby, Raphael Gillett, P. Alex Linley, and Stephen Joseph. 2008. "The Role of Gratitude in the Development of Social Support, Stress, and Depression: Two Longitudinal Studies." *Journal of Research in Personality* 42 (4): 854–871. doi: 10.1016/j.jrp.2007.11.003.

(204) Xin, Zhanga, Richard C. Andersona, Dong Ting, Nguyen-Jahiel Kim, Li Yuan, Lind Tzu-Jung, and Brian Miller. 2013. "Children's Moral Reasoning: Influence of Culture and Collaborative Discussion." *Journal of Cognition & Culture* 13 (5): 503–522. doi: 10.1163/15685373-12342106.

(205) Yang, Fang-Ying, and Chin-Chung Tsai. 2010. "Reasoning About Science-Related Uncertain Issues and Epistemological Perspectives Among Children." *Instructional Science* 38 (4): 325–354. doi: 10.1007/s11251-008-9084-3.

⑱7 Tomasello, Michael, and Jody Todd. 1983. "Joint Attention and Lexical Acquisition Style." *First Language* 4: 197–212.

⑱8 Topping, K. J., and S. Trickey. 2014. "The Role of Dialog in Philosophy for Children." *International Journal of Educational Research* 63: 69–78. doi: 10.1016/j.ijer.2013.01.002.

⑱9 Trickey, S., and K. J. Topping. 2004. "'Philosophy for Children': A Systematic Review." *Research Papers in Education* 19 (3): 365–380.

⑲0 Unger, Lynette S., and Lakshmi K. Thumuluri. 1997. "Trait Empathy and Continuous Helping: The Case of Voluntarism." *Journal of Social Behavior and Personality* 12 (3): 785–800.

⑲1 Van Ryzin, Mark J. 2011. "Protective Factors at School: Reciprocal Effects Among Adolescents' Perceptions of the School Environment, Engagement in Learning, and Hope." *Journal of Youth Adolescence* 40: 1568–1580. doi: DOI 10.1007/s10964-011-9637-7.

⑲2 Vasquez, Vivian Maria. 2004. *Negotiating Critical Literacies with Young Children*. Mahwah, NJ: Erlbaum.

⑲3 Walker, Caren M., Thomas E. Wartenberg, and Ellen Winner. 2013. "Engagement in Philosophical Dialogue Facilitates Children's Reasoning About Subjectivity." *Developmental Psychology* 49 (7): 1338–1347. doi: 10.1037/a0029870.

⑲4 Watkins, Philip C., Kathrane Woodward, Tamara Stone, and Russell L. Kolts. 2003. "Gratitude and Happiness: Development of a Measure of Gratitude, and Relationships with Subjective Well-Being." *Social Behavior and Personality: An International Journal* 31 (5): 431–451.

⑲5 Watson, Anne C., and Charisse Linkie Nixon. 1999. "Social Interaction Skills and Theory of Mind in Young Children." *Developmental Psychology* 35 (2):386. doi: 10.1037/0012-1649.35.2.386.

⑲6 White, Rachel E., and Stephanie M. Carlson. 2016. "What Would Batman Do? Self-Distancing Improves Executive Function in Young Children." *Developmental Science* 19 (3): 419–426. doi: 10.1111/desc.12314.

⑲7 White, Rachel E., Emily O. Prager, Catherine Schaefer, Ethan Kross, Angela L. Duckworth, and Stephanie M. Carlson. 2017. "The 'Batman Effect': Improving Perseverance in Young Children." *Child Development* 88 (5): 1563–1571. doi: 10.1111/cdev.12695.

⑲8 Wieser, Clemens. 2016. "Teaching and Personal Educational Knowledge—Conceptual Considerations for Research on Knowledge Transformation." *European Journal of Teacher Education* 39 (5): 588–601. doi: 10.1080/02619768.2016.1253673.

⑲9 Wilhelm, Mark Ottoni, and Rene Bekkers. 2010. "Helping Behavior, Dispositional Empathic Concern, and the Principle of Care." *Social Psychology Quarterly* 73 (1): 11–32.

⑳0 Wisconsin Department of Public Instruction. 2011. "Wisconsin State Standards for English Language Arts." Wisconsin Department of Public Instruction. https://dpi.wi.gov/sites/default/files/imce/standards/pdf/ela-stds-app-a-revision.pdf.

⑳1 Wolf, Wouter, Jacques Launay, and Robin I. M. Dunbar. 2016. "Joint Attention, Shared Goals, and Social Bonding." *British Journal of Psychology* 107 (2): 322–337. doi: 10.1111/bjop.12144.

(174) Slot, Pauline L., and Antje von Suchodoletz. 2018. "Bidirectionality in Preschool Children's Executive Functions and Language Skills: Is One Developing Skill the Better Predictor of the Other?" *Early Childhood Research Quarterly* 42: 205–214. doi: https://doi.org/10.1016/j.ecresq.2017.10.005.

(175) Smith, Adam. 2006. "Cognitive Empathy and Emotional Empathy in Human Behavior and Evolution." *The Psychological Record* 56: 3–21.

(176) Sparapani, Nicole, Carol McDonald Connor, Leigh McLean, Taffeta Wood, Jessica Toste, and Stephanie Day. 2018. "Direct and Reciprocal Effects Among Social Skills, Vocabulary, and Reading Comprehension in First Grade." *Contemporary Educational Psychology* 53: 159–167. doi: https://doi.org/10.1016/j.cedpsych.2018.03.003.

(177) Stanovich, Keith E. 1992. "Are We Overselling Literacy?" In *Stories and Readers: New Perspectives on Literature in the Classroom*, ed. C. Temple and P. Collins, 209–231. Norwood, MA: Christopher Gordon.

(178) Stiglbauer, Barbara, Timo Gnambs, Manuela Gamsjäger, and Bernad Batinic. 2013. "The Upward Spiral of Adolescents' Positive School Experiences and Happiness: Investigating Reciprocal Effects over Time." *Journal of School Psychology* 51 (2): 231–242. doi: 10.1016/j.jsp.2012.12.002.

(179) Storbeck, Justin, and Raeya Maswood. 2016. "Happiness Increases Verbal and Spatial Working Memory Capacity Where Sadness Does Not: Emotion, Working Memory and Executive Control." *Cognition & Emotion* 30 (5): 925–938. doi: 10.1080/02699931.2015.1034091.

(180) Sun, Jingjng, Richard C. Anderson, Michelle Perry, and Tzu-Jung Lin. 2017. "Emergent Leadership in Children's Cooperative Problem Solving Groups." *Cognition & Instruction* 35 (3): 212–235. doi: 10.1080/07370008.2017.1313615.

(181) Tangney, June P., Roy F. Baumeister, and Angie Luzio Boone. 2004. "High Self-Control Predicts Good Adjustment, Less Pathology, Better Grades, and Interpersonal Success." *Journal of Personality* 72 (2): 271–324. doi: 10.1111/j.0022-3506.2004.00263.x.

(182) Thoman, Dustin B., Carol Sansone, Tamra Fraughton, and Monisha Pasupathi. 2012. "How Students Socially Evaluate Interest: Peer Responsiveness Influences Evaluation and Maintenance of Interest." *Contemporary Educational Psychology* 37 (4): 254–265. doi: 10.1016/j.cedpsych.2012.04.001.

(183) Thomas, AnnMarie. 2014. *Making Makers: Kids, Tools, and the Future of Innovation*. Sebastopol, CA: Maker Media.

(184) Tian, Lili, Minmin Du, and E. Huebner. 2015. "The Effect of Gratitude on Elementary School Students' Subjective Well-Being in Schools: The Mediating Role of Prosocial Behavior." *Social Indicators Research* 122 (3): 887–904. doi: 10.1007/s11205-014-0712-9.

(185) Todd, Andrew R., and Adam D. Galinsky. 2014. "Perspective-Taking as a Strategy for Improving Intergroup Relations: Evidence, Mechanisms, and Qualifications." *Social & Personality Psychology Compass* 8 (7): 374–387. doi: 10.1111/spc3.12116.

(186) Tomasello, Michael, and Michael Jeffrey Farrar. 1986. "Joint Attention and Early Language." *Child Development* 57 (6): 1454–1463. doi: 10.1111/1467-8624.ep7252234.

⑯⓪ ——. 2015. "The Journey of a Single Hour: Exploring the Rich Promise of an Immediate Release of Responsibility." In *The Teacher You Want to Be: Essays About Children, Learning, and Teaching*, ed. Matt Glover and Ellin Oliver Keene, 109–123. Portsmouth, NH: Heinemann.

⑯① Ray, Katie Wood, and Lisa Cleaveland. 2004. *About the Authors: Writing Workshops with Our Youngest Writers*. Portsmouth, NH: Heinemann.

⑯② Ray, Katie Wood, and Matt Glover. 2008. *Already Ready: Nurturing Writers in Preschool and Kindergarten*. Portsmouth, NH: Heinemann.

⑯③ Recchia, Holly E., Cecilia Wainryb, Stacia Bourne, and Monisha Pasupathi. 2015. "Children's and Adolescents' Accounts of Helping and Hurting Others: Lessons About the Development of Moral Agency." *Child Development* 86 (3): 864–876. doi: 10.1111/cdev.12349.

⑯④ Rittle-Johnson, Bethany, Megan Saylor, and Kathryn E. Swygert. 2008. "Learning from Explaining: Does It Matter If Mom Is Listening?" *Journal of Experimental Child Psychology* 100 (3): 215–224. doi: 10.1016/j.jecp.2007.10.002.

⑯⑤ Rosenholtz, Susan J., and Stephen H. Rosenholtz. 1981. "Classroom Organization and the Perception of Ability." *Sociology of Education* 54 (2): 132–140. doi: 10.2307/2112357.

⑯⑥ Ryan, Allison M., and Magaret H. Gheen. 1998. "Why Do Some Students Avoid Asking for Help? An Examination of the Interplay Among Students'Academic Efficacy, Teachers' Social-Emotional Role, and the Classroom Goal Structure." *Journal of Educational Psychology* 90 (3): 528.

⑯⑦ Scanlon, Donna M., Kimberly L. Anderson, and Joan M. Sweeney. 2016. *Early Intervention for Reading Difficulties: The Interactive Strategies Approach*. Second ed. New York: Guilford Press.

⑯⑧ Scoffham, Stephen, and Jonathan Barnes. 2011. "Happiness Matters: Towards a Pedagogy of Happiness and Well-Being." *Curriculum Journal* 22 (4): 535–548. doi: 10.1080/09585176.2011.627214.

⑯⑨ Seidenberg, Mark. 2017. *Language at the Speed of Sight: How We Read, Why So Many Can't, and What Can Be Done About It*. New York: Basic Books.

⑰⓪ Sénéchal, Monique. 2017. "Testing a Nested Skills Model of the Relations Among Invented Spelling, Accurate Spelling, and Word Reading, from Kindergarten to Grade 1." *Early Child Development & Care* 187 (3/4): 358–370. doi: 10.1080/03004430.2016.1205044.

⑰① Sharp, Carla. 2008. "Theory of Mind and Conduct Problems in Children: Deficits in Reading The "Emotions of the Eyes"." *Cognition & Emotion* 22 (6):1149-1158. doi: 10.1080/02699930701667586.

⑰② Shikin, Basil. 2017. "The Importance of Hiring Curious People." *Forbes*, October 19.

⑰③ Skibbe, Lori E., Janelle J. Montroy, Ryan P. Bowles, and Frederick J. Morrison. 2019. "Self-Regulation and the Development of Literacy and Language Achievement from Preschool Through Second Grade." *Early Childhood Research Quarterly*. 46:240-251. doi: https://doi.org/10.1016/j.ecresq.2018.02.005.

(145) Nystrand, Martin , Lawrence L. Wu, Adam Gamoran, Susie Zeiser, and Daniel A. Long. 2003. "Questions in Time: Investigating the Structure and Dynamics of Unfolding Classroom Discourse." *Discourse Processes* 35 (2): 135–196.

(146) Oatley, Keith. 2011. "In the Minds of Others." *Scientific American Mind* 22 (5): 62–67.

(147) Osterman, Karen F. 2000. "Students' Need for Belonging in the School Community." *Review of Educational Research* 70 (3): 323. doi: 10.3102/00346543070003323.

(148) Oswald, Patricia A. 1996. "The Effects of Cognitive and Affective Perspective Taking on Empathic Concern and Altruistic Helping." *Journal of Social Psychology* 136 (5): 613–623. doi: 10.1080/00224545.1996.9714045.

(149) Ouellette, Gene, and Monique Sénéchal. 2017. "Invented Spelling in Kindergarten as a Predictor of Reading and Spelling in Grade 1: A New Pathway to Literacy, or Just the Same Road, Less Known?" *Developmental Psychology* 53 (1): 77–88. doi: 10.1037/dev0000179.

(150) Pan, Barbara Alexander, Meredith L. Rowe, Judith D. Singer, and Catherine E. Snow. 2005. "Maternal Correlates of Growth in Toddler Vocabulary Production in Low-Income Families." *Child Development* 76 (4): 763–782. doi: 10.1111/j.1467-8624.2005.00876.x.

(151) Perry, Nancy E. 1998. "Young Children's Self-Regulated Learning and Contexts That Support It." *Journal of Educational Psychology* 90 (4): 715.

(152) Perry, Nicole B., Jessica M. Dollar, Susan D. Calkins, Susan P. Keane, and Lilly Shanahan. 2018. "Childhood Self-Regulation as a Mechanism Through Which Early Overcontrolling Parenting Is Associated with Adjustment in Preadolescence." *Developmental Psychology* 54 (8): 1542–1554. doi: 10.1037/dev0000536.

(153) Perry, Nancy E., and Lynn Drummond. 2002. "Helping Young Students Become Self-Regulated Researchers and Writers." *The Reading Teacher* 56 (3): 298–310.

(154) Pianta, Robert C., and Megan W. Stuhlman. 2004. "Teacher-Child Relationships and Children's Success in the First Years of School." *School Psychology Review* 33 (3): 444–458.

(155) Pianta, Robert C., Megan W. Stuhlman, and Bridget K. Hamre. 2002. "How Schools Can Do It Better: Fostering Stronger Connections Between Teachers and Students." *New Directions for Youth Development* 2002 (93): 91–107. doi: 10.1002/yd.23320029307.

(156) Rattan, Aneeta, and Carol S. Dweck. 2010. "Who Confronts Prejudice? The Role of Implicit Theories in the Motivation to Confront Prejudice." *Psychological Science.* 21 (7): 952–959. doi: 10.1177/0956797610374740.

(157) Ravid, Dorit, and Liliana Tolchinsky. 2002. "Developing Linguistic Literacy: A Comprehensive Model." *Journal of Child Language* 29 (2): 417–447.

(158) Ray, Katie Wood. 1999. *Wondrous Words. Writers and Writing in the Elementary Classroom.* Urbana, IL: National Council of Teachers of English.

(159) ——. 2010. *In Pictures and in Words: Teaching the Qualities of Good Writing Through Illustration Study*. Portsmouth, NH: Heinemann.

⑬③ Miles, Sarah B., and Deborah Stipek. 2006. "Contemporaneous and Longitudinal Associations Between Social Behavior and Literacy Achievement in a Sample of Low-Income Elementary School Children." *Child Development* 77 (1):103-117. doi: 10.1111/j.1467-8624.2006.00859.x.

⑬④ Miller, Debbie. 2002. *Happy Reading. Tape 1: Essentials: Tone, Structure, and Routines for Creating and Sustaining a Learning Community*. York, ME: Stenhouse. Videotape.

⑬⑤ Mischel, Walter, Ozlem Ayduk, Marc G. Berman, B. J. Casey, Ian H. Gotlib, John Jonides, Ethan Kross, Theresa Teslovich, Nicole L. Wilson, Vivian Zayas, and Yuichi Shoda. 2011. "'Willpower' over the Life Span: Decomposing Self-Regulation." *Social Cognitive & Affective Neuroscience* 6 (2): 252–256. doi: 10.1093/scan/nsq081.

⑬⑥ Moffitt, Terrie E., Louise Arseneault, Daniel Belsky, Nigel Dickson, Robert J. Hancox, HonaLee Harrington, Renate Houts, Richie Poulton, Brent W. Roberts, Stephen Ross, Malcolm R. Sears, W. Murray Thomson, and Avshalom Caspi. 2011. "A Gradient of Childhood Self-Control Predicts Health, Wealth, and Public Safety." *Proceedings of the National Academy of Sciences of the United States of America* 108 (7): 2693–2698. doi: 10.1073/pnas.1010076108.

⑬⑦ Mohr, Philip, Kevin Howells, Adam Gerace, Andrew Day, and Michelle Wharton. 2007. "The Role of Perspective Taking in Anger Arousal." *Personality & Individual Differences* 43 (3): 507-517. doi: 10.1016/j.paid.2006.12.019.

⑬⑧ Montroy, Janelle J., Ryan P. Bowles, Lori E. Skibbe, and Tricia D. Foster. 2014. "Social Skills and Problem Behaviors as Mediators of the Relationship Between Behavioral Self-Regulation and Academic Achievement." *Early Childhood Research Quarterly* 29 (3): 298–309. doi: 10.1016/j.ecresq.2014.03.002.

⑬⑨ Mulvey, Kelly Lynn, Michael T. Rizzo, and Melanie Killen. 2016. "Challenging Gender Stereotypes: Theory of Mind and Peer Group Dynamics." *Developmental Science* 19 (6): 999-1010. doi: 10.1111/desc.12345.

⑭⓪ Muter, Valerie, Charles Hulme, Margaret J. Snowling, and Jim Stevenson. 2004. "Phonemes, Rimes, Vocabulary, and Grammatical Skills as Foundations of Early Reading Development: Evidence from a Longitudinal Study." *Developmental Psychology* 40 (5): 665–681. doi: 10.1037/0012-1649.40.5.665.

⑭① Myers, Michael, Sean Laurent, and Sara Hodges. 2014. "Perspective Taking Instructions and Self-Other Overlap: Different Motives for Helping." *Motivation & Emotion* 38 (2): 224–234. doi: 10.1007/s11031-013-9377-y.

⑭② Nagy, William E., Richard C. Anderson, and Patricia A. Herman. 1987. "Learning Word Meanings from Context During Normal Reading." *American Educational Research Journal* 24 (2): 237–270. doi: 10.2307/1162893.

⑭③ Nagy, William E., and Patricia A. Herman. 1984. *Limitations of Vocabulary Instruction*. Urbana, IL: University of Illinois, Center for the Study of Reading.

⑭④ National Research Council & Institute of Medicine. 2004. *Engaging Schools: Fostering High School Students' Motivation to Learn*. Washington, DC: National Academy Press.

(119) Ma, Shufeng, Jie Zhang, Richard C. Anderson, Joshua Morris, Kim Thi Nguyen-Jahiel, Brian Miller, May Jadallah, Jingjing Sun, Tzu-Jung Lin, Theresa Scott, Yu-Li Hsu, Xin Zhang, Beata Latawiec, and Kay Grabow. 2017. "Children's Productive Use of Academic Vocabulary." *Discourse Processes* 54 (1): 40–61. doi: 10.1080/0163853X.2016.1166889.

(120) Mahoney, Joseph L., Joseph A. Durlak, and Roger P. Weissberg. 2018. "An Update on Social and Emotional Learning Outcome Research." *Phi Delta Kappan* 100 (4): 18–23. doi: 10.1177/0031721718815668.

(121) Mani, Nivedita, and Lena Ackermann. 2018. "Why Do Children Learn the Words They Do?" *Child Development Perspectives* 12 (4): 253–257. doi: 10.1111/cdep.12295.

(122) Mar, Raymond A., and Keith Oatley. 2008. "The Function of Fiction Is the Abstraction and Simulation of Social Experience." *Perspectives on Psychological Science.* 3 (3): 173–192. doi: 10.1111/j.1745-6924.2008.00073.x.

(123) Mar, Raymond A., Keith Oatley, Maja Djikic, and Justin Mullin. 2011. "Emotion and Narrative Fiction: Interactive Influences Before, During, and After Reading." *Cognition & Emotion* 25 (5): 818–833. doi: 10.1080/02699931.2010.515151.

(124) Martin, Andrew J., and Martin Dowson. 2009. "Interpersonal Relationships, Motivation, Engagement, and Achievement: Yields for Theory, Current Issues, and Educational Practice." *Review of Educational Research* 79 (1): 327–365. doi: 10.3102/0034654308325583.

(125) Martin, Lee. 2015. "The Promise of the Maker Movement For Education." *Journal of Pre-College Engineering Educational Research* 5 (1): 30–39.

(126) McClelland, Megan M., Carol McDonald Connor, Abigail M. Jewkes, Claire E. Cameron, Carrie L. Farris, and Frederick J. Morrison. 2007. "Links Between Behavioral Regulation and Preschoolers' Literacy, Vocabulary, and Math Skills." *Developmental Psychology* 43 (4): 947–959. doi: 10.1037/0012-1649.43.4.947.

(127) McCullough, Michael E., Robert A. Emmons, and Jo-Ann Tsang. 2002. "The Grateful Disposition: A Conceptual and Empirical Topography." *Journal of Personality and Social Psychology* 82 (1): 112–127.

(128) McGee, Lea M., Kim Hwewon, Kathryn S. Nelson, and Mary D. Fried. 2015. "Change over Time in First Graders' Strategic Use of Information at Point of Difficulty in Reading." *Reading Research Quarterly* 50 (3): 263–291. doi: 10.1002/rrq.98.

(129) Mercer, Neil, Lyn Dawes, and Judith Kleine Staarman. 2009. "Dialogic Teaching in the Primary Science Classroom." *Language & Education: An International Journal* 23 (4): 353–369.

(130) Mercer, Neil, and Karen Littleton. 2007. *Dialogue and the Development of Children's Thinking: A Sociocultural Approach*. New York: Routledge.

(131) Mercer, Neil, Rupert Wegerif, and Lyn Dawes. 1999. "Children's Talk and the Development of Reasoning in the Classroom." *British Educational Research Journal* 25 (1): 95–111.

(132) Michaels, Sarah, Catherine O'Connor, and Lauren Resnick. 2008. "Deliberative Discourse Idealized and Realized: Accountable Talk in the Classroom and in Civic Life." *Studies in Philosophy & Education* 27 (4): 283–297. doi: 10.1007/s11217-007-9071-1.

(105) Langer, Ellen. 1989. *Mindfulness*. Reading, MA: Addison-Wesley.

(106) Lapan, Candace, and Janet J. Boseovski. 2016. "Theory of Mind and Children's Trait Attributions about Average and Typically Stigmatized Peers." *Infant & Child Development* 25 (2):158-178. doi: 10.1002/icd.1923.

(107) Latawiec, Beata M., Richard C. Anderson, Ma Shufeng, and Nguyen-Jahiel Kim. 2016. "Influence of Collaborative Reasoning Discussions on Metadiscourse in Children's Essays." *Text & Talk* 36 (1): 23–46. doi: 10.1515/text-2016-0002.

(108) Lave, Jean, and Etienne Wenger. 1991. *Situated Learning: Legitimate Peripheral Participation*. Cambridge, England: Cambridge University Press.

(109) Levy, Sheri, and Carol Dweck. 1998. "Trait-Versus Process-Focused Social Judgment." *Social Cognition* 16 (1):151-172.

(110) Lewis, Cynthia, and Bettina Fabos. 2005. "Instant Messaging, Literacies, and Social Identities." *Reading Research Quarterly* 40 (4): 470–501. doi:10.1598/RRQ.40.4.5.

(111) Lin, Chih-Che. 2015. "Impact of Gratitude on Resource Development and Emotional Well-Being." *Social Behavior & Personality: An International Journal* 43 (3): 493–504. doi: 10.2224/sbp.2015.43.3.493.

(112) Lin, Tzu-Jung, Richard C. Anderson, May Jadallah, Kim Nguyen-Jahiel, Il-Hee Kim, Li-Jen Kuo, Brian W. Miller, Handrea A. Logis, Ting Dong, Xiaoying Wu, and Yuan Li. 2015. "Social Influences on Children's Development of Relational Thinking During Small-Group Discussions." *Contemporary Educational Psychology* 41: 83–97. doi: 10.1016/j.cedpsych.2014.12.004.

(113) Lindfors, Judith Wells. 1999. *Children's Inquiry: Using Language to Make Sense of the World*, ed. Dorothy S. Strickland and Celia Genishi. Language and Literacy Series. New York: Teachers College Press.

(114) Loehr, Abbey Marie, Emily R. Fyfe, and Bethany Rittle-Johnson. 2014. "Wait for It . . . Delaying Instruction Improves Mathematics Problem Solving: A Classroom Study." *Journal of Problem Solving* 7 (1): 36–49. doi: 10.7771/1932-6246.1166.

(115) Lysaker, Judith T. 2019. "Before Words: Wordless Picture Books and the Development of Reading in Young Children." In *Language and Literacy*, ed. Dorothy Strickland, Celia Geneshi, and Donna Alverman. New York: Teachers College Press.

(116) Lysaker, Judith T., and Angela Miller. 2012. "Engaging Social Imagination: The Developmental Work of Wordless Book." *Journal of Early Childhood Literacy.* 13 (2):147-174.

(117) Lysaker, Judith T., and Clare Tonge. 2013. "Learning to Understand Others Through Relationally Oriented Reading." *Reading Teacher* 66 (8): 632–641. doi: 10.1002/trtr.1171.

(118) Ma, Shufeng, Richard C. Anderson, Joshua A. Morris, Kim Nguyen-Jahiel, Sherry Yi, Tzu-Jung Lin, Jie Zhang, Brian W. Miller, May Jadallah, Theresa Scott, Jingjing Sun, Kay Grabow, and Beata M. Latawiec. 2017. "Instructional Influences on English Language Learners' Storytelling." *Learning & Instruction* 49: 64–80. doi: 10.1016/j.learninstruc.2016.12.004.

(105)『心の「とらわれ」にサヨナラする心理学：人生は「マインドフルネス」でいこう！』エレン・ランガー／加藤諦三訳、PHP 研究所、2009年

(108)『状況に埋め込まれた学習：正統的周辺参加』ジーン・レイヴ&エティエンヌ・ウェンガー／佐伯胖訳、産業図書、1993年

⑨⓪ Herman, Joan, Ellen Osmundson, Yunyun Dai, Cathy Ringstaff, and Michael Timms. 2015. "Investigating the Dynamics of Formative Assessment: Relationships Between Teacher Knowledge, Assessment Practice and Learning." *Assessment in Education: Principles, Policy & Practice* 22 (3): 344–367. doi: 10.1080/0969594X.2015.1006521.

⑨① Hill, Patrick L., and Mathias Allemand. 2011. "Gratitude, Forgivingness, and Wellbeing in Adulthood: Tests of Moderation and Incremental Prediction." *The Journal of Positive Psychology* 6 (5): 397–407.

⑨② Hoff, Erica. 2003. "The Specificity of Environmental Influence: Socieconomic Status Affects Early Vocabulary Development via Maternal Speech." *Child Development* 74 (5): 1368–1378. doi: 10.1111/1467-8624.00612.

⑨③ Holt-Lunstad, Julianne, Mark Baker, Tyler Harris, David Stephenson, and Timothy B. Smith. 2015. "Loneliness and Social Isolation as Risk Factors for Mortality: A Meta-Analytic Review." *Perspectives on Psychological Science* 10 (2): 227–237. doi: 10.1177/1745691614568352.

⑨④ Ivey, Gay. In press. "Engaging Possibilities: Reinvigorating the Call for Research on Reading (Presidential Address)." *Literacy Research: Theory, Method and Practice*.

⑨⑤ Ivey, Gay, and Peter H. Johnston. 2013. "Engagement with Young Adult Literature: Outcomes and Processes." *Reading Research Quarterly* 48 (3): 255–275.

⑨⑥ ——. 2015. "Persistence of the Experience of Engaged Reading." Annual meeting of the Literacy Research Association, Carlsbad, CA.

⑨⑦ Johnson, David W, and Roger T Johnson. 2009. "An Educational Psychology Success Story: Social Interdependence Theory and Cooperative Learning." *Educational Researcher* 38 (5): 365–379.

⑨⑧ Johnston, Peter H. 2000. *Running Records: A Self-Tutoring Guide*. York, ME: Stenhouse.

❾❾ ——. 2003. *Choice Words: How Our Language Affects Children's Learning*. Portland, ME: Stenhouse.

⑩⓪ ——. 2012. *Opening Minds: Using Language to Change Lives*. Portland, ME: Stenhouse.

⑩① Jolliffe, Darrick, and David P. Farrington. 2004. "Empathy and Offending: A Systematic Review and Meta-Analysis. Aggression and Violent Behaviour." *Aggression and Violent Behaviour* 9 (5): 441–476.

⑩② Jones, Damon E., Mark Greenberg, and Max Crowley. 2015. "Early Social-Emotional Functioning and Public Health: The Relationship Between Kindergarten Social Competence and Future Wellness." *American Journal of Public Health* 105 (11): 2283–2290. doi: 10.2105/AJPH.2015.302630.

⑩③ Kiuru, Noona, Kaisa Aunola, Marja-Kristiina Lerkkanen, Eija Pakarinen, Elisa Poskiparta, Timo Ahonen, Anna-Maija Poikkeus, and Jari-Erik Nurmi. 2015. "Positive Teacher and Peer Relations Combine to Predict Primary School Students' Academic Skill Development." *Developmental Psychology* 51 (4): 434–446. doi: 10.1037/a0038911.

⑩④ Kruglanski, Arie W., and Tallie Freund. 1983. "The Freezing and Un-Freezing of Lay-Inferences: Effects on Impressional Primacy, Ethnic Stereotyping and Numerical Anchoring." *Journal of Experimental Social Psychology* 19 (5): 448–468.

❾❾『言葉を選ぶ、授業が変わる！』ピーター・ジョンストン／長田友紀ほか訳、ミネルヴァ書房、2018年

⑩⓪『オープニングマインド』ピーター・ジョンストン／吉田新一郎訳、新評論、2019年

⑰ Fivush, Robyn, Kelly Marin, Megan Crawford, Martina Reynolds, and Chris R. Brewin. 2007. "Children's Narratives and Well-Being." *Cognition & Emotion* 21 (7): 1414–1434. doi: 10.1080/02699930601109531.

⑱ Franklin, Prarthana, Kimberley C. Tsujimoto, Margaret E. Lewis, Ayda Tekok-Kilic, and Jan C. Frijters. 2018. "Sex Differences in Self-Regulatory Executive Functions Are Amplified by Trait Anxiety: The Case of Students at Risk for Academic Failure." *Personality & Individual Differences* 129: 131–137. doi: 10.1016/j.paid.2018.03.019.

⑲ Fraser, Mark W., Steven H. Day, Maeda J. Galinsky, Vanessa G. Hodges, and Paul R. Smokowski. 2004. "Conduct Problems and Peer Rejection in Childhood: A Randomized Trial of the Making Choices and Strong Families Programs." *Research on Social Work Practice* 14 (5): 313–324. doi: 10.1177/1049731503257884.

⑳ Fulmer, Sara M., Sidney K. D'Mello, Amber Strain, and Art C. Graesser. 2015. "Interest-Based Text Preference Moderates the Effect of Text Difficulty on Engagement and Learning." *Contemporary Educational Psychology* 41: 98–110. doi: https://doi.org/10.1016/j.cedpsych.2014.12.005.

㉛ Galinsky, Adam D., and Gordon B. Moskowitz. 2000. "Perspective-Taking: Decreasing Stereotype Expression, Stereotype Accessibility, and In-Group Favoritism." *Journal of Personality & Social Psychology* 78 (4):708-724. doi: 10.1037/0022-3514.78.4.708.

㉜ Galinsky, Ellen. 2010. *Mind in the Making: The Seven Essential Life Skills Every Child Needs*. New York: Harper Collins.

㉝ Gini, Gianluca, Paolo Albiero, Beatrice Benelli, and Gianmarco Altoè. 2007. "Does Empathy Predict Adolescents' Bullying and Defending Behavior?" *Aggressive Behavior* 33 (5): 467–476. doi: 10.1002/ab.20204.

㉞ Goleman, Daniel. 2013. *Focus: The Hidden Driver of Excellence*. New York: Harper Collins.

㉟ Guthrie, John T., and Nicole M. Humenick. 2004. "Motivating Students to Read: Evidence for Classroom Practice That Increase Motivation and Achievement." In *The Voice of Evidence in Reading Research*, ed. P. McCardle and V. Chhabra, 329–354. Baltimore, MD: Paul Brookes Publishing.

㊱ Hadwin, Allyson, and Mika Oshige. 2011. Self-Regulation, Coregulation, and Socially Shared Regulation: Exploring Perspectives of Social in Self-Regulated Learning Theory. *Teachers College Record* 113 (2):240-264.

㊲ Hajo, Adam(＊), and Adam D. Galinsky. 2012. "Enclothed Cognition." *Journal of Experimental Social Psychology* 48: 918–925.

㊳ Hart, Betty, and Todd Risley. 1995. *Meaningful Differences in the Everyday Lives of American Children*. Baltimore, MD: Brookes.

㊴ Haste, Helen. 2009. "What Is 'Competence' and How Should Education Incorporate New Technology's Tools to Generate 'Competent Civic Agents.'" *Curriculum Journal* 20 (3): 207–223. doi: 10.1080/09585170903195845.

㉞『FOCUS 集中力』ダニエル・ゴールマン／土屋京子訳、日本経済新聞出版社、2017年

（＊）「参考文献リスト」は原書のとおり掲載しましたが、この人物の姓は「Adam」です。

⑥③ Duckworth, Angela L., and Martin E. P. Seligman. 2017. "The Science and Practice of Self-Control." *Perspectives on Psychological Science* 12 (5): 715–718. doi: 10.1177/1745691617690880.

⑥④ Duckworth, Angela L., Eli Tsukayama, and Henry May. 2010. "Establishing Causality Using Longitudinal Hierarchical Linear Modeling: An Illustration Predicting Achievement from Self-Control." *Social Psychology and Personality Science* 1: 311–317.

⑥⑤ Dunn, Jennifer R., and Maurice E. Schweitzer. 2005. "Feeling and Believing: The Influence of Emotion on Trust." *Journal of Personality and Social Psychology* 88 (5): 736–748.

⑥⑥ Dweck, Carol S. 2000. *Self-Theories: Their Role in Motivation, Personality, and Development*, ed. Miles Hewstone, *Essays in Social Psychology*. Philadelphia: Psychology Press.

⑥⑦ ——. 2006. *Mindset: The New Psychology of Success*. New York: Random House.

⑥⑧ Dyson, Anne Haas. 2016. *Negotiating a Permeable Curriculum: On Literacy, Diversity, and the Interplay of Children's and Teachers' Worlds*, ed. Bobbie Kabuto. Garn Press Women's Scholars Series. New York: Garn Press.

⑥⑨ Echols, Laura D., Richard F West, Keith E. Stanovich, and Kathleen S. Zehr. 1996. "Using Children's Literacy Activities to Predict Growth in Verbal Cognitive Skills: A Longitudinal Investigation." *Journal of Educational Psychology* 88 (2): 296–304. doi: 10.1037/0022-0663.88.2.296.

⑦⓪ Eisenberg, Nancy, Richard A. Fabes, and Tracy L. Spinrad. 2006. "Prosocial Development Vol 3: Social, Emotional, and Personality Development." In *Handbook of Child Psychology Vol 3: Social, Emotional, and Personality Development*, ed. Nancy Eisenberg, William Damon, and Richard M. Lerner, 646–671. New York: Wiley.

⑦① Elias, Maurice J. 2009. "Social-Emotional and Character Development and Academics as a Dual Focus of Educational Policy." *Educational Policy* 23 (6): 831–846.

⑦② Emmons, Robert A., and Michael E. McCullough. 2003b. "Counting Blessings Versus Burdens: An Experimental Investigation of Gratitude and Subjective Well-Being in Daily Life." *Journal of Personality & Social Psychology* 84 (2): 377–389. doi: 10.1037/0022-3514.84.2.377.

⑦③ Engel, Susan. 2011. "Children's Need to Know: Curiosity in Schools." *Harvard Educational Review* 81 (4): 625–645.

⑦④ Farrant, Brad M., Tara A. J. Devine, Murray T. Maybery, and Janet Fletcher. 2012. "Empathy, Perspective Taking and Prosocial Behaviour: The Importance of Parenting Practices." *Infant & Child Development* 21 (2): 175–188. doi: 10.1002/icd.740.

⑦⑤ Filippova, Eva, and Janet Wilde Astington. 2008. "Further Development in Social Reasoning Revealed in Discourse Irony Understanding." *Child Development* 79 (1):126-138. doi: 10.1111/j.1467-8624.2007.01115.x.

⑦⑥ Fine, Gary Allan, and Ryan A. White. 2002. "Creating Collective Attention in the Public Domain: Human Interest Narratives and the Rescue of Floyd Collins." *Social Forces* 81 (1): 57–85. doi: 10.1353/sof.2002.0046.

⑥⑦『マインドセット——「やればできる!」の研究』キャロル・S・ドゥエック／今西康子訳、草思社、2016年

⑱ Davis, Mark H. 1983. “Measuring Individual Differences in Empathy: Evidence for a Multidimensional Approach.” *Journal of Personality and Social Psychology* 44 (1): 113–126. doi: 10.1037/0022-3514.44.1.113.

⑲ Davis-Unger, Angela C., and Stephanie M. Carlson. 2008a. “Children’s Teaching: Relations to Theory of Mind and Executive Function.” *Mind, Brain, and Education* 2: 128–135.

㊿ ——. 2008b. “Development of Teaching Skills and Relations to Theory of Mind in Preschoolers.” *Journal of Cognition & Development* 9 (1): 26–45. doi: 10.1080/15248370701836584.

51 De Grada, Eraldo, and Arie W. Kruglanski. 1999. “Motivated Cognition and Group Interaction: Need for Closure Affects the Contents and Processes.” *Journal of Experimental Social Psychology* 35 (4): 346.

52 Deci, Edward L., and Richard M. Ryan. 2000. “The ‘What’ and ‘Why’ of Goal Pursuits: Human Needs and the Self-Determination of Behavior.” *Psychological Inquiry* 11 (4): 227.

53 Diamond, Adele. 2013. “Executive Functions.” *Annual Review of Psychology* 64 (1): 135–168. doi: 10.1146/annurev-psych-113011-143750.

54 Diamond, Adele, and Kathleen Lee. 2011. “Interventions Shown to Aid Executive Function Development in Children 4 to 12 Years Old.” *Science* 333 (6045): 959–964. doi: 10.1126/science.1204529.

55 Dickinson, David K., Julie A. Griffith, Roberta Michnick Golinkoff, and Kathy Hirsh-Pasek. 2012. “How Reading Books Fosters Language Development Around the World.” *Child Development Research* 1–15. doi: 10.1155/2012/602807.

56 Dickinson, David K., and Michelle V. Porche. 2011. “Relation Between Language Experiences in Preschool Classrooms and Children’s Kindergarten and Fourth-Grade Language and Reading Abilities.” *Child Development* 82 (3): 870–886. doi: 10.1111/j.1467-8624.2011.01576.x.

57 Dickinson, David K., and Miriam W. Smith. 1994. “Long-Term Effects of Preschool Teachers’ Book Readings on Low-Income Children’s Vocabulary and Story Comprehension.” *Reading Research Quarterly* 29: 104–122.

58 Diebel, Tara, Colin Woodcock, Claire Cooper, and Catherine Brignell. 2016. “Establishing the Effectiveness of a Gratitude Diary Intervention on Children’s Sense of School Belonging.” *Educational & Child Psychology* 33 (2): 117–129.

59 Djikic, Maja, Keith Oatley, and Mihnea C. Moldoveanu. 2013. “Opening the Closed Mind: The Effect of Exposure to Literature on the Need for Closure.” *Creativity Research Journal* 25 (2): 149–154. doi: 10.1080/10400419.2013.783735.

60 Dong, Ting, Richard C. Anderson, Kim Il-Hee, and Li Yuan. 2008. “Collaborative Reasoning in China and Korea.” *Reading Research Quarterly* 43 (4): 400–424.

61 Dong, Ting, Richard C. Anderson, Tzu-Jung Lin, and Xiaoying Wu. 2009. “Concurrent Student-Managed Discussions in a Large Class.” *International Journal of Educational Research* 48 (5): 352–367. doi: 10.1016/j.ijer.2010.03.005.

62 Drummond, Mary Jane. 1994. *Learning to See: Assessment Through Observation*. York, ME: Stenhouse.

㉙ Cheng, Zhi-chao, and Tian-chao Guo. 2015. "The Formation of Social Identity and Self-Identity Based on Knowledge Contribution in Virtual Communities: An Inductive Route Model." *Computers in Human Behavior* 43: 229–241. doi: http://dx.doi.org/10.1016/j.chb.2014.10.056.

㉚ Cigna. 2018. "Cigna's U.S. Loneliness Index." https://www.multivu.com/players/English/8294451-cigna-us-loneliness-survey.

㉛ Clapp, Edward P., Jessica Ross, Jennifer O. Ryan, and Shari Tishman. 2017. *Maker-Centered Learning: Empowering Young People to Shape Their Worlds*. San Francisco: Jossey-Bass.

㉜ Clay, Marie. 1991. *Becoming Literate: The Construction of Inner Control*. Portsmouth, NH: Heinemann.

㉝ ——. 2001. *Running Records for Classroom Teachers*. Portsmouth, NH: Heinemann.

㉞ ——. 2004a. *An Observation Survey of Early Literacy Achievement*. 2nd ed. Portsmouth, NH: Heinemann.

㉟ ——. 2004b. "Talking, Reading, and Writing." *Journal of Reading Recovery* (Spring): 1–15.

㊱ ——. 2005a. *Literacy Lessons Designed for Individuals: Part One. Why? When? and How?* Portsmouth, NH: Heinemann.

㊲ ——. 2005b. *Literacy Lessons Designed for Individuals: Part Two, Teaching Procedures*. Portsmouth, NH: Heinemann.

㊳ Cooc, North, and James S. Kim. 2017. "Peer Influence on Children's Reading Skills: A Social Network Analysis of Elementary School Classrooms." *Journal of Educational Psychology* 109 (5): 727–740. doi: 10.1037/edu0000166.

㊴ Corson, David. 1997. "The Learning and Use of Academic English Words." *Language Learning* 47 (4): 671–718. doi: 10.1111/0023-8333.00025.

㊵ Covington, Martin V. . 1992. *Making the Grade: A Self-Worth Perspective on Motivation and School Reform*. Cambridge, UK: Cambridge University Press.

㊶ Cowhey, Mary. 2006. *Black Ants and Buddhists: Thinking Critically and Teaching Differently in the Primary Grades*. Portland, ME: Stenhouse.

㊷ Crawford, Patricia A. 2005. "Primarily Peaceful: Nurturing Peace in the Primary Grades." *Early Childhood Education Journal* 32 (5): 321–328. doi: 10.1007/s10643-004-1083-7.

㊸ Cummins, Jim. 2011. "Literacy Engagement." *Reading Teacher* 65 (2): 142–146. doi: 10.1002/TRTR.01022.

㊹ Cunningham, Anne E., and Keith E. Stanovich. 1997. "Early Reading Acquisition and Its Relation to Reading Experience and Ability 10 Years Later." *Developmental Psychology* 33 (6): 934–945.

㊺ ——. 1998. "What Reading Does for the Mind." *American Educator* 22: 1–8.

㊻ Damasio, Antonio 1994. *Descartes' Error: Emotion, Reason and the Human Brain*. New York: Grosset/Putnam.

㊼ Darnon, Céline, Dominique Muller, Sheree M. Schrager, Nelly Pannuzzo, and Fabrizio Butera. 2006. "Mastery and Performance Goals Predict Epistemic and Relational Conflict Regulation." *Journal of Educational Psychology* 98 (4): 766–776. doi: 10.1037/0022-0663.98.4.766.

㊻『デカルトの誤り——情動、理性、人間の脳』アントニオ・R・ダマシオ／田中三彦訳、筑摩書房、2010年

⑮ Bloom, Paul. 2000. *How Children Learn the Meanings of Words*. Cambridge, MA: MIT Press.

⑯ Böhm, Tamara, Nicolas Ruth, and Holger Schramm. 2016. "'Count on Me'—The Influence of Music with Prosocial Lyrics on Cognitive and Affective Aggression." *Psychomusicology: Music, Mind & Brain* 26 (3): 279–283. doi: 10.1037/pmu0000155.

⑰ Bono, Giacomo, and Jeffry J. Froh. 2009. "Gratitude in School: Benefits to Students and Schools." In *Handbook of Positive Psychology in Schools*, ed. Rich Gilman, E. Scott Huebner, and Michael Furlong, 77–88. New York: Routledge.

⑱ Bovasso, Gregory B., Arthur I. Alterman, John S. Cacciola, and Megan J. Rutherford. 2002. "The Prediction of Violent and Nonviolent Criminal Behavior in a Methadone Maintenance Population." *Journal of Personality Disorders* 16 (4): 360–373.

⑲ Broadfoot, Patricia. 2002. "Editorial. Dynamic Versus Arbitrary Standards: Recognising the Human Factor in Assessment." *Assessment in Education* 9 (2): 157–159.

⓴ Bruner, Jerome. 1990. *Acts of Meaning*. Cambridge, MA: Harvard University Press.

㉑ Caillies, Stéphanie, and Sandrine Le Sourn-Bissaoui. 2008. "Children's Understanding of Idioms and Theory of Mind Development." *Developmental Science* 11 (5): 703-711. doi: 10.1111/j.1467-7687.2008.00720.x.

㉒ Calkins, Lucy McCormick. 2000. *The Art of Teaching Reading*. Portsmouth, NH: Heinemann.

㉓ Cappella, Elise, Ha Kim, Jennifer Neal, and Daisy Jackson. 2013. "Classroom Peer Relationships and Behavioral Engagement in Elementary School: The Role of Social Network Equity." *American Journal of Community Psychology* 52 (3/4): 367–379. doi: 10.1007/s10464-013-9603-5.

㉔ Caputi, Marcella, Serena Lecce, Adriano Pagnin, and Robin Banerjee. 2012. "Longitudinal Effects of Theory of Mind on Later Peer Relations: The Role of Prosocial Behavior." *Developmental Psychology* 48 (1): 257–270. doi: 10.1037/a0025402.

㉕ Carlson, Stephanie M., Laura J. Claxton, and Louis J. Moses. 2015. "The Relation Between Executive Function and Theory of Mind Is More Than Skin Deep." *Journal of Cognition & Development* 16 (1): 186–197. doi: 10.1080/15248372.2013.824883.

㉖ CCHR International. n.d. "Number of Children & Adolescents Taking Psychiatric Drugs in the U.S.A." https://www.cchrint.org/psychiatric-drugs/children-on-psychiatric-drugs/.

㉗ Chang, Jen-Ho, Chin-Lan Huang, and Yi-Cheng Lin. 2013. "The Psychological Displacement Paradigm in Diary-Writing (PDPD) and Its Psychological Benefits." *Journal of Happiness Studies* 14 (1): 155–167. doi: 10.1007/s10902-012-9321-y.

㉘ Charney, Ruth Sydney. 2002. *Teaching Children to Care: Classroom Management for Ethical and Academic Growth, K–8*. Revised ed. Turners Falls, MA: Northeast Foundation for Children.

⓴『意味の復権——フォークサイコロジーに向けて』J・ブルーナー／岡本夏木ほか訳、ミネルヴァ書房、2016年

㉒『リーディング・ワークショップ』ルーシー・カルキンズ／吉田新一郎ほか訳、新評論、2010年

参考文献リスト

① "Growing Homelessness Highlighted with Posters." 2008. *SEAchangeonline* 7 (38).

② Algoe, Sara B., Jonathan Haidt, and Shelly L. Gable. 2008. "Beyond Reciprocity: Gratitude and Relationships in Everyday Life." *Emotion* 8 (3): 425–429.

③ Allington, Richard L. 1983. "The Reading Instruction Provided Readers of Differing Ability." *Elementary School Journal* 83: 548–559.

④ American Academy of Pediatrics. n.d. "Anxiety Fact Sheet." https://www.aap.org/en-us/advocacy-and-policy/aap-health-initiatives/resilience/Pages/Anxiety-Fact-Sheet.aspx.

⑤ Arnsten, Amy F. 2009. "Stress Signalling Pathways That Impair Prefrontal Cortex Structure and Function." *Nature Reviews Neuroscience* 10: 410–422. doi: http://dx.doi.org/10.1038/nrn2648.

⑥ Baird, Julie A., and Janet Wilde Astington. 2004. "The Role of Mental State Understanding in the Development of Moral Cognition and Moral Action." *New Directions for Child & Adolescent Development* 2004 (103): 37–49.

⑦ Bal, P. Matthijs, and Martijn Veltkamp. 2013. "How Does Fiction Reading Influence Empathy? An Experimental Investigation on the Role of Emotional Transportation." *PLoS ONE* 8 (1): e55341. doi: 10.1371/journal.pone.0055341.

⑧ Ball, Tamara, and Gordon Wells. 2009. "Running Cars Down Ramps: Learning About Learning over Time." *Language and Education* 23 (4): 371–390.

⑨ Barrett, Lisa Feldman. 2017. "The Theory of Constructed Emotion: An Active Inference Account of Interoception and Categorization." *Social Cognitive & Affective Neuroscience* 12 (1): 1–23. doi: 10.1093/scan/nsw154.

❿ ——. 2018. *How Emotions Are Made: The Secret Life of the Brain*. New York: Houghton Mifflin.

⑪ Bear, Donald R, Marcia Invernizzi, Shane Templeton, and Francine Johnston. 2003. *Words Their Way: Word Study for Phonics, Vocabulary, and Spelling Instruction*. 3rd ed. Columbus, OH: Merrill.

⑫ Beck, Isabel M., Margaret McKeown, and Linda Kucan. 2002. *Bringing Words to Life: Robust Vocabulary Instruction.* New York: Guilford.

⑬ ——. 2003. "Taking Delight in Words Using Oral Language to Build Young Children's Vocabularies." *American Educator* 27 (1).

⑭ Biesta, Gert, Robert Lawy, and Narcie Kelly. 2009. "Understanding Young People's Citizenship Learning in Everyday Life: The Role of Contexts, Relationships and Dispositions." *Education, Citizenship and Social Justice* 4 (5): 5–24. doi: 10.1177/1746197908099374.

❿『情動はこうしてつくられる——脳の隠れた働きと構成主義的情動理論』リサ・フェルドマン・バレット／高橋洋訳、紀伊国屋書店、2019年

訳者紹介

マーク・クリスチャンソン（Mark Christianson）
慶應義塾横浜初等部教諭。English for Global Communication（GC英語科）の開発と運営を開校時から担当し、小学生の世界市民教育を行なっている。前職は国際基督教大学リベラル・アーツ英語教育課程講師、UCLA Extension東京ビジネス英語プログラム開発・講師。専門は外国語教育、異文化理解。University of Washington英語教育学修士（MATESOL）取得。趣味はトライアスロン、中国語の読書と連ドラ鑑賞、旅行、日本酒。

吉田新一郎（よしだ・しんいちろう）
アメリカでは長年自立した読み手と書き手を育てる指導を別々に行ってきました。それが近年、両者を統合する形の実践が増えています。本書は、その結晶といえるだけでなく、日本の国語教育のあるべき姿も照らし出しています！　主著者のジョンソン氏の『言葉を選ぶ、授業が変わる！』と『オープニングマインド』とあわせて読むと理解が深まります。問い合わせは、pro.workshop@gmail.comにお願いします。

国語の未来は「本づくり」
――子どもの主体性と社会性を大切にする授業――

2021年11月15日　初版第１刷発行

訳　者　マーク・クリスチャンソン
　　　　吉　田　新　一　郎

発行者　武　市　一　幸

発行所　株式会社　新　評　論

〒169-0051
東京都新宿区西早稲田３-16-28
http://www.shinhyoron.co.jp

電話　03(3202)７３９１
FAX　03(3202)５８３２
振替・00160-1-113487

落丁・乱丁はお取り替えします。
定価はカバーに表示してあります。

印刷　フォレスト
装丁　山 田 英 春
製本　中永製本所

Printed in Japan
ISBN978-4-7948-1196-7